ASAHI SENSHO
朝日選書
737

日本の道教遺跡を歩く

陰陽道・修験道のルーツもここにあった

福永光司／千田 稔／高橋 徹

朝日新聞社

目次

第二部　道教について　245

地図　フジ企画

日本の道教遺跡を歩く

陰陽道・修験道のルーツもここにあった

福永光司／千田 稔／高橋 徹

第一部 探究・日本の道教遺跡

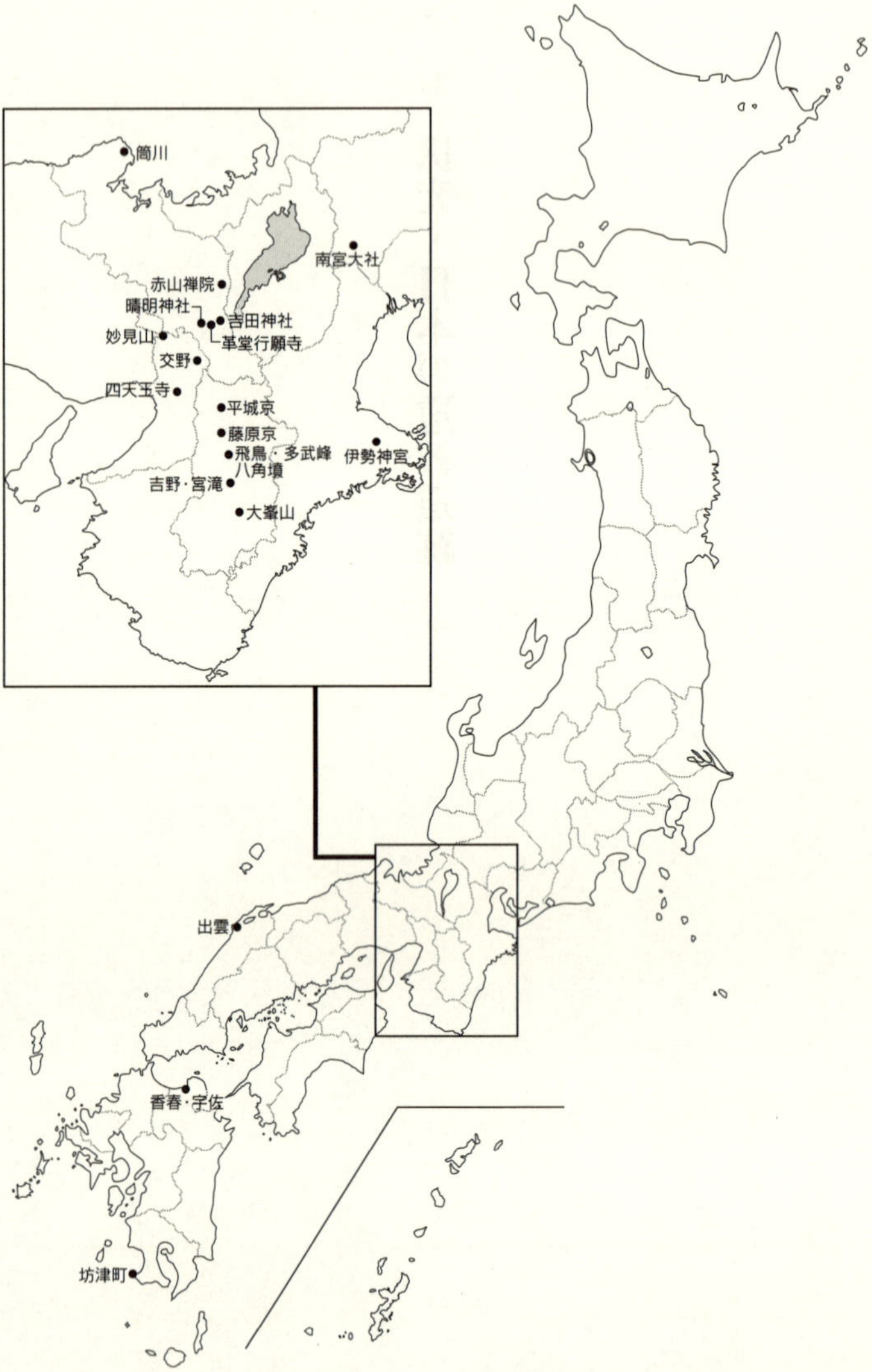
筒川
南宮大社
赤山禅院
晴明神社
吉田神社
革堂行願寺
妙見山
交野
四天王寺
平城京
藤原京
飛鳥・多武峰
八角墳
伊勢神宮
吉野・宮滝
大峯山
出雲
香春・宇佐
坊津町

本書で訪ねる道教遺跡

亀の背が支えた天宮

飛鳥と多武峰

多武峰へはJR・近鉄桜井駅から奈良交通談山神社行きバス終点。明日香村冬野へは小型車なら行ける。同村細川の県道155号から山道に分かれる。談山神社から伝飛鳥板蓋宮跡へは、同神社西側の谷を下る冬野川に沿って徒歩1～2時間。

両槻宮

「道教は日本列島に上陸しなかった。その証拠に道教関係の建物が建てられた形跡がない」

これが今までの通説であった。だが実は、今の奈良県高市郡明日香村に宮都のあった七世紀ごろ、道教寺院が建てられていたのである。それも天皇によって。こういえば思い当たる人があるに違いない。次のような記載が『日本書紀』の斉明二年（六五六）の条にあるからである。

田身《たむ》の嶺《みね》に周《めぐ》れる垣を冠らしめ　田身は山の名なり。此をば大務と云ふ。また嶺《たけ》の上の両《ふた》つの槻《つき》の樹の辺《ほとり》に　観《たかどの》を起て、号《なづ》けて両槻宮とす。亦天《またあま》つ宮と曰《い》ふ。

「両槻宮」は『日本書紀』の古訓では「ふたつきのみや」とよばれたらしいが、用明天皇の「双槻宮」の場合は、「なみつきのみや」とよまれている。この両槻宮と命名された「観」こそは、道教寺院のことである。中国の古代に事例を求めるとそれは明らかである。公孫卿《こうそんけい》という神僊（仙）の道術者が、漢の武帝（在位前一四一～前八七）に「仙人には会うことができます。……観をおつくりになって、ほし肉やなつめをお供えになれば神人を招くことができましょう。仙人は高楼に居住することを好みます」と説いたので、神僊マニアの武帝は、長安の西北方、宇宙の最高神、太一《たいいつ》（太乙）神《しん》を祭る甘泉の聖地に「益寿」「延寿」という名の観を作らせ、仙人の来るのをひたすら待ち受けたという記事が『史記』孝武本紀にある。また、西安の西南の遠郊に、道教の開祖太上老君（老子）が道士関令尹喜《かんれいいんき》に、道教の根本教典『道徳真経』（『老子道徳経』）を授けた聖峰があり、その頂に楼観台という遺跡がある。今日の中国でも白雲観（北京・上海）、玄妙観（蘇州）のように今も道教寺院の名前に使われており、中国流に名付ければ、両槻宮は両槻観である。

女帝・斉明天皇が「田身の嶺」に建てたこの両槻宮は、道教寺院ではないかといち早く指摘したのは、東京帝国大学教授だった黒板勝美（一八七四～一九四六）で、大正十二年（一九二三）、学術雑誌『史林』（第八巻一号）に載せた論文「我が上代に於ける道家思想及び道教について」であった。黒板は「我が上代史を研究するものが、既に漢時代から大陸文化に負ふところ甚だ多きを認めながら、その精神的方面に於てたゞ儒教のみが影響したかのやうに思ひ込んで、何等道教について注意して居ないのは、いかにも不思議のやうに考へらる、のである」として、日本の古代史上、道教がどのように影響を与えたかを論考している。近年の道教研究の先駆けとなるすぐれた論文として、今も評価が高いが、その中で黒板は、両槻宮は道教の観としている。さらに「推測を巧《たく》ましくするならば」と断りながらも他に生駒山《いこまやま》、吉野《よしの》金峯山《きんぷせん》、葛城山《かつらぎさん》にも観があったのではないかという。両槻宮以外の他の三カ所については、文献資料もないのでやむを得ないが、この両槻宮が道観であったという説も長い間無視され続けてきたのであった。

ところが昭和四十年代になって、やっと「観とは道観のことか」と書く『日本書紀』の評釈書も出始めた。もっとも、ただそれだけのことで、両槻宮が本当に道教寺院であるのかどうかの論証はまだ、十分にされていない。

さて、その両槻宮はどこにあるのだろうか。

「田身」は『日本書紀』の注記で「山の名なり」とある。読みからすれば「たむ」であることから、持統天皇七年（六九三）九月の条の「多武嶺《たむ》に幸《みゆき》す」と同様、明日香村東方山中にある談山《だんざん》神社付近だろうとされる。特定されるピークはないが、一帯は古くから「多武の峰」とよばれてきた。その峰の上に建てられた両槻宮の所在地を初めて考証したのは、享保二十一年（一七三六）に刊行された『大和志』で「多武峰（談山神社）の西北に地名根槻在り。即ち此」とある。この「根槻《ねづき》」はその後多くの書に引用されている。ところが、桜井市役所で地籍図を調べてみると「根槻」という地名はない。ただし「念誦堀《ねずき》」という小字名があった。今日「堀」という文字を用いているが、これはもともと山が高くそばだつさまを示す「崛《くつ》」の誤記と思われる。つまり「念誦堀」は「念誦崛」で「ねんずくつ」と呼び、これがなまって「ねずき」となったらしい。なぜ、そんな名前がつけられたのか、理由は明解だ。

多武峰《とうのみね》は今でこそ談山神社の神域となっているが、もともとは寺域であった。藤原鎌足の子定慧《じょうえ》が、摂津国嶋下郡阿威山《あい》（現在の高槻市阿武山）の鎌足の墓を多武峰に移葬して墓の上に十三重塔を建てたのが始まりと伝えられる。飛鳥時代末からは藤原一族の庇護を受けて、各所に堂塔が建立された。平安時代中期には、「談山権現」の神号を受け、神仏習合が進んだが、明治維新の廃仏運動で、仏教色が一掃されて談山神社となったのである。

「念誦崛」は、多武峰を代表した寺院妙楽寺の末寺の一つ、紫蓋寺《しがいじ》の跡である。今日でも、多武峰中興の祖といわれる増賀上人の墓をはじめ、妙楽寺関係の墓地が残っている。江戸時代に書かれた『多武峰勝志』によると、紫蓋寺は念仏道場だったとあり、念仏を唱える高い山という意味で、「ねんずくつ」となったらしい。『大和志』は、この「ねずき」に注目、両槻宮の「ふたつき」に関係づけて「根槻」という文字を当てたとみる方がよさそうだ。よりどころにしているのが、この「ねずき」の呼称だけであることから考えると根槻説の根拠はかなりあいまいだ。その証拠に『桜井市史』（一九七九年）も「今日に至るまで、根槻の周辺から両槻宮に関連あると考えられる遺構は発見されていない」と述べている。その後も、状況は変わらない。

両槻宮跡についてはほかにも候補地がある。その一つは地元の桜井史談会代表幹事だった松本俊吉氏らが主張しているもので、根槻説のある場所から尾根続きで南に一・五キロほど離れた場所にある冬野である。今は「ふゆの」とよばれているが、もともと「とうの」といわれていたという説である。

日本地名学研究所（奈良市）の池田末則氏によると、冬野は、そもそもは「とうの」であった。「とうの」の語源は「乢《たわ》の」や「嵶《たわ》の」で、乢、嵶も、山がたわんだ地形のことをいう。山がなだらかな谷になったり、くぼんだりした所で、そこには水が流れ、人間の交流が生まれる。厳しい山中のあたたかな場所でもあった。多武峯や岩手県の遠野なども同義の地形名という。

（『地名をさぐる』朝日新聞社　一九八七）

その冬野には、今、尾根筋に数軒の民家があるが、明治年間までは二十軒近くあったという。飛鳥や多武峰に向かう近道が古くからあり、峠の休憩所として栄えたらしい。俳聖・松尾芭蕉もここを通ったといわれており『笈《おい》の小文《こぶみ》』に、「臍峠《ほそたうげ》　多武峯ヨリ竜門へ越道也」の前文がつけられた次のような句がある。「雲雀より空にやすらふ峠哉」。臍峠とは、細峠とも書かれ、今日ではその下を鹿路《ろくろ》トンネルによって、吉野町三津から桜井市鹿路に道が通じている。その西の竜在《りゅうざい》峠をも、吉野から多武峰に至る交通路が走っている。

標高六七七メートルと、周囲の山並みの中ではずば抜けて高い冬野の最高点付近は意外に広く関西電力のマイクロウェーブのアンテナが立っていた。そのすぐわきには大きなイチョウの木があり「琴比羅大神」と刻んだ石柱が一つあった（第1図）。そのいわれについてはよくわからない。松本氏は「眺望も良く、平地があることと、古代の土器片が散布していることから、両槻宮の候補地としてふ

右：第１図　斉明天皇の両槻宮があったと思われる冬野の最高点。琴比羅大神の石碑がある。
左：第２図　明日香村の石神遺跡から出土した石人像（上）と山形石（須弥山石）（下）。

さわしい」という。

　種まきに備えて打ち起こされたばかりの畑土に目をこらすと須恵器《すえき》の破片をいくつも拾うことができた。見下ろすと、杉木立の間から伝飛鳥板蓋宮《あすかいたぶきのみや》跡のある明日香村の中心部が望める。板蓋宮は、斉明天皇が重祚《ちょうそ》する前の皇極天皇時代にいた場所であるが、この伝板蓋宮跡の上層遺構は、天武天皇の飛鳥浄御《きよみ》原《はら》宮とする説が近年有力である。板蓋宮は斉明元年（六五五）冬に焼け、斉明天皇は川原宮に移るが、その位置について、伝承板蓋宮跡から飛鳥川を隔てた西側の川原寺が、宮の跡につくられたという説がある。また斉明天皇は翌二年、両槻宮を建てる直前に「後飛鳥岡本宮《のちのあすかおかもとのみや》」をつくったと『日本書紀』はいう。

　その所在地をめぐって、明日香村岡《おか》、同島庄《しまのしょう》など各説あるが、「大官大寺付近（香久山の南）」というような特異な説を除くと、いずれもここから眺められる範囲内にあることがわかった。つまり、伝板蓋宮跡の上層遺構が天武天皇の飛鳥浄御原宮とすれば、この宮は岡本宮の南に作ったと『日本書紀』にあるから、斉明天皇の後飛鳥岡本宮は、伝板蓋宮跡からさほど離れたところにあったとは考えられない。近年、舒明天皇の飛鳥岡本宮、皇極天皇の飛鳥板蓋宮、斉明天皇の後飛鳥岡本宮、天武天皇の飛鳥浄御原宮は、重層的に同じ場所にあったとする説が有力となりつつある。頭をめぐらして南を見ると、斉明天皇がやはり同じ年につくった吉野宮から見上げられる聖なる山青根《あおね》ヶ峯《みね》（「吉野・宮滝」参照）が見える。その後方には大峯《おおみね》修験道の根本道場のある山上《さんじょう》ヶ岳《だけ》、それに連なる稲村ヶ岳、弥山《みせん》などの大峯山系も望めた。斉明天皇がここに両槻宮を建てても決して不思議ではないと思われた。

　冬野には、波多神社とよばれるお宮がある。慶長十二年（一六〇七）に、多武峰の藤原鎌足の墓とされる御陵山が鳴動したので、ここで湯立《ゆだち》をしたところ、大織冠尊像破裂の神託があったことを「談山神社文書」は伝えている。この波多神杜は『延喜式』の式内杜高市郡波多神杜にあたるという説がある。古代の高市郡波多郷は、今日の同郡高取町の南部付近とされるが、冬野の西に明日香大字畑《はた》があり、付近一帯は『新撰姓氏録《しんせんしょうじろく》』にいう大和国諸蕃の百済《くだら》系渡来人「波多造《はたのみやつこ》」と関係する地域とみられる。したがって、道観であった両槻宮の造営には、こうした渡来人が関与していた可能性もあるかもしれない。

地形的には、波多神杜の森の西側は、人為的に削平されているようで、かつて何らかの建造物が存在したように考えられる。ただ、『高市郡古跡略考』には、「古城跡、城主しらず」とあるので、中世の城館もここにあったことは考慮しておかねばならない。

冬野に両槻宮があったという確証はないとしても、このあたりに道観がつくられた理由の一つを、一帯が仙郷と意識されていたことに求めてもよいかもしれない。

多武峰から約三キロ南東にある竜門は大友皇子の子供の葛野王《かどのおう》が『懐風藻』に載せる仙郷の地に擬した詩をつくり、『今昔物語集』などには大伴・安曇《あずみ》・久米《くめ》の三仙が竜門滝で修行したことを伝え、治安三年（一〇二三）には、藤原道長が高野山参詣の途上、竜門寺により、滝付近の仙房をみているなど、古代からの神仙境であった。この竜門と多武峰は同じ山塊であるから、仙郷の一部とみなされていたと考えられる。

さらに水銀は道教の仙薬として用いられたが、多武峰にかつて水銀の鉱山があったことも注目される。また『多武峰略記』に収める『荷西記』によると生前、藤原鎌足が、息子の定慧に「和州談岑は勝絶の地である。東は伊勢の高山、西は金剛の山、北は大神山、南は金峰山、中央の談岑は神仙の霊嶇」と述べたとあり、やはり仙郷意識があったらしい。両槻宮の造営の地にこのような仙郷としての地理的環境も影響を及ぼしているようにも思われる。

天宮

冬野に両槻宮があったかどうかは、今後の発掘を待つ以外にないが、両槻宮が道観であったことを証明する手がかりはある。先にあげた斉明紀（『日本書紀』斉明天皇の条）では、両槻宮を「亦曰天宮」とある。従来は、これは単に「高い所に建てた宮殿だから」ぐらいに理解し、「天つ宮」と理解してきた。それはあまりにも皮相的な解釈で、飛鳥人たちの用法とは違う。例を示そう。

天武天皇の第六皇子、弓削《ゆげ》皇子が亡くなった時に置始《おきそめの》東人《あずまひと》が作った歌が『万葉集』に記載されている。それは次のようなものである。

やすみしし　わご王《おほきみ》　高光る　日の皇子　ひさかたの　天つ宮に　神ながら　神と座《いま》せば　其をしも　あやにかしこみ　昼はも　日のことごと　夜はも　夜のことごと　臥《ふ》し居嘆けど　飽き足らぬかも　　　　　　（巻二―二〇四）

（わが弓削皇子が、今は神上りまして、天上の宮に、神として鎮まっておいでになるので、それを恐れつつしんで昼は一日中、夜は夜通し、臥したり坐ったりして嘆くけれども、なお、飽き足りない気持である）　　　　（訳は岩波書店「日本古典文学大系」『万葉集』）

この「天宮」とは実は、中国六朝時代に成立した道教教典『老子中経』などに登場する用語である。神仙になったものしか行けない、天上世界の宮殿のことである。飛鳥人たちは、天皇や皇子は神界と人界の間を行き来できる神、つまり神仙と考えていたようだ。『万葉集』に登場する「大君は神にしませば」の表現も、それを意味すると思われる。弓削皇子の挽歌の長歌に対する反歌として次の一首がある。

王《おほきみ》は神にし座《ま》せば天雲の五百重《いほへ》が下に隠り給ひぬ　（巻二―二〇五）

（皇子は神でいらせられるので、薨去された今は、幾重にも重なった天の雲のうちにお隠れになってしまった）　（訳は前掲書による）

この「天雲」の漢語も、道教の神仙と密接な関係をもち、他に草壁皇子の挽歌（『万葉集』巻二―一六七）でも「神の命《みこと》と　天雲の　八重かき別きて　神下し……」と、天上世界から来たさまを示すのに使われている。話は横にそれたが、飛鳥人たちは「天宮」を決して「高いところに建った宮殿だから」というような単純な意味で使っているのではない。神仙の住むところという、はっきりした意味付けをしていたのである。

斉明天皇が「天宮」ともいわれた両槻宮をつくったのはなぜか。それはおそらく、漢の武帝の故事にならい、不老長寿をもたらしてくれる神仙を迎えようとしたのではなかろうか。自らつくった後飛鳥岡本宮から見上げるこの峰は特別な意味をもつ場所であることは想像に難くない。そこに「両槻」の名をつけた宮殿をつくったのは、たまたま二本の槻の木があったという簡単なことではない気がする。

両槻宮と類似した宮号として、磐余《いわれ》（桜井市南西方）に営まれた用明天皇（在位五八五〜五八七）の池辺双槻宮《いけのべのなみつきのみや》がある。両槻あるいは双槻については、一般に槻の並び立つところであるという解釈がなされてきた。それはその通りではあろうが、では、三本、四本の槻があれば三槻宮、四槻宮といったかといえばそうではない。二本の樹木を宮の名とするには特別な意味があったと思われる。例えば漢鏡には、祥瑞《しょうずい》を表現するものとして木連理《もくれんり》（連理枝）の図柄がよくみられる。また、道教の神、東王父《とうおうふ》がいる扶桑の木は「両根を同じくして偶生し、相ひ依倚す」（『海内十洲記』）とあるからだ。二本の樹であることの理由はおぼろ気ながら、理解していただけたと思うが、「槻」であることも意味がありそうだ。

大化改新の前段階となった中大兄皇子と中臣鎌足の出会いは、法興寺（飛鳥寺）の槻の樹の下であった。孝徳天皇は即位直後に、譲位したばかりの皇極天皇や皇太子の中大兄皇子のほか群臣を集めて「君は二つの政《まつりごと》無く、臣は朝《みかど》に弐《ふたごころ》無けむ」と盟曰《うけい》をしたが、それも大槻の樹の下であった。「槻」の木自身も、神聖視された「聖樹」であったらしい。通説では、「つき」という音が「神がつく」ということに通じるからだとするが、はたしてどうだろうか。おそらく朝鮮半島の聖樹に関係すると思われる。ところでこの槻の木だが、ふつうはケヤキにあてられている。

それはともかく、両槻宮、すなわち天宮は、少なくとも持統天皇から文武天皇の時代まで存続していたことは、次の史料から知ることができる。

『日本書紀』持統天皇七年（六九三）九月「多武嶺に幸す」
『日本書紀』持統天皇十年（六九六）三月「二槻宮に幸す」
『続日本紀』大宝二年（七〇二）三月「大倭国をして二槻離宮を繕治せしむ」

いま一つ、近年の発掘調査で有力候補地として浮上してきたのは、飛鳥京跡の東側にある丘陵部とその周辺で、皇極天皇（斉明天皇）の宮殿だったと想定されている、史跡公園・伝飛鳥板蓋宮跡北東の小山である。多武峰から西に向かって、下りてきた尾根の末端部分で、少し平らになった高さ約二四メートルほどの丘の上には、謎の石造物として知られる「酒船石」がある。

平成四年（一九九二）の五月に、明日香村教育委員会の発掘調査で、れんが状に加工した石積みが出土したことから注目されるようになった。この時の調査では、丘陵部の標高差約一〇メートルほどの位置に、三段以上の高さ一・二メートルの石列が一〇メートルにわたって出土した。その後も断続的に調査が行われ、石列は丘陵部をぐるりと囲んでいるらしいことが分かった。

石垣のように垂直に積み上げていないことから、土留めというより、装飾的なものではないかと考えられている。さらに、平成十二年に、丘陵部の北側のかつて谷間であった平地部分で、階段状の石列のある、五〇〇平方メートルほどの石敷き遺構がみつかった。その石敷き遺構の南側の、丘陵部に近いところで導水構造を持つ亀形石造物や、それに向けて水を流す楕円形水槽などが出土した。亀形石造物は花崗岩をくりぬいて造られており、全長約二・四メートル、幅約二メートル。顔を南に向けて、四本の手足にしっぽまで彫られていた。明日香村には、すでに亀石という石造物があることから、「新亀石」と呼ばれたりする。

同村教育委員会は、丘陵部の中腹を巡る石列と亀形石造物が出土した石敷き遺構を含めて「酒船石遺跡」と命名しているが、この二つが直接関係するのかどうかについては、断案はない。しかし、どちらも斉明天皇の時代のものらしい。なぜならば、造られた構造物の用材に天理砂岩を用いていることから、『日本書紀』にいうように斉明天皇が造らせた、「狂心《たぶれごころ》の渠《みぞ》」とよばれた運河を使って天理市の豊田あたりから石を運んだものとみられているからである。

亀形石造物の「亀」を「カメ」ではなく、「スッポン」という説もあるが、たしかに、足などの形状からみると「スッポン」である可能性は否定できない。漢字の「鼇」は「オオスッポン」あるいは「オオガメ」のことで、中国南方の古代詩集『楚辞《そじ》』の「天問」に「鼇が山（蓬莱山《ほうらいさん》）を背負って手をうって舞うのに、どうして（蓬莱山を落とすことがないと）安心しておられるのか」という一節があり、「鼇」は背に蓬莱山を負うと伝える。

したがって図像的には、「カメ」であっても「スッポン」でもよく、蓬莱山あるいは、崑崙山《こんろんさん》などの仙人のすむ山を背にのせるモチーフが描かれる。例えば、中国の山東省の沂南画像石墓にカメが崑崙山を支える図像がみられる。同じような観点から亀形石造物をみると、右に述べた酒船石遺跡の南東方にある多武峰に仙人の住む宮という意味の天宮（両槻宮）があったとされ、亀形石造物と仙人の山との関係がうまく説明できる。

山形石と石人像

斉明（皇極）天皇が道観を建てたことは、これまでの論証で明らかであるが、皇極・斉明紀にはほかにも天皇が道教思想に通じていたことを示す記述がある。皇極紀元年（六四二）八月、天皇は南淵《みなぶち》（明日香村稲淵）の河上に行き「跪《ひざまず》きて四方を拝み、天を仰ぎて祈《こ》ひたまひし」とある。この四方拝《しほうはい》も道教の祈拝の一つである。文献だけではない。遺物・遺構にも、斉明天皇が、道教思想を表現したものがあるような気がする。

そのほかには明日香村石神の石神遺跡（須弥山遺跡）から出土した二つの石造物である。男女が抱き合う形の石人像と三つの石を重ねた山形石（第2図）である。明治三十五年（一九〇二、明治三十六年説もある）六月に、水田の中で見つかり、東京帝室博物館に送られ、倉庫の片隅でほこりまみれになっていた。昭和十一年（一九三六）春、当時、同博物館にいた石田茂作氏（一八九四～一九七七）がそれに気付き、「奈良時代出土品展覧会」に出陳して以来注目されるようになった。その展覧会中に、出土地の地主である辻本定四郎氏が来訪して、石田氏に発掘を依頼、五月二十五日から二週間現地調査をした。その結果、庭園に関係する遺物であろうと見通しを立てた。その後、昭和五十年代に奈良国立文化財研究所が、付近を数次にわたって発掘、建物や庭園遺構を確認している。おそらくは、斉明朝ごろのものではないかとみられており、山形石の石人像はまぎれもなく、その池のためにつくられたものであることが明らかになった。

この石造物の一つ、山形石は、斉明天皇が化外の民をもてなす時に作った須弥山像でないかという説が戦前からいわれており、「須弥山石」の別名がある。『日本書紀』の斉明紀には、須弥山について次のような記載がある。

①斉明三年（六五七）七月　須弥山の像を飛鳥の寺の西に作り、また盂蘭盆《うらぼんえ》の会を設けき。暮《よる》、覩貨邏人《とから》に饗《あ》へたまひき。或る本にいはく、堕羅人《たらのひと》なりといへり。

②斉明五年（六五九）三月　甘檮の丘の東の川上に須弥山を造りて、陸奥と越との蝦夷《えみし》を饗へたまひき。

③斉明六年（六六〇）五月　石上池の辺に須弥山を作りき。高さ廟塔《とう》の如し。以ちて粛慎《みしはせ》四十七人に饗へたまひき。

山形石を須弥山と考える人は、右の三カ所の須弥山のうち②が位置的にも一致するのではないかとみる。あるいは、石神遺跡の位置は、①の飛鳥寺の西、②の甘檮の丘の東と同じ場所のことと解し、さらに③の石上池は「いしがみのいけ」とよめるから石神遺跡の「いしがみ」に通じるとみれば、山形石は斉明紀の須弥山像とみなすこともできる。さらに、石神遺跡は発掘調査によって苑池《えんち》遺構も確かめられたので、石上池は、その苑池の名称であったことも考えられる。『日本書紀』中の須弥山は、斉明紀が初出ではなく、実は推古二十年（六一二）の条に百済からの渡来人が、小墾田《おはりだ》宮の南面の庭につくったとある。須弥山は庭の構造物であったことは、この記載からもわかる。

その須弥山である。これは一体何を表現しているのか。従来は仏教的世界観の中心にある山とのみ解釈してきたが、むしろ道教的世界観にもとづいた聖なる山、崑崙山を表していると考えられないであろうか。
道教教典の『雲笈七籤《うんきゅうしちせん》』の巻二十一によると「三界図に云ふ。其の天の中心、皆崑崙有り。又の名須弥山なり。其の山高潤にして四方を傍障す。日月山をめぐりて互ひに昼夜をなす」とあって、須弥山は崑崙山の別名と意識されていた。これはおそらく、仏教が西方から中国に伝わった時に、仏教的な楽土思想が伝統的な中国の神仙思想と習合したためと思われる。日本でよく知られる須弥山図に法隆寺金堂の玉虫厨子のものがある。山頂に一堂と樹木があり、左側にはその中部に三足の烏を描いた太陽を、右にウサギの絵をもつ太陰を描いているが、これは『雲笈七籤』の描写そのものであり、神仙思想による崑崙山の投影であるとみることもできる。

さて、その山形石だが、表面に山か雲のような造形があり、三層あわせた高さは一三七センチ。六世紀の宗教地理書『水経注』河水篇によると「崑崙の山は三級からなる。下を樊桐《ばんどう》といひ、一名を板桐、次を玄圃《げんぽ》といひ、一名を閬風《ろう》、上を層城といひ、一名を天庭といふ。この天庭が太帝の居《すまい》である」と書き、崑崙は三層からできているといっており、なぜ山形石が三つ重ねだったか、これでわかる。同じような三層からなるという表現は、最古の字書である『爾雅《じが》』釈丘に「三成を崑崙丘と為す」とあり、郭璞の注に「成は猶《な》ほ重のごとし」とする。ただし、この山形石について、もともと四つの石でできていたという見解があるが、出土したものによる限り三層とみなければならないであろう。

あるいは『淮南子《えなんじ》』墜形《ちけい》訓には次のようにいう。

崑崙の邸、或《も》し上《のぼ》ること之に倍すれば、是を涼風の山と謂ふ。之に登れば不死となる。或し上ること之に倍すれば、是を県圃《けんぽ》と謂ふ。之に登れば乃ち霊なり。能く風雨を使ふ。或し上ること之に倍すれば、乃ち維《こ》れ上天なり。之に登れば乃ち神なり。是を太帝の居と謂ふ。

ところでこの山形石を崑崙山と解することを一つの選択肢とするならば、同時に出土した石人像は、仙像である可能性が高い。それは道教の神・東王父と西王母《せいおうぼ》ではないだろうか。『水経注』のその崑崙の記述の中にも東王父・西王母は「陰陽相須《もち》ふ」とあり、陰陽相和したペアを大事なモチーフにするのは、これまた道教の大きな特徴だからである。

崑崙山、つまり須弥山は天帝の住まいである。天帝の住まいの近くに、いつでも行けるのは、神仙以外にはない。神仙の到来を待ち望み、自らを神仙に仮託しようとした斉明天皇にとって、須弥山像を身近に置くことは、重要な意味があったと思われる。多武峰の両槻宮を、天上の天帝の都とすれば、須弥山像のある場所は、地上の天帝の都という認識のもとにこうした建造物がつくられたのではなかったのか。

先に少しふれたが両槻宮を作った斉明二年の条に、石を運ぶための渠を掘って、舟二百隻で石を運んだが、時の人が「狂心《たぶれごころ》の渠《みぞ》」と非難したという有名な記述を検討したい。狂心の渠は、「香山《かぐやま》の西より、石上山に至る」ものであると『日本書紀』は記す。香山はいうまでもなく香久山のことであるが、石上山の位置が明らかでないため、以前から、狂心の渠のルートについては不明とされてきた。

ところが近年岩石学の立場から前述のように天理市豊田付近の石であるとされた。確かに渠《みぞ》を掘るのに延べ三万人余の労力を費やしたとあれば、そのような大運河の存在をうかがうことができる。この運河を運ばれた石でもって宮の東の山に延べ七万人余を費やして垣を築いたとある。あるいは石の山丘《やまおか》を作ろうとしたともある。「宮の東の山」の「宮」を斉明女帝の後飛鳥岡本宮と解すれば、明日香村岡あたりの山が「宮の東の山」ということになろう。

ここで問題にしたいのは「石の山丘」のことである。『日本書紀』は、「石の山丘を作る。作る随《まま》に自《おの》づからに破《こほ》れなむ」と記し、石の山丘の造営は首尾よくできなかったらしい。斉明紀四年十一月の条には、天皇が紀伊の温泉に行幸した際に宮の留守をあずかった蘇我赤兄臣《あかえのおみ》は有間皇子に、天皇の失政の三つのうち、一つは石の丘を作ったことであると語っている記事を載せている。

斉明天皇が築きあげようとした石の山丘はそれを運ぶための労力からみても、膨大な数の石からなる、巨大なものであったと想定することができる。だからこそ、大変な難工事であり、結局は完成されずに終わったのであろう。

この山丘を、どこに、何のために作ろうとしたのか。以下、一つの想像を述べる。先に、須弥山の像は崑崙山であることも一つの選択肢でありうるとしたが、斉明天皇が須弥山をはじめて作るのは、石の山丘を築造する工事をした翌年である。ということは、もしかすると石の山丘は、須弥山、つまり崑崙山を宮の近くに作ろうとしたのではなかったか。だがその企てに失敗したために翌年石造の像をつくったのかもしれない。

皇極・斉明の時代

皇極天皇の時代に、一般の人々の間にも道教的な信仰がなされていたことは、皇極紀元年七月の条に、

群臣相語りて曰く、「村村の祝部《はふりべ》の所教《おしえ》の随《まま》に、或いは牛馬を殺して、諸《もろもろ》の社《やしろ》の神を祭る。或いは頻《しきり》に市を移す。或いは河伯を禱す。既に所効無し」といふ。

という記事から推定できる。牛馬を殺して神に捧げることや、市を移すことが直接道教に結びつくかどうか問題はあるが、その祭祀の方法は古代中国に起源をもつことは明らかであるし、少なくとも河伯は道教の水の神である。

あるいは、先にみたように、同じく皇極紀元年八月に、天皇が、南淵の河上で跪《ひざまず》いて四方拝をしていることを記すが、この四方拝は、道教のさまざまな道術を行うときの宗教的儀礼であって道教の教理書には、「四方を拝して気を服す」とか「四方を拝して以て神明を感ぜしむ」とある。また、皇極紀三年七月には、今の静岡県富士川のほとりで流行した常世神《とこよがみ》の話をのせるが、巫覡《かんなぎ》の「常世の神を祭らば、貧しき人は富を致し、老いたる人は還《かえ》りて少《わか》ゆ」という神語《かむこと》は、明らかに道教の本質につながる。

皇極天皇は、後に六五五年に重祚して斉明天皇となるが、斉明紀元年五月の条には、容貌が唐人に似た者が青い油を塗った笠をつけて空中を竜に乗り、葛城山から、生駒山に、そして住吉に向かい西

方に去っていったという記事があるが、これも一種の神仙譚であろう。

以上のような皇極・斉明朝の道教的背景をみるとき、斉明が両槻宮とよばれる道観をつくった動機は首肯できないことはない。

皇極・斉明というのは、もとより漢風のおくりなである。それがいつ頃つけられたかは明らかではない。『釈日本紀』に引く「私記」では奈良時代の淡海《おうみのみ》三船《ふね》によって、神武などのおくりなが奉られたというが、確かな史料ではない。「皇極」とは太極と同じで世界の中心という意味であり、「斉明」とは神の祭りを熱心にする人ということで、いずれも『礼記』や『書経』にみられる言葉である。したがってそれ自身道教と直接関わりがないが、斉明天皇の道観や吉野宮の造営などといった神仙思想への傾倒を意識しての命名であるようだ。

仙人が住むとされた土地

吉野・宮滝

宮滝遺跡の所在地は奈良県吉野町宮滝。近鉄吉野線大和上市口からバス宮滝下車。吉野川右岸の中荘小学校周辺。

宮滝遺跡

日本国内にもずいぶん多くの道教文化の遺跡がある中で、奈良県吉野郡吉野町の宮滝《みやたき》こそは古代人も文献にはっきりと記録した道教文化ゆかりの地である。その宮滝は、大阪・阿倍野橋《あべのばし》から出る近鉄特急で約一時間十分、同町の中心部に近い大和上市《かみいち》駅で下車して東へ約六キロのところにある。谷あいを曲がりくねって流れる吉野川をさかのぼると、川は大きく南に蛇行する。宮滝はその屈曲点の右岸段丘上の集落である。四周から山々の迫る山里であった。杉やヒノキのいわゆる美林が山の斜面を覆い、統一された景観になっていたが、カシやクスノキなどの照葉樹の繁っていたその昔は、さぞかし深山幽谷の趣があったろうと思われる深い谷間であった。

宮滝が古代史の上で脚光をあびるようになったのは、末永雅雄氏（初代奈良県立橿原考古学研究所長、一八九七〜一九九一）によって、昭和五年（一九三〇）十月に着手された発掘調査からである。そのころの奈良県教育界は、郷土研究がさかんであった。吉野宮跡の所在地をめぐって、宮滝とする中岡清一氏と、そこから約一〇キロほど東の東吉野村小川の丹生《にう》川上《かわかみ》中社《なかしゃ》付近とする森口奈良吉氏が論争を続けていた。そこで、奈良県史跡名勝天然物調査会が、発掘調査で解明することを決め、末永氏が担当することになった。同調査会で検討したところ、森口氏が候補地に上げた丹生川上中社付近は地形的にみて狭いのに比べ、宮滝は広く、そのうえすでに古くから瓦や土器などが出土していることがわかった。そこで宮滝の発掘が決められた。

調査は昭和十三年まで断続的に続く。この間の発掘で一四ヘクタールほどの集落のあちこちから縄文、弥生、飛鳥、奈良各時代の、遺物遺構が続々と見つかった（第3図）。縄文土器の中には宮滝式と命名され、近畿地方での指標となったものもあり、「宮滝遺跡」の名前は広く知られるようになった。

なかでも注目されたのは、大小の石を敷きつめた建築遺構の発見で、同じものは後に、同遺跡から北側約一二キロ、山を越えた高市郡明日香村の飛鳥京跡でも相次いで出土する。建物の柱を据えた礎石も見つかり、末永氏は「持統天皇の吉野宮と考えてもいいのではないか」という。遺構はまだまだ埋もれており、発掘できたのは一部分だけ。調査は近年も行われており、昭和六十年末にも橿原考古

第３図　昭和60年暮れ、宮滝遺跡で見つかった飛鳥時代の建物跡。

第４図　滝見御殿跡から見た宮滝。吉野川は山すそを左から右へと流れ、左端付近でかつては滝が見えたという。正面の最高峰が青根ヶ峯。

学研究所によって大きな建物遺構が発見され話題となった。残念なことに、発掘面積が狭いこともあって飛鳥から奈良時代にかけて、どういう建物がどのような配置で並んでいたのか、まだほとんどわかっていない。

吉野行幸

謎の多い古代史の中でもとりわけ理解に苦しむのは、飛鳥時代末の持統天皇の吉野宮への行幸の多さであろう。朱鳥元年（六八六）九月九日、天武天皇没後に称制を始めてから、文武元年（六九七）八月に孫の文武天皇に譲位するまでの十一年間になんと三十一回も行幸している。即位前には夫と共に二回、譲位後も一回の計三十四回訪れたことが『日本書紀』や『続日本紀』に記載されている。なぜ、持統天皇はこれほどまで吉野を訪れたのか。『日本書紀』や『続日本紀』を読む限り何もわからない。なぜなら、これらの正史は例えば「辛未、天皇幸吉野宮。甲戌、天皇至自吉野宮」（持統紀三年〈六八九〉正月）のように「行った」「帰った」と簡単に記述するものがほとんどだからである。ただし、お伴をしたものたちが吉野をテーマにしてよんだ歌が『万葉集』に収められており、それが行幸目的を知る手がかりになるが、それは後述する。

在位中あるいは譲位後の吉野宮での行動は不明だが、それ以前の二回については、わずかながらも記載がある。その一つは、天智十年（六七一）十月、天智天皇の病が重くなり、身の危険を感じた大《おお》海人《あま》皇子（後の天武天皇）は、「出家する」と言って吉野へのがれ、鸕野讃良皇女《うののさららのひめみこ》（後の持統天皇）は、それに従う。大津宮を出たのは十月十九日、途中、今の奈良県高市郡明日香村島庄《しまのしょう》付近にあった島の宮に泊まって、翌二十日に吉野に到着する。翌年六月の壬申の乱の勃発まで、そこで過ごしたらしい。

次は、天武八年（六七九）五月五日に、夫天武天皇と草壁、大津ら六皇子と共に訪れる。ここで天皇・皇后と皇子たちの団結を約束した有名な「吉野の盟《ちかい》」が行われるのである。それも後述する。

吉野に行幸したのは、実は天武・持統だけではない。『日本書紀』によると、最古の例は応神天皇。応神紀十九年十月「吉野の宮に幸《みゆき》したまひき。時に国樔《くず》人（吉野山中の人）来朝、因《よ》りて醴酒《こざけ》を天皇に献り」歌をうたったとある。次いで雄略天皇が二回。斉明紀二年（六五六）には「吉野宮を作る」とあり、同五年にも行幸記事がある。持統天皇以後も文武天皇が二回、元正天皇一回、聖武天皇が二回と、奈良朝までしばしば吉野への天皇行幸があった。

なぜ、古代の天皇はこれほど吉野にひかれたのか。その謎を解く鍵こそは道教思想にある。吉野宮つまりこの宮滝の地は古代人にとって道教の説く不老不死の世界である「神仙境」、あるいはそこに最も近いところと考えられたからだ。十一年間の在位中に三十一回も訪れた持統天皇はそこで、道教思想に基づく祭天の儀式を行うために来たのではなかろうか。それにはまず、吉野は神仙境という証拠を示そう。

『懐風藻』という、わが国最古の漢詩集がある。奈良時代の天平勝宝三年（七五一）に成立した。編者は淡海三船《おうみのみふね》、石上宅嗣《いそのかみのやかつぐ》、葛井広成《ふじいのひろなり》らの諸説があるが定かでない。百二十編（『抱朴子《ほうぼくし》』微旨《びし》篇に記す神仙世界の役所の数「百二十」と一致）収録された『懐風藻』の漢詩の中に「吉野に遊ぶ」「吉野川に遊ぶ」「吉野宮に扈従《こじゅう》す」とか、題に「吉野」を明記したものが十二編、さらに明記しないが吉野を歌い込んだもの五編がある。そのほとんどが、吉野の山と川のすばらしさを歌い、そこを仙境とみなしている。その例をあげる（読み下し文は岩波書店「日本古典文学大系」）。

従四位下左中弁兼神祇伯中臣朝臣人足《なかとみのあそんひとたり》

遊吉野宮。

惟山且惟水。能智亦能仁。万代無埃所。一朝逢柘民。風波転入曲。魚鳥共成倫。此地即方丈。誰説桃源賓。

（惟《こ》れ山にして且《また》惟れ水、能《よ》く智《ち》にして亦《また》能く仁《じん》。万代埃無《ばんだいちりな》き所《ところ》にして、一朝柘《つみ》に逢ひし民《たみ》あり。風波《ふうは》転《いよよしらべ》曲に入り、魚鳥共《とも》に倫を成す、此れの地《ところ》は即ち方丈、誰か説《い》はむ桃源の賓《ひん》）

従五位下鋳銭長官高向朝臣諸足《たかむこのあそんもろたり》

従駕吉野宮

在昔釣魚士。方今留鳳公。弾琴与仙戯。投江将神通。柘歌泛寒渚。霞景飄秋風。誰謂姑射嶺。駐蹕望仙宮。

（在昔《むかし》魚を釣りし士《おとこ》、方今鳳《いましおおとり》を留《とど》むる公《きみ》。琴を弾《ひ》きて仙《せん》と戯《たはぶ》れ、江《かは》に投《いた》りて神《しん》と通《かよ》ふ。柘歌《しやか》寒渚《かんしよ》に泛《う》かび、霞景《かけい》秋風に飄《ひるがへ》る。誰か謂《い》はむ姑射《こや》の嶺、蹕《ひつ》を駐《とど》む望仙宮）

いずれも吉野に伝わる柘媛《つみひめ》という仙女と土地の男美稲《うましね》の伝承がよみこまれている。それについては後に触れるが、漢詩の大意は次のようなものである。

中臣人足の詩＝吉野の山川はすばらしく、ここはかつて柘媛が美稲に会ったところだ。風や波も音曲に加わり、魚や鳥も仲間に加わる。この吉野の地は、神仙の住む方丈（古代中国の東方の海上にあるとされた神山のひとつ）のようなところであるから、今更誰がわざわざ桃源郷に行った客人の話をするものがあろうか。ここは桃源郷以上の仙境なのだ。

高向諸足の詩＝天子に従って吉野に来て、琴を弾いて仙人とたわむれ、川にきて神女と相通じる。吉野は仙人の住む姑射山《こやさん》のようだ。

『懐風藻』の中には、吉野についての詩以外にも、神仙思想をテーマにしたものが多いところから、これまでは単にレトリックの問題と考えられてきた。たとえば「懐風藻全体を通じて、論語や老荘のことばなどをあちこちに用いているために、儒教思想、老荘神仙思想、竹林の七賢人的な虚無思想などを懐風藻人がいだいていたようにも一見思われるが、これも単に語句を用いたというところに重点があり、深い中国思想を学んだものとはいえまい」（『日本古典文学大系』の解説）というのが、通説であった。だから「此地即方丈」つまり、ここは神仙の住むところであると書かれていたことについて、古代人の心の問題を問おうともせずに、修辞学上のアヤとして片付けてきた。しかし、そう言っていいのかどうか。

この『懐風藻』には奈良時代初めの左大臣長屋王《ながや》（天武天皇の孫、六八四〜七二九）を中心とする詩宴のさいにつくったものが多いとされる。『懐風藻』が成立したのは、長屋王の没後二十年以上もたってからではあるが、長屋王を中心とするグループによってかなり集められていたのだろうとみられる。『続日本紀』天平元年（七二九）二月の条には、その長屋王は「私《ひそ》かに左道《さどう》を学びて国家を傾けんと欲す」とあり、密告されて、軟禁され、自殺するが、後で無実が明らかとなる。「左道」とは道教の呪術と解してよく、同年四月、聖武天皇は異端幻術の学習、呪咀《じゅそ》を禁じる勅を出す。長屋王の失脚に関連して発布されたもので、そこに禁じられた幻術・厭魅《ようみ》呪咀・妖訛《ようか》の書のたぐいが左道の具体的な内容であろう。しかしこのような勅が出されたこと自体、道教的な術が当時の社会に浸透していたことを示唆しているものとみることができる。さらに『懐風藻』の詩篇から長屋王らが、道教思想と関連を持つ『淮南子《えなんじ》』をよく読んでいたことが推測される。したがって『懐風藻』の漢詩に、神仙思想が盛り込まれるのは当然であると言えよう。

さらに注目すべきことは、『懐風藻』にだけ、吉野を神仙境視した詩歌があるのではない。『古事記』雄略天皇段の歌謡にも記載されている。それらは次のような歌である。

呉床座《あぐらゐ》の　神の御手もち　弾く琴に　舞《まい》する女《おみな》　常世《とこよ》にもがも

この歌は雄略天皇が吉野で歌ったとされる。雄略天皇は、吉野川のほとりで美しい乙女に会い結婚する。その乙女を残して宮に帰り、再び吉野に来てその乙女に会い、自ら琴を弾き、彼女を舞わせた時に作ったとある。この歌の大意は通常「呉床に座った神、つまり雄略天皇が弾く琴に合わせて舞う美しい乙女の姿が永久にあって欲しい」と解釈されている。しかし、こうした通り一辺の解釈では、なぜ天皇が自らを神といい、常世という言葉を使ったか十分に理解できない。

まず常世の言葉である。垂仁紀九十九年の明年の条に「常世の国は、神仙の秘区にして俗のいたらむ所にあらず」とある。要するに道教思想にもとづく、神仙世界のことだ。常世の言葉を単なるたとえとして使ったというよりは、その意味を十分知っていると考えた方が自然である。そうすると、雄略天皇が自らを神と言ったその神とは、神仙のことであり、それは現人神《あらひとがみ》という道教思想に関係してくる。吉野を神仙境と考えるからこそ、こういう歌が生まれたのである。

柘媛伝承

吉野に美稲《うましね》と柘媛《つみひめ》にまつわるロマンチックな伝承の伝わったらしいことは、前にもふれた。『万葉集』巻三―三八五の左注によると『柘枝伝《しゃしでん》』という文献があったらしいが、今は伝わらない。この伝承については『万葉集』『懐風藻』のほか『続日本後紀』嘉祥二年（八四九）の条からあら筋がわかる。江戸時代の万葉学者鹿持雅澄《かもちまさずみ》（一七九一～一八五八）はその著『万葉集古義』の中でストーリーを次のように推測している。

むかし吉野の美稲といひしは、吉野川に梁を打て、鮎を取《とり》て、世のわたらひせし人なりけり、或時、この人、例の梁を打てありしに、柘の枝の流来《ながれき》て、その梁にかゝりしを、取帰りて家に置たりしが、美麗《うるわし》き女になりて、遂に夫妻《めおと》のかたらひをなし、老ず死ずて共住《あひすみ》しが遂に常世国に飛去にし、といふことの、ありしなりけり、これはよくある神婚説話の一つだが、この仙女である柘媛が「柘」つまり「山桑」の枝として流れてくる点が珍しい。桑によって連想されるのは蚕であり、織物である。美稲の妻となった柘媛が、常世に帰るまで何をして暮らしたか、くわしい伝承は残っていないが、織物をしたことは十分考えられる。それはさておき、桑は道教の女仙、西王母《せいおうぼ》ゆかりの木である。西王母は、古来、養蚕紡織に深い関係をもつといわれ、その象徴として、髪飾りとして織機のたて糸を巻きつける器具を意味する「勝《しょう》」をつけている。西王母が桑をつんだり、織物をする話は、中国の文献の中に盛んに登場する。柘媛伝承は、西王母の伝承を踏まえて生まれたとも考えられないことはない。こう考えると、吉野地方には道教思想が深く根づいていたとみていいのではなかろうか。

名山と名川

では古代貴族たちはなぜ吉野・宮滝を神仙境と考えたのか。それを推測するのは、そう難しいことではなさそうである。

古代中国では天子は山川の神を祭ることで神仙境に行けると信じられ、秦の始皇帝や漢の武帝も盛んに祭った。そのような祭祀を「望祭《ぼうさい》」といい、そこから後に「円丘」「方沢」の天地の祭りが行われるようになり、山と水をワンセットにして場所が決められた。名山と名川が必要なのである。名川については、今さらいうまでもないであろう。吉野川である。では名山とは何か。実は『万葉集』には三船の山や象山《きさ》など吉野川近くの山がうたわれているが、最も重要視すべきものは、宮滝の南の喜佐谷の彼方に、ゆるやかな二等辺三角形のピークをのぞかせる青根《あおね》ヶ峯《みね》（八五九・九メートル）である(第4図)。

み吉野の青根が峯の蘿蓆《こけむしろ》 誰か織りけむ経緯《たてぬき》無しに

(『万葉集』巻七―一一二〇)

とうたわれた山で、金峯山《きんぷせん》の一角をなしている。金峯山は「金の御嶽」とよばれ奈良・平安以降に信仰を集めた聖山。大峯《おおみね》修験道という山岳信仰の行場で知られるが、それは奈良・平安になってにわかに注目されたというよりは、古い信仰をベースにして生まれたというのが定説である。また、今日では、水分《みくまり》神社は峯の頂上から北西方、吉野町子守にあるが、古くは北方の山腹、広野千軒にあったといわれ、祈雨の神奈備《かんなび》の山でもあった。そのことは、次の万葉歌からも知られる。

神さぶる磐根《いはね》こごしきみ吉野の水分山《みくまりやま》を見ればかなしも

(巻七―一一三〇)

このように宮滝から南に仰ぎ見る青根ヶ峯は古くからの「名山」であったのだ。従来より、持統天皇の吉野行幸については、「タマフリ」などの宗教行為と解する説もあったが、十分に説得的とはいえなかった。むしろ右にみたように吉野の万葉歌が山と川のセットとしてよまれていることに注意すれば、中国古代の「望」という山川祭祀として理解する方がわかりやすい。

チマタ

いまひとつの条件をあげると、宮滝は交通の要所であったからではなかろうか。

神仙境といえば、人跡まれな深山幽谷を考えがちで、そういう視点で考えると、条件の一つに「交通の要所」をもちだしたことにとまどうかもしれない。しかし、神仙境は、世をのがれた隠者の隠れ住むところではない。不老長生で楽しく生きられる場である。神仙境視した場所で天子が名山名川を祭るのは、自らとその一族、民たちに神の加護を得たいという政治的なものである。唐の王室が道教を国教としたように、政治と一体のものである。名山と名川があれば、どこでも望祭の場になったのではない。その交通上の位置もまた、条件の一つであったと思われる。

宮滝の氏神は十二社神社と呼ばれる。その鳥居の前で川上に向かう道は二つに分かれている。幅一・五メートルほどの狭いものだが、昔はこれが宮滝を東西に抜ける主要道路であったとされる。ゆっくりと南に折れて、吉野川に向かうのが熊野街道で、真っ直ぐ東に向かうのが伊勢街道である。熊野街道は、やがて川を渡って左岸に沿って続き、大台ケ原の西側の谷を南に向かう。伯母峰《おばみね》峠で分水嶺を越え、北山川、大又川に沿って熊野に到着する。伊勢街道は、吉野川右岸にあり、高見川の合流点からは、その川をさかのぼり高見峠を越えて伊勢へと向かう。伊勢街道は、高見川沿いのコースに変わる直前に、真北に向かって、大宇陀町に行く道に分かれている。つまり、宮滝は道路の分岐点、チマタ（道股）なのである。実は、記紀に書かれている神武天皇の熊野—菟田《うだ》—橿原のコースは、この熊野街道を通り、さらに大宇陀町を経るルートが想定された可能性が強い。神武天皇が通ったかはさておき、交通のあったことの反映である。つまり宮滝の地は四通八達の地で、古来から極めて重要な交通の要所だったのである。

宮滝が交通の要所になった歴史は古墳時代や飛鳥時代の新しいものではないらしい。昭和五年（一九三〇）に末永雅雄氏によって始められた発掘調査で、縄文や弥生の土器と共に石器が出土した。その石器を京都大学理学部の上治寅次郎博士に送って、顕微鏡検査したところ、熊野産の石でつくったものがあったのである。神武紀の記録といいこの石器の話といい、やはり吉野・宮滝が古くから交通の要所であったことを裏付けているのである。

もっとも、神武紀の記事は、古代の交通路という以上にもっと深い意味があったかもしれない。というのは仙境の地、宮滝というものを意識したゆえに、わざわざ神武天皇が大和統一に向かうルートとして記紀の編者が設定したと考えうる余地もありそうだからである。記紀は、天武天皇が編纂に大きな役割を果たしたことは事実であるが、右のような設定は、天武朝頃の時代とその思想に関係してとらえることもできよう。

古代においてチマタは、海柘榴市《つばいち》の歌垣《うたがき》や軽《かる》のチマタのしのびごとのように祭儀の場であったことはよくしられている。チマタとは交通の要地であると同時に、宮などの中心地から離れた境界の場である。その点からみても宮滝がチマタであり、そこが山川の祭祀の場所という意味をもったことは注意しておいてよいであろう。

吉野・宮滝を神仙境になぞらえたことは、これで十分わかっていただけたと思う。ところで、行幸した天皇たちがそこで山や川の神をまつる望祭を行った証について検証しよう。

奈良時代末までに吉野を訪れたとされるのは記紀・『続日本紀』によれば応神・雄略・斉明・天武・持統・文武・元正・聖武の八天皇である。応神天皇は、そこで吉野国樔《くず》から酒を献じられ、雄略天皇は乙女をみそめたとあるが、ほとんどが「(持統三年春正月) 辛未天皇、吉野の宮に幸しき。甲戌の日、天皇、吉野の宮より至《かえ》りたまひき」のように、正史には簡単な記載しかないことは前に述べた通りである。しかし『万葉集』や『懐風藻』からはその望祭らしいものを行ったことがおぼろ気ながらうかがうことができる。『万葉集』に柿本人麻呂が吉野で作った歌が四首ある。古来から有名なその一首は、次のようなものである。

やすみしし　わご大君　神ながら　神さびせすと　吉野川　激《たぎ》つ河内に　高殿を　高知りまして
登り立ち　国見をせせば　畳《たたな》づく　青垣山　山神《やまつみ》の　奉《まつ》る御調《みつき》と　春べは　花かざし持ち　秋立
てば　黄葉《もみち》かざせり（一に云ふ、黄葉《もみちば》かざし）　逝《ゆ》き副《そ》ふ　川の神も　大御食《おほみけ》に　仕へ奉ると
上つ瀬に　鵜川《うかは》を立ち　下つ瀬に　小網《さで》さし渡す　山川も　依りて仕ふる　神の御代かも

（巻一―三八）

この歌の大意は一般に次のように解釈されている。

「わが大君が、神でいらっしゃるままに、神として振舞われるとて、吉野川の水のわきかえる淵のあたりに高殿を立派にお作りになって、登り立って国見をなさると、幾重にもかさなる青垣山は、山の神のたてまつる貢物として、春の頃は花を頭にかざり、秋になれば黄葉をかざしている。その山に添

って流れる川の、川の神も天皇の御食物に差上げるとて上流の瀬では鵜川を催し、下流の瀬には小網を一面にさし渡している。山も川もあい寄ってお仕え申し上げる神の御代の盛んなことよ」（岩波書店「日本古典文学大系」）。

山の神も川の神も、持統天皇の御世を寿《ことほ》いでいるという内容で、それはそれでいいのだが、注目される言葉がある。「高殿をつくって、国見をしている」という点である。国見といえば仁徳天皇が、人々が貧しいかどうか煙が立ち上るのをみたというように、世情視察を目的とした故事はよく知られている。しかし宮滝の狭い谷間で、現在でさえも五十戸足らずしかない「民の家」を見るのに、わざわざ高殿をつくって国見をしたとは考えられない。高殿は単に山や川の景観をながめるためにつくり、文学上の表現として国見の言葉を使ったというのが通説である。だが、この場合の国見を山や川の神まつり、つまり遠く山や川をのぞんで祈願する行為とは考えられないだろうか。というのは『史記』に「神仙は楼居を好む」とされており、この高殿は、望祭のための道教建築であった可能性がある。さらに先にあげた『懐風藻』の高向諸足の詩には、吉野宮を漢の武帝の建てた望仙宮になぞらえていることは、右の推定をさらに強めることになろう。

十二社神社から東北約一〇〇メートルほどの山の斜面に「滝見御殿跡」といわれる場所のあることを、同神社西隣の善生寺住職・花岡文憲さんに教わった。代々そういい伝えており、現在の杉林の一角になっているが、昔は桜の古木があって、遠くからもよくわかったという。山の斜面が、明らかに人工的に切り開かれた様子がうかがわれる。かつてそこからは滝になって流れ下る吉野川が望めたと、古老たちに伝え聞いたことがあるそうだ。近世のいかだ流しのため、滝はなだらかな水路に変えられ、今では人家の陰になっている。その御殿跡のちょうど真南に、古代には雨乞いの対象としてあがめられ、神奈備山として知られた名山・青根ヶ峯が望まれた。高殿のあったのは、この御殿跡に違いないと確信に似た思いがこみあげてきた。

八仙信仰

これまで論じてきたことで、古代人たちが吉野を神仙境と考えていたことは、もはや疑いなさそうである。そうなると、これまでわからなかった謎のいくつかが解けてくる。壬申の乱を前に天武天皇が吉野に逃れたのも、そこで天帝の加護を求めたのではないか。この天武天皇の吉野行も、四世紀初頭に中国の葛洪《かっこう》によって書かれた道教の教理書『抱朴子《ほうぼくし》』に戦乱を避けて隠棲するには山に入らねばならないと説かれていることと関係するのかもしれない。「臣は、今日出家して、陛下のために功徳を修《おこな》はむ」と言って、天智天皇の許可を得たというが、実際には吉野で僧として修行した様子はみえない。天帝の加護の下に、挙兵のチャンスをねらって吉野へ行ったと考えるのが妥当である。その意図がみえていたからこそ、近江宮を去った時「虎に翼を着《つ》けて放てり」と言ったものもあったのである。そして、六七二年六月、『日本書紀』によると、吉野を出て名張《なばり》の横河《よこかわ》に近づいたときに、黒い雲があらわれたので、それを不思議に思い、道教の式《ちく》にもとづくルーレットのような占いをして、東国へ出発、壬申の乱の幕が切って落とされたのである。

天武天皇が再び吉野を訪れるのは天武八年（六七九）五月五日のことだった。前述のようにこの時、天皇は皇后と、草壁皇子、大津皇子、高市皇子、河嶋皇子、忍壁《おさかべ》皇子、芝基《しき》皇子を伴う。『日本書紀』によると天皇は、「朕《われ》、今日汝《いまし》等と倶《とも》に庭に盟《ちか》ひて、千歳の後に、事無けむと欲《おも》ふはいかに」と問うたとある。それに答えて、皇子たちはわかりましたといい、天皇は「襟《みそのひも》を抜《ひら》きてその六《むたり》の皇子を抱きたまひ、因《よ》りて盟ひて『もしこの盟に違はば、忽《たちまち》に朕が身を亡《うしな》はむ』と宣《の》りたまひき。皇后の盟ひたまふこと、また天皇の如くなりき」とある。かの有名な吉野の盟《ちかい》である。

問題はこの皇子の構成である。河嶋皇子と芝基皇子は天智天皇の皇子である。天武天皇には十人の皇子がいるのに、なぜ、天智天皇の皇子を加えたのか。他の皇子が幼かったのでという説には、参加した皇子の中の忍壁皇子は、天武天皇の第九皇子であるということを紹介しておこう。また、皇子の社会的地位、つまり母の身分の高低の違いで、連れて行ってもらえるものと、もらえないものが分けられたのではないかという意見に対しては、天智天皇の皇子芝基の母は地方豪族、連れて行ってもらえなかった天武天皇の皇子弓削《ゆげ》の母は皇女であることを示せば十分であろう。とにかく、なぜ、この六皇子が選ばれたのか「さっぱりわからない」のが、従来の定説であった。

この問題も、吉野が神仙境であれば解けてくる。恐らく天武天皇の真のねらいは、草壁皇子と大津皇子の二人に、協力し合うことを約束して欲しかったのである。草壁皇子の母は皇后鸕野讃良《うののさらら》（持統天皇）、大津皇子の母は、皇后の姉、大田皇女。早くに亡くならなければ、鸕野讃良の代わりに、皇后になっていた可能性はある。まして、大津皇子は、病弱な草壁皇子に比べると、文武両道に秀でハンサム、人望もあった。この二人が将来、対立関係になることは、予見できていた。天武天皇にとっては、兄天智天皇との関係を思い出させた。皇后を交え、天にいます最高神、天帝の下で約束して欲しかったのである。他の皇子たちは、その証人として動員されたのであろう。本来なら、それには高市皇子と忍壁皇子だけでよかったのに、さらに天智天皇の二皇子を加えた。天皇と皇后を含めると「八」になるからだ。なぜ「八」なのか。これこそ、道教思想以外の何物でもない。

中国には、八仙信仰というものが、民間に広く浸透している。無病息災、延生益寿をもたらすという八人の道教の仙人である。元代の「渡海八仙」が最も有名であり、杜甫の詩の「飲中八仙」や唐末から五代にかけての「蜀の八仙」のようによく使われる言葉だ。その最も古いものは『淮南子《えなんじ》』を編纂した「淮南《わいなん》八公」を呼ぶ「八仙」で、「八仙」の「八」はまた『抱朴子』にいわゆる「預《あらかじ》め未《いま》だ形《あらわ》れざるを識る八卦の精」の「八」でもある。同じく『抱朴子』に淮南八公の著書として『八公黄白経』を載せているのが参照されよう。いずれにしろ「八仙」「八分」は道教的な八人の賢人を意味する言葉。天武天皇は自分たちを「八公」「八仙」になぞらえたのであろうと想像するのは決して無理なことではない。天武天皇は、後に「天渟中原瀛真人《あまのぬなはらおきのまひと》」と諡《おくりな》される。その「瀛」とは中国の東の海に浮かぶ仙人の住む三神山の一つ瀛洲《えいしゅう》のことで、「真人」は天帝に仕える最高級官僚であることを思えばうなずけよう。

右の吉野の盟が、やはり道教的な中国の信仰と関係があるらしいと推測されるもう一つの理由は、この儀式が五月五日に行われていると『日本書紀』が伝えていることである。古来陰暦五月は悪月とされ、五月五日は陽から陰への分岐点とみられていた。この日は、いろいろなお札《ふだ》を門にはったり、ヨモギを戸の上にかけたりして毒気を払う習慣があった。『抱朴子』にも、五月五日に赤霊符を作り心《むね》の前につけるとある。わざわざ五月のこの日を選んで吉野に出向き、将来のうれいなきことの盟をしていることの意味は、道教を根底にしなければ説明できないであろう。

常世から波寄せる国に
皇祖を祀る
伊勢神宮

朝熊山

北に伊勢湾を見下ろす、志摩半島の朝熊山《あさま》（五五五メートル）に登った。晴れた日には、北東の方向に富士山が望めるという。穏やかな海に浮かぶ島々やその彼方の岬は、富士山を庭の築山にたとえれば、そこに向かう飛び石のように思えた。眼下に広がる壮大なパノラマをみていると、古代人がこの伊勢を「うまし国」といった心がわかるような気がした。「この神風の伊勢の国は、常世の浪の重《しき》浪帰《なみよ》する国なり。傍国《かたくに》の可怜《うま》し国なり。この国に居《す》まま欲し」。伊勢神宮内宮の祭神天照大神は、こ

伊勢神宮の内宮へは近鉄鳥羽線五十鈴川駅下車、外宮へはJR・近鉄伊勢市駅下車。朝熊山の金剛証寺へは、三重交通バスで近鉄鳥羽駅または内宮前から。伊勢志摩スカイラインを経由して運行しているが、本数がごく限られている。

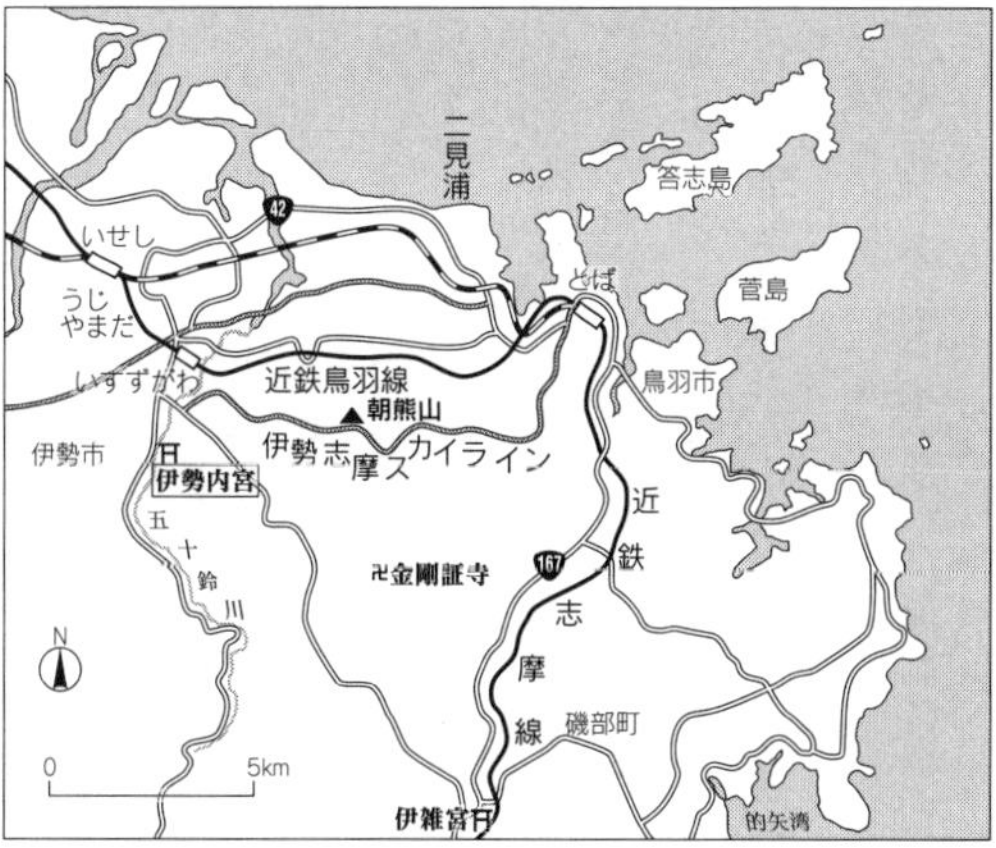

ういってここに鎮座したと『日本書紀』垂仁紀二十五年三月の条に書かれている。

天照大神はもともと、倭《やまと》の大国魂《おおくにたま》と共に、天皇の大殿の内に祭っていたのを、共に居ることをきらい、崇神紀六年に笠縫《かさぬい》の邑（奈良県磯城郡）に移したとあるが、その後垂仁紀では、大神の鎮座するところを求めて、菟田の篠幡《ささはた》（同宇陀郡）、近江、美濃などを経て、伊勢国に来た時、「うまし国」といったとある。それが史実かどうかはともかく、この言葉は古代人が伊勢をどういう国と考えていたのかをよく物語っている。ここに書かれた「常世」とは「神仙が人に見せない隠れた世界で、普通の人の許されるところではありません」と、垂仁崩後紀にある。つまり道教思想に基づく神仙世界のことであった。

この朝熊山は、霊魂が集まる山とされ、今も篤い信仰に支えられている。近年までは、南伊勢と志摩半島一円では、男女とも十三歳になると、一月十三日に朝熊山に登る習わしがあった。いわゆる十三まいりとよばれる成年式儀式である。また死者を埋葬した翌日、霊をこの山の奥の院に送るため岳《だけ》参《まい》りを行い、慰霊供養したのち死霊をシキビの枝にのせて帰村する。

山頂近くには金剛証寺《こんごうしょうじ》という古寺がある。かつては北西山麓の朝熊町から一時間近くかけて登るのがメインルートだった。今では伊勢志摩スカイラインが開通、内宮前と鳥羽からバスに二十分も乗ればたどりつく。寺伝によると天長二年（八二五）に、弘法大師がこの山に登って七堂伽藍をはじめ、数多くの堂塔子院を建立したといわれる。現在残っている古い建物は慶長十四年（一六〇九）に造営した本堂で、重要文化財に指定されている。

この寺に初めて参詣した人が驚くのは、奥の院に通じる参道の光景である（第5図）。両側に追善

第５図　あの世とこの世を繋ぐ聖なる場所と考えられ、供養の卒塔婆が並ぶ朝熊山。

供養の卒塔婆《そとば》がずらりと並ぶ。大・中・小のほぼ三通りあり、大きなものは五メートルはある。卒塔婆に遺品をかけないでくださいと寺側の注意書きが、ところどころに掲示されているが、ネクタイ、おもちゃなどの故人の愛用品が添えられていた。開山祭などの祭礼の日には、遺品だけでなく、ごちそうなどもずらりと並べられるそうだ。この山頂がこの世とあの世の境だと考えられているから、こうした習俗が残っているのではなかろうか。朝熊山は、弘法大師ゆかりの寺だから信仰が盛んであるだけではなく、もともと聖なる場所であったからこそ、寺院が建立され、弘法大師はここで修行したとする伝承が成立したとみるのがごく自然な見方だと思う。千三百年ほど前の飛鳥時代には、すでに信仰の場となっていたらしいという寺伝もある。仏教寺院があったのかどうかよくわからないが、ここが聖地と考えられたのは、やはり奥の院参道に、今もはっきり残るように、この世とあの世を繋ぐ場であると信じられていたことによるものと思われる。それは、天照大神が言った「常世の浪の重浪帰する国」という、伊勢の海と密接な関係があるようだ。

金剛証寺と伊勢神宮

朝熊山頂の金剛証寺は、伊勢神宮の鬼門を守る寺ともいわれる。これは寺側のいい分であって、伊勢神宮側からは、両者は直接的な関係はないという。どうもこれは、どちらも間違っているのではないかと思う。まず、鬼門説については、それが信じ難いのは、金剛証寺は、伊勢神宮のほぼ真東にあり、決して東北ではないという一事でもって、納得いくのではないか。おそらくは伊勢神宮がここに遷座したころ、両者は密接な関係があったが、それが薄れていく過程で、寺側は、鬼門を守る寺という、どこにでもあるような説を主張するようになったと思われる。結論を先にいえば、両者は本来一体のものであったのだ。

同寺の明星堂には、平安時代につくられたとされる雨宝《うほう》童子像（重要文化財）がある。弘法大師が修行中に、現れた天照大神の姿を彫刻したものと伝えられている。もちろんこれが史実かどうかは別にしても、朝熊山で天照大神の姿を見たという伝承は重要だ。

また明治二十七年（一八九四）、山頂経ヶ峰にある経塚《きょうづか》の下から高さ三二・七センチの陶製経筒が出土した。その表面には、次のような文字があった。

奉造立

如法経亀壱口事
右志者為現世後世安穏太平也
　承安三年癸巳八月十一日
伊勢大神宮権禰宜正四位下
　　荒木田神主時盛
　　渡会　宗盛

承安三年とは一一七三年のことで、平清盛全盛の平安末期のことであった。神宮の神官たちが、朝熊山へ経を埋めて、現世や後世の安穏を祈ったわけである。雨宝童子にしろ、この経筒にしろ、単に神仏習合の表れとして解釈されてきた。もちろん、それも事実だろうが、朝熊山と伊勢神宮という限られた地域の中で考えた時、もともと両者が密接な関係にあったから、天照大神の伝承が生まれ、神宮の神官が、経を埋めたのであろう。「お伊勢参らば朝熊かけよ。朝熊かけねば片参り」。昔からこういう俗謡が伝わっている。これは参宮が大衆化してからのことかもしれないが、意外に両者はセットであったことを暗に示しているのかもしれない。

例えば、桜井徳太郎氏は、伊勢神宮そのものが、朝熊山の里宮として成立したとする説を提起している。とすれば、上で述べた朝熊山と伊勢神宮はセットであったとする仮定に極めて近い見解であるということができよう。

逆に朝熊山があるからこそ、伊勢神宮がここに遷座したという仮定は不可能であろうか。その理由を説明するには、飛鳥時代末の天武・持統天皇が、伊勢国にどういう思いを抱いていたかを知る必要がある。

常世の重浪帰する国

天照大神が伊勢にまつられたのは、垂仁天皇の時代であると『日本書紀』は伝えるが、五十鈴川《いすずがわ》のほとりに社殿が整備されるのは、天武・持統天皇の時代であることはだれもが認める。二十年ごとに御神体を移す式年遷宮が初めて行われたのは、持統四年（六九〇）のことだった。

幸いなことに両天皇の伊勢国に対するイメージを知る手がかりが『万葉集』に残されている。それは次のような歌である。

明日香の　清御原《きよみはら》の宮に　天の下　知らしめしし　やすみしし　わご大君　高照らす　日の皇子
いかさまに　思ほしめせか　神風の　伊勢の国は　沖つ藻も　靡《なび》きし波に　潮気のみ　香れる国
に　味《うま》こり　あやにともしき　高照らす　日の皇子　（巻二―一六二）

これには「天皇　崩《かむあが》りましし後八年九月九日、奉為《おおみため》の御斎会《ごさいえ》の夜、夢のうちに習ひ給ふ御歌一首」という題詞がある。『日本書紀』持統七年九月十日の条に「浄御原の天皇の為に、無遮大会《かぎりなきおおがみ》を内裏《うち》に設け、繋囚《とらえびと》を悉《ことごと》に原《ゆる》し遣《はなち》き」とあるのと対応する。天武天皇の追善供養が盛大に行われ、その前夜に持統天皇が夢を見て歌ったものである。おおよその内容は「日の皇子（天武天皇）は、伊勢国におられる。うらやましいことだ」と解されている。しかし、この歌はこれまで万葉学者たちから、ほとんど注目されていない。なぜなら天武天皇と伊勢国との関係がはっきりしないためである。

天武天皇が伊勢国を訪れたという記録があるのは壬申の乱である。吉野で挙兵した後、名張《なばり》、伊賀から関を通り、桑名にあった郡家に抜けている。途中、迹大川《とおおがわ》（三重郡の朝明川？）のほとりで、天照大神を望拝したとある。乱の勝者となった後に、同じコースを引き返して、飛鳥に戻っている。この時、伊勢の海辺に立った姿を思い出したのではないかという説もあるが、なぜそれが「あやにともしき（うらやましい）」のか、さっぱりわからない。それで江戸前期の国学者契沖《けいちゅう》（一六四〇～一七〇一）以来、途中に落句があるので、完全に解釈するのは不可能だとみなされてきた。

落句があるかどうか、それはわからない。しかし、この歌をよんだ持統天皇が『日本書紀』垂仁紀の著者同様に、伊勢国に特別な思いを抱いていたとみていいのではなかろうか。歌の内容は、大意通り「天武天皇は伊勢国におられる。うらやましい」に尽きる。これが単純過ぎるというのは、両天皇が伊勢にどういう思いをもっていたのか、十分に理解していないからに過ぎない。

天武天皇は、死後この世とあの世の境、常世の重浪帰する国にいたのである。前章にみたように海中の神仙の島「瀛洲《えいしゅう》」で、天帝に仕える最高級官僚「瀛真人《おきのまひと》」の諡をもつことを考えれば、希望通り神仙となったとみなされていたのであろう。持統天皇はその姿を夢のうちに見て、自らも神仙にあこがれていただけに、「あやにともしき」と歌ったのだ。万葉人にふさわしく、極めて素直な心の表現といえる。ここにあげた歌につづいてのせられている次の歌も、同じような解釈を試みてはどうか。

大津皇子薨《かむあが》りましし後、大来皇女、伊勢の斎宮より京に上る時の御作歌二首

神風の伊勢の国にもあらましをなにしか来けむ君もあらなくに　（巻二―一六三）

見まく欲《ほ》りわがする君もあらなくになにしか来けむ馬疲るるに　（同―一六四）

よく知られているように、大津皇子は、叛を企てたとして、刑死となる。斎王として伊勢の斎宮にいた同母姉大来皇女《おおくのひめみこ》が皇子の死後、帰京した時の歌である。特に一首目に注意してみたい。伊勢国にいればよかったものを、どうして帰って来たのだろうか。もはや生きてはいないのに、というのが大意。つまり大津皇子は死後天武天皇と同じように常世の波の寄せくる伊勢にいっているとすれば、大来皇女は、わざわざ大和に帰るまでもなく、そのまま伊勢で神に仕えておれば、弟に会えたであろうに、という意味を隠しているのではあるまいか。

神仙世界から波が寄せて来る国、そこにそびえる霊のより来る高山ともあれば、古代の人たちが朝熊山を特別な山と見なしたことはうなずけよう。そのことがわかれば皇祖神天照大神をまつった伊勢神宮がなぜ朝熊山の近くにあるのか理解できる。

遣唐使たちが訪れた長安城の南郊には、終南山という山がそびえ、その北麓には、唐の皇室、李氏の遠祖とされる老子（李伯陽＝玄元皇帝）をまつる宗聖観が建っていた。皇室の遠祖をまつる宮殿を「神宮」と呼ぶことは中国最古の歌謡集『詩経』の魯頌「閟宮《ひきゅう》」の神楽歌につけられた鄭玄《じょうげん》（一二七～二〇〇）の注に「（周王朝の）遠祖たる姜嫄《きょうげん》の神の（霊の）依る所、故に廟を神宮と曰ふ」とあるのにもとづく。終南山にある道教寺院・宗聖観とは神宮のことなのである。その神宮である宗聖観の

そばを田峪《でんよく》川が流れている。この山と神宮と川の関係が伊勢にも当てはまる。田峪川に代わるものは、もちろん五十鈴川である。伊勢国が、山水の美しい土地であることをよむ次の万葉歌も、具体的には、神宮周辺の風景を描いているように思われる。

やすみしし　わご大君　高照らす　日の皇子の　聞《きこ》し食《を》す　御饌《みけ》つ国　神風の　伊勢の国は　国見ればしも　山見れば　高く貴し　川見れば　さやけく清し　水門《みなと》なす　海もゆたけし　見渡す島も名高し　此《ここ》をしも　まぐはしみかも　掛けまくも　あやに恐《かしこ》き　山辺《やまのべ》の　五十師《いし》の原に　うち日さす　大宮仕《つか》へ　朝日なす　まぐはしも　夕日なす　うらぐはしも　春山の　しなひ栄えて秋山の　色なつかしき　ももしきの　大宮人は　天地と　月日と共に　万代にもが

（巻十三―三二三四）

山辺の五十師《いし》の原の比定地については一志郡の新家に山辺の行宮《あんぐう》があったので、そのあたりをいうのであろう。歌にいう高く貴い山は、察するに朝熊山などの神宮を囲む山であり、さえわたって清らかな川は五十鈴川のことであろう。そのように解することによって、この歌の作者が神宮に関わる人物とみられることと符合することになろう。

聖なる山と、清浄な川を特別に意識して、宗聖観のような祭祀の場を作るのは、中国の南北朝、隋唐時代の道教の特徴であった。遣隋・遣唐使たちの見聞を通じて、朝廷の高官たちはそのことは知っていたに違いない。伊勢神宮の造営に、この道教思想が大きな影響を及ぼしたことは想像に難くない。

以上のことに加えて『日本書紀』で「神宮」としてあつかっているのは、ほかに石上《いそのかみ》神宮があるが、やはり道教との関係で検討されるべきであろう。

祭祀

組織体としての伊勢神宮そのものをながめてみても、道教と密接な関わりを持つ点がいくらでも指摘できる。まず、御神体は『皇太神宮儀式帳《こうたいじんぐうぎしきちょう》』（八〇四年）によると鏡だとある。鏡を御神体とするのは『古事記』の天照大神が、天孫降臨するニニギノミコトに告げた「此れの鏡は専《もは》ら我が御魂として、吾が前に拝《いつ》くがごと伊都岐奉《いつきまつ》れ」に基づく。ところがこの言葉は、道教の根本教典『南華真経《なんげしんぎょう》』（『荘子《そうじ》』）に至人（道を体得した人）の徳を鏡に譬えたことや、六、七世紀の南北朝、隋唐朝の道教教典が宇宙の最高神「天皇大帝」や「元始天尊《げんしてんそん》」の権威のシンボルを鏡や剣とした神学教理を根本に踏まえていることは明らかである。

また、先の『皇太神宮儀式帳』によると、社殿新築のさいの用材や「心《しん》の御柱《みはしら》」を伐採する前に行う祭祀などに五色の薄絁《うすぎぬ》や金属製の人形《ひとがた》を使うとある。道教教典の『抱朴子《ほうぼくし》』登渉篇によると「山中で五色の繒《きぬ》を大きな石の上に懸ければ、求むる所必ず得らる、すなわち願いごと必ずかなう」とあり、五色の薄絁は、道教関係の儀式で盛んに使われている。伊勢神宮の場合、この五色の薄絁が「見ることはもちろん、語ってもいけない」といわれる「心の御柱」を建てるさいに重要な役割を果たしている。

心の御柱は内宮と外宮の正殿の床下中央に建てられる。全長一・五メートル、直径一二センチほどの檜の柱で、なぜこうした柱を建てるのか全くわかっていない。建立は夜行われ、限られた人だけが立ち会って、神官をはじめ神宮関係者のほとんどに禁足令が出される厳粛な雰囲気の中で行われる。この柱はその半分以上が地下に埋められるというが、その柱に五色の絹をまきつけ、八重榊で飾り、さらにそのまわりに、四百枚とも八百枚とも伝える「天《あめ》の平瓮《ひらか》」という丸く底の平たい皿を積み重ねているという。

人形の使用を具体的にみると、山口祭、正殿心柱木本祭、宮地鎮、御舟代木木本祭、四宮地鎮祭においてはいずれも鉄人形四十枚が、山口神祭、正殿心柱木本祭、宮地鎮においては金人二十枚が、御舟代木山口祭、御舟代木木本祭、高宮地鎮祭では金人十枚が用いられたことが『皇太神宮儀式帳』および『止由気宮《とゆけぐう》儀式帳』に記されている。人形を使う祭儀が道教教典に起源をもつものであることは、後に「藤原京と平城京」の項で詳しく述べる。神宮という言葉については既に述べたが、「内宮」と「外宮」という用語もまた、陶弘景《とうこうけい》(四五六〜五三六)の著した道教教典『真誥《しんこう》』闡幽微《せんゆうび》篇の中にある。また『皇太神宮儀式帳』にみえる「斎宮」は『漢書』宣帝紀に、「斎館」は『風俗通』恠神篇に、「明衣」は『大唐六典』に、「幣帛」は『墨子』尚道篇などにあり、古代中国の用法との関係があったとみないわけにはいかない。さらに『儀式帳』には、月読命《つくよみのみこと》は「紫御衣」を着ているとするが、これも、道教において紫が天神もしくは大神の神聖性を象徴することに由来するようにみられる。

もう少し付け加えておこう。いつ頃に起源するかは詳らかではないが、外宮の神官であった度会《わたらい》氏が、内宮と外宮の中間にある岡崎宮で、道教の神・泰山府君《たいざんふくん》をまつる山宮祭を主宰したことは先人たちが論考している(佐藤虎雄「北辰の崇敬と度会氏の岡崎宮」『神道研究』四—二・三、一九四二)。

泰山府君とは、中国・山東省の泰山（東岳）の神で、人々の生死をつかさどるとされる。もともと死者の霊のおもむく山であったらしいが、朝熊山の場合と類似しているとみてよいであろう。

これまで述べたことは、古代の文献が記したものを手がかりにして、道教との関わりを考えてきた。文献ではないが、今に残る習俗を手がかりにしても、伊勢信仰と道教信仰は密接な関係があるといえる気がする。その例をあげてみよう。

内宮最寄りの五十鈴川駅で電車に乗り、別宮の伊雑宮へ向かった。「いざわのみや」というのが正式名称だが、「いぞうのみや」と呼びならわされている。鳥羽から十余キロ、朝熊山のほぼ真南の三重県志摩郡磯部町上之郷にあった。祭神はやはり天照大神で、漁師や海女の崇敬が篤い。この伊雑宮では毎年六月二十四日に華やかな田植え祭のあることで知られる。香取神宮、住吉大社のお田植えとともに、日本三大お田植え祭ともいわれる。

このお田植え祭に、興味深い祭具が登場する。神田のわきに、忌柱が立てられ、そこに巨大な二個のさしばのついた「忌竹《いみたけ》」と呼ばれるものが飾られる。さしばは上にあるのは円形で、下は普通のうちわの形をしており、俗に「軍配うちわ」と呼びならわされているそうだ。忌竹の高さは一四・五メートル、上の円形さしばは、直径二・六メートル、下の軍配うちわは、縦四メートル、横幅は最も広い肩の部分で三メートル。問題はこの下の軍配うちわである。五色の帆に風をいっぱいにはらませた千石船が進んでいる様子を描いているが、その帆に大きく「太一」とある（第6図）。「太一」とはいうまでもなく道教の最高神、天帝のことである。この忌竹は、田植え直前に神田に倒されるが、それを男たちが奪い合う、竹取り神事がある。さしばや竹ざさをひきちぎって持ち帰り、お守りにすると

第６図　伊雑宮の田植祭。「太一印」大さしば。太一が天帝ならその上の絵は天帝の住む須弥山の可能性がある。

大漁が約束されたといい、戦前には数十人の漁師たちが激しく奪い合ったという。

この忌竹がいつごろ登場するか、太一の文字がいつからあるのかよくわからない。磯部町教育委員会が発行した『磯部の御神田』（伊藤保編著、一九七六）によると、江戸時代の古文書に「団扇竹」というものがあり、それが、現在忌竹というものだろうという。もっともそれに「太一」の文字があったかどうかはわからない。

それはともかく「太一」という文字は、伊勢神宮に関する習俗では盛んに登場する。遷宮用材の伐採・運搬、お供え物の採集・輸送のさいには「大一」印の旗がいつもはためく。また、はっぴの紋ともなっている。余談になるが、現在ではこの「大一」印は、大工の定紋と思う人がふえたと神宮関係者は語っていたが、そのくらい、造宮工事に登場するのである。この「大一」が、明治までは「太一」であったことは、明らかになっている。つまり、伊雑宮のさしばと同じなのである。

伊勢神宮の行事になぜ「太一」印が現れるのか。吉野裕子氏はその著『陰陽五行思想からみた日本の祭』（弘文堂、一九七八）の中で、天照大神は「太一」とひそかに習合した。それは秘事中の秘事であったため、内宮の宮域以外の祭りや、その他のところでしか姿をみせないという。確かに現在においては、天照大神は、道教の最高神である北極星＝天帝と同一のものということには抵抗を感じる人があるだろう。しかし、鎌倉時代にその成立が推定される『神号麗気記《しんごうれいけいき》』などによると、『古事記』に登場するアメノミナカヌシノミコトは、「太一」であり、天照大神と同身一体と書いている。

伊雑宮の「太一」は、どこまでさかのぼるかわからないが、遷宮に先立つ杣始祭などでは十四世紀にすでにこの「太一」の文字が登場したことはわかっている。残念ながら、それ以前の記録はないが、これまで論じてきたことから推測するなら、その起源はさらにさかのぼる可能性もあるのではなかろうか。

蛇足ながら、現存する民俗資料に関して、いま一つだけ述べておきたい。内宮、外宮の一番外側の板垣には、東西南北四つの門があり、その門の前に蕃塀《ばんぺい》という独立した垣根がある。どこの神社にもあるというものではない。これは、中国で「泰山石敢当」などと刻んで魔除けに使った石敢当の変化したものではないのだろうか。

さらに、伊勢神宮を考えるとき、その神饌がアワビなどの魚介類が多いことに注目される。伊勢という土地に関係するといえば、それまでであるが、ここでも一つの仮定を試みるとすれば、伊勢神宮の祭祀に道教的な要素をもちこんだのは、海人、つまり白水郎ではなかったか。『万葉集』に、

伊勢の海の白水郎《あま》の島津が鰒玉《あわびたま》取りて後《のち》もか恋の繁けむ　（巻七―一三二二）
伊勢の白水郎《あま》の朝な夕なに潜《かづ》くとふ鰒の貝の片思にして　（巻十一―二七九八）

とうたわれているように、海中に潜る白水郎の漁法は古代から既に知られる（白水郎は「あま」を意味して唐の元稹《げんしん》（七七九～八三一）の「嶺南崔侍御を送る詩」などに見える）。海上を自由に往来した海人族が大陸から道教的な信仰をもたらしたために、神饌にも海産物が主要な位置を占めるようになったとみられないこともない。実はこの仮定は、後に述べる浦島伝承とも関連してくることになる。

藤原京の南によみがえりの宮

八角墳

檜隈大内陵

極彩色の飛鳥美人が描かれていた奈良県高市郡明日香村の高松塚古墳北約七〇〇メートルに野口王墓といわれる古墳がある。天武・持統両天皇の合葬陵で、檜隈大内陵《ひのくまのおおうちのみささぎ》ともいう。

日本にあるほとんどの古墳は、だれが眠っているのかわからないとされる中にあって、被葬者を特定できる極めて数少ない例として知られている。この古墳が天武・持統両天皇陵とわかったのは、文暦二年（一二三五）三月に盗掘にあい、その折の実検記『阿不幾乃山陵記《あおきのさんりょうき》』が京都栂尾《とがのお》の高山寺に秘

野口王墓（天武・持統陵）、中尾山古墳、牽牛子塚古墳、高松塚古墳、キトラ古墳へは近鉄吉野線飛鳥駅、東明神古墳へは同線壺阪山駅下車。天智天皇陵へは京阪京津線御陵駅下車。

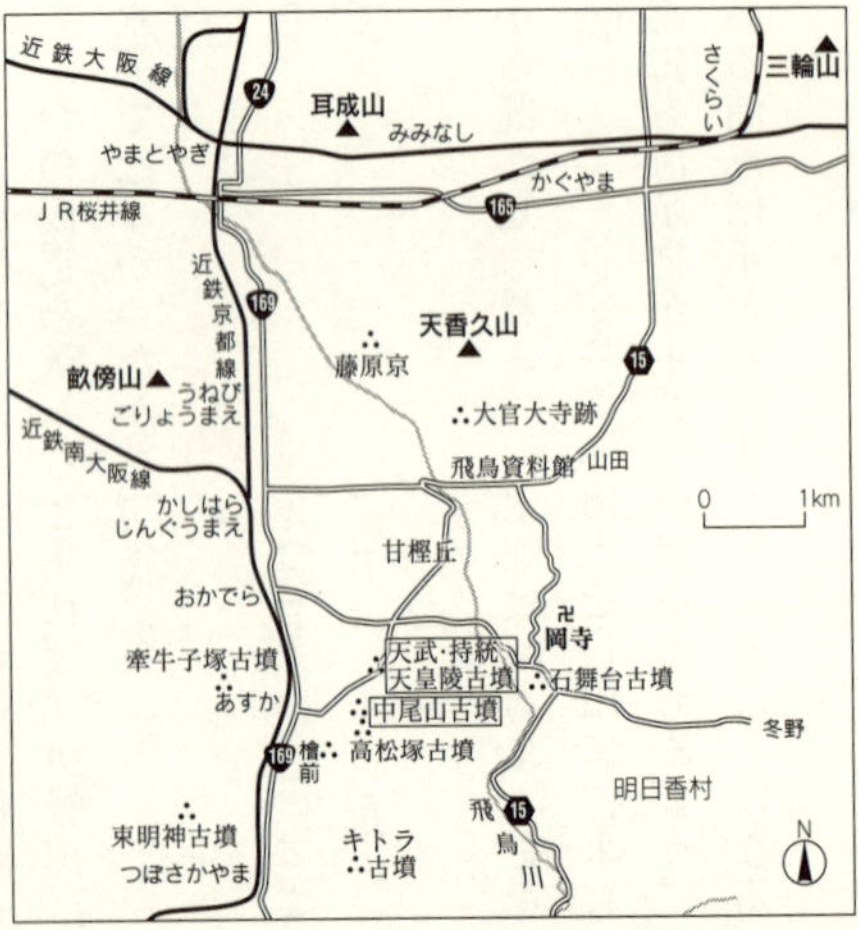

第７図　神仙となる訓練の場、朱火宮をイメージしてつくられた天武・持統陵（明日香村野口）。

蔵されており、その内容と『日本書紀』『延喜式』などの陵墓についての記載が一致するからである。同書に墳丘の形について次のように書かれていた。

件の陵の形八角、石壇一匝《めぐ》り、一町許《ばかり》歟《か》、五重也。

つまり石で囲った八角形の土壇を五重に積んだ「八角墳」とある。陵墓は、宮内庁が墳丘上の立ち入りを拒否しているため、現在調べることはできないが、同書に描かれた石室内部の克明な描写などから考えると、天武・持統合葬陵は八角墳というこの記述を疑うものはいない。

その天武・持統陵は、同村野口の東西に延びた丘陵東端の頂にあった。西側を除く三方が水田になっているため、遠くからでもそそり立ってよく目立つ（第７図）。御陵の前まで上って四囲を眺めると、改めてすばらしい場所に築かれた墳墓であることに気づいた。北東には大神《おおみわ》神社の御神体の三輪山、東には先に述べた斉明天皇が神仙の訪れを待つ両槻宮《ふたつきのみや》を建てたという多武峰《とうのみね》を望む。その手前に見える山々には岸俊男氏が、飛鳥京の神奈備山という橘寺の背後のミハ山もある。南には、持統天皇が足繁く通った吉野宮の北方に連なる山々、南西から西にかけて金剛《こんごう》・葛城《かつらぎ》の連山、後ろにまわると北西には、二上山もみえる。いずれも古代人の信仰に深くかかわった山である。

また北方は、甘樫丘《あまかしのおか》に続く小山の陰になってみえないが、この延長線上に、持統天皇が造営した藤原京の大極殿があることは、あまりにも有名だ。その大極殿を基準にして、逆に南への延長線が「聖なるライン」の名で呼ばれることは、ほぼそのライン上にある高松塚の発見以来、再三話題になってきた。

「聖なるライン」が本当にあるのかどうか、高松塚は、そのライン上からは一〇〇メートルほど西にずれるが、それでもいいのか。藤原京朱雀大路延長線上に、たまたま、天武・持統陵、高松塚古墳、中尾山古墳、墳丘内部に近年デジタルカメラを入れて撮影した調査で四神が確認されたキトラ古墳などがつくられただけで、単なる地形上の問題ではないのかなどという議論もある。それについて、後に触れることにするが、天武・持統陵は、藤原京中軸線を意識してつくったことは明らかであろう。藤原京を企画したのは天武天皇であり、造営したのが持統天皇であることを思えば、「たまたまそうなった」とは、決していえない。そして、その合葬陵が「八角墳」であることを考えれば、持統天皇が夫・天武天皇をここにまつった意図は明らかである。

八角墳は、天武・持統陵のほかにも本物の文武天皇陵といわれる近くの中尾山古墳、草壁皇子の墓とされる束明神《つかみようじん》古墳(同郡高取町佐田)が確認されている。余談になるが、宮内庁が文武天皇陵として管理しているものが、高松塚のすぐ南にあるが、これは古墳であるのかどうかさえも疑われている。それはさておき、天智天皇陵(京都市山科区御陵上御廟野町)や斉明天皇説の有力な牽牛子《けんごし》塚古墳(奈良県高市郡明日香村越)も八角墳らしいとされる。牽牛子塚は墳丘が全く破壊されてしまっており、わずかに八角墳らしい痕跡が残っているだけだし、天智天皇陵は墳丘内の立ち入りが許可されないため断定は難しい。ただ、牽牛子とはアサガオの種子のことであるが、この古墳がアサガオ塚ともよばれるのは、その墳形の平面形態がアサガオの花のようであったからと思われる。つまり八角形の形をアサガオの花のようにみたのであろう。また、天智天皇陵については、発表されている実測図によって、直径約四二メートル、高さ約八メートル、一辺約一四メートルの八角形の墳丘が方形の基壇の上にのっていたと推定する見解もある。

このように日本の八角墳を検討してみると、どうやら、斉明天皇の直系一族だけがつくったのではないかと考えられるふしがある。それは決して的はずれな推測でないことは後で述べよう。

近年の発掘調査で、兵庫県宝塚市中山荘園の中山荘園1号墳や鳥取県岩美郡国府町岡益の梶山古墳など、いくつかのものが「八角形」古墳として大騒ぎになったことがある。しかし、これらは正八角形ではなく、例えば梶山古墳では一辺二・五〜八・五メートルというように、長さにばらつきのある変形八角墳。正八角墳は斉明天皇一族のものと考えられる以外の墳墓は、除外してもよさそうである。

八角形の思想

さて、この八角墳の起源であるが、それは何に求められるのだろうか。中国大陸にも前例がないだけに、仏教の八角堂の影響があるのではないかというのをはじめさまざまな説がある。なかでも、中国の帝王が、世の太平を天神地祇（すべての神々）に報告する際に使用した八角方壇と関係があるのではないかと指摘した網干善教・関大名誉教授の説（『古代の飛鳥』学生社、一九八〇）は注目される。天子が天をまつるこの明堂の制、封禅《ほうぜん》の制については、『史記』封禅書に記載があるが、その儀式が八角形の壇上で行われたことは『漢書』郊祀《こうし》志や『後漢書』祭祀志にも記載されている。日本の八角墳築造時期と最も近いところで行われた大規模の天のまつりは、乾封元年（六六六）の唐・高宗が山東の泰山で行ったとされる。この儀式に参列するために派遣されたのが、天智四年（六六五）の守君大石《もりのきみのおおいし》、坂合部《さかいべの》石積《いわつみ》、吉《き》士岐《しのき》弥《み》、吉《き》士針間《しのはりま》らの遣唐使であった。『旧唐書《くとうじょ》』によると、この時の封禅の儀は「社首山上に於て方壇八隅」を用いたとある。

中国の皇帝たちが、なぜ八角墳の壇にこだわったのかを理解するのは、割に簡単である。中国では全宇宙を八角形としてとらえる思想があった。例えば『淮南子《えなんじ》』墜形《ちけい》訓では、四方四隅の表現として、「八紘」という言葉が登場する。わが国でも、すでに『日本書紀』にその用例がある。神武即位前紀に六合《くにのうち》を兼ねて都を開き、「八紘《あめのした》を掩《おお》ひて宇《いえ》にせむこと。亦可《よ》からずや」とある。また、『古事記』の序文には「天統を得て八荒を包《か》ねたまひき（正しい系統を得て四方八方を併合された）」とあるが、この八荒も八紘のことをいう。戦争中に盛んに使われた「八紘一宇《はっこういちう》」は、これを典拠にしている。それはともかく、全宇宙を八角としてとらえたことから、その最高神の上帝をまつる祭儀に八角形を使ったらしい。
八角形で表される宇宙の中心にいる天帝は前漢（およそ紀元前三世紀〜後一世紀初）には太一神と呼ばれていたが、その後、道教の最高神となり、天皇大帝→元始《げんし》天王《てんおう》→元始《げんし》天尊《てんそん》（玉皇大帝《ぎょっこうたいてい》）と名称が変わっていく。日本の天皇は、この天皇大帝をもとにしてつけられた。それは六世紀に編纂され、古代日本でも愛読された『文選《もんぜん》』に、天皇大帝について詳しく書いた後漢の張衡《ちょうこう》の『思玄賦《しげんふ》』が収録されていることも手がかりになる。日本の天皇はもともと「おおきみ（大王、大君）」と呼ばれていたが、飛鳥時代ごろに「天皇」となる。天皇の名前を借りただけでなく、全宇宙空間を八角としてとらえる「八角の思想」も受け入れたことは容易にうなずけよう。「おおきみ」は神であるという思想が芽ばえたのは、天皇という呼称が使われだしたことと、決して無関係ではない。

「八」という数字そのものも、古代中国では非常に大切に扱われた。例えば八方がとがった「八稜《はちりょう》鏡《きょう》」もまた、同じ思想の産物である。その思想は、日本にも伝えられた。伊勢神宮の御神体である鏡は、鎌倉時代の文献『神道五部書』によると「八《や》咫《た》の鏡」とあり、その八咫を「八頭、八葉形」と解説している。

八咫の鏡以外で、天皇とゆかりの深い八角形のものといえば、多くの人が思いつくのは京都御所の紫《し》宸《しん》殿にあるタカミクラ（高御座）中段の八角屋形であろう。このタカミクラは大正四年（一九一五）十一月、大正天皇即位儀礼の際に、古い文献を参考にして復元された天皇の玉座である。和田萃・京都教育大教授は、宮域の中心となる建物の大極殿の成立とタカミクラは密接なかかわりがあり、古代のタカミクラは中段の屋形だけでなく、全体が八角形であったろうと考証している（「タカミクラ――朝賀・即位式をめぐって」『日本政治社会史研究』上、塙書房、一九八四)。

『日本書紀』には「壇場」をつくって即位したという記載が、清寧紀《せいねい》、武烈紀《ぶれつ》、天武紀にあり、これを「タカミクラ」と読む人がいる。しかし、高御座の言葉が盛んに登場するのは『続日本紀』からである。まず、文武元年(六九七)八月の文武天皇即位の宣命に「此の天津日嗣高御座の業《あまつひつぎのたかみくらのわざ》」と出るのに始まり、即位・改元・譲位など、重要な儀式のさいの宣命に記されている。和田氏は「タカミクラに出御することが天皇の位にあることを天下の万民に告げ知らせる行為であった」とみる。そして、そのタカミクラの出現は、大極殿の成立と密接なかかわりがあったと指摘している。国家の最も重要な儀式を行う大極殿が造られたことは、藤原宮の大極殿の発掘によっても確認されたが、このことは八角墳のなぞを解くうえで、特に記憶しておく必要がある。その大極殿のタカミクラが、なぜ八角形だったのかは、天皇を神と同一視する思想が背景にあったことは疑いないであろう。

八角形といえば、前期難波宮と呼ばれる遺構から検出された八角形の建物跡も注目される。一応八角堂院という名がつけられているが、この建物の実体は明らかではない。楼閣状の建物とみられ、鼓楼あるいは鐘台と想定されているが、むしろ右で述べてきたこととの関連からいえば、宗教的な機能をもったものではないかとも思われ、宮内に祭られた神などの関係からも検討を要するであろう。

やすみしし　わご大君の　聞し食《め》す　天の下に　国はしも……　(『万葉集』巻一―三六)

『万葉集』では、大君にかかる枕詞として、このように「やすみしし」が、使われている。その「やすみしし」とは「八隅知し」で、八方を統治することである。このように、天皇を神と同一視する思想のなかでは、道教は極めて有効だった。天皇や貴人の死を「崩る《かむあが》」というが、これも「神上がる」、つまり道教思想でいう神仙となって天の世界に行く「登仙」にほかならない。

朱火宮

道教思想がいつごろから日本に伝えられたのかはよくわからない。その伝来については、さまざまな時期とさまざまなルートを想定しておかねばならない。しかし、飛鳥時代から奈良時代にかけ遣隋・遣唐使あるいは渡来人たちによって、知識人の教養としてもたらされたことは疑いない。例えば遣隋使を初めて派遣した推古天皇時代の皇太子・聖徳太子にまつわる話に「片岡遊行記《かたおかゆぎょうき》」という有名な話がある。太子が片岡山を訪れたさい、飢えた人に会い、衣服を与える。その男は死んで葬られたが、その墓を調べたところ、たたんだ衣服はぬけがらのように棺の上にあり、遺体はなかったという。これは、道教でいう「尸解仙《しかいせん》」で、死んだ後神仙となったのである。

山上憶良の「沈痾《ちんあ》自哀の文」が、道教教典『抱朴子《ほうぼくし》』を下敷きにしたことはあまりにも有名だ。舶来の教養である道教思想によると、天上の神々の世界と、死後の世界は常に相似形で考えられている。その天上世界の正殿である紫宮の南には、よみがえりのための宮殿、朱宮《しゅきゅう》があるとされる。六世紀の道教教典『真誥《しんこう》』（神のお告げの言葉）の闡幽微《せんゆうび》（死者の世界を開明する）篇に、次のように書いている。生前、善徳を積んだ者は、死後に紫宮（紫微《しび》宮）南方の朱宮（朱火宮）で特訓を受け、神仙となって、東方の東海青童君の治める東華宮に遊ぶ。

こう考えてくると天武・持統陵がなぜ藤原京の真南につくられたのかわかる気がする。藤原京南のこの八角墳はタカミクラに象徴される大極殿であり、皇居なのである。その八角墳が皇宮を意味する大内を天皇陵の名とした深いわけがあったのだ。持統天皇はこの地に天武天皇のために死後の宮殿をつくり、後に自らもその宮殿に入ったのである。「伊勢神宮」の項で書いた『万葉集』巻二に記載されている持統天皇の歌は、ここでも大きな意味をもってくる。夢に現れた夫・天武天皇は『真誥』に書かれたごとく、東海にいたのである。つまり、明日香村から真東の伊勢の海にいた。死後、朱宮である藤原京真南の大内陵での特訓が実ったことの証明の歌といえる。藤原宮の真南に、八角墳をつくったことは、これほど深い思想的背景があったのだ。

このような見方に対して、持統天皇および文武天皇の場合、火葬されているので、葬法の点からいえば仏教の方式であり、八角墳を道教思想と関係づけることはできないのではないかという反論があるかもしれない。しかし、実際には死後すぐに火葬されているのではなく、持統天皇は約一年、文武天皇は約五カ月の間の殯《もがり》期間を経ている。このことは、死者の埋葬に関しては、伝統的な土葬の風習を残していたとみるべきであり、そのように考えれば、八角墳は火葬されていない天智天皇や天武天皇の墳墓との関係からとらえるべきであろう。

天武・持統陵がなぜ、藤原京の真南に八角形でつくられたのか、その理由は、以上で論じたように明解である。では、他の八角墳はどうか。それが、神仙に強いあこがれをもった舒明・斉明天皇直系一族の天皇クラスの墓であることを思えば、同じ思想に基づいたものであろう。文武天皇陵とされる中尾山古墳も「聖なるライン」に載る。

それでは、飛鳥の西南方にある越智岡丘陵の飛鳥時代の墳墓群については、どのように解釈したらよいのであろうか。先にみた牽牛子塚古墳を斉明天皇陵とみる説があるが、それはともかく、斉明天皇陵は『日本書紀』に小市《おち》岡上陵《おかのえのみささぎ》とよばれたから、同天皇の宮のあった後飛鳥岡本宮の想定地から西南の方向に天皇陵が造られたことは確かである。しかし、この位置も前述の朱火宮の思想と原理的には同じであるとみなすことができる。というのは、古代中国の二十八宿の概念によれば、南方朱鳥の範囲は南西から東南までの百十二度にわたり、越智岡の墳墓群は、飛鳥からみても朱鳥の方位にあたることになるからである。同じように八角墳でかつ草壁皇子の真弓丘陵とみられている束明神古墳の位置も右のような理解をすれば、やはり朱火宮であった可能性がある。

ところで、飛鳥の西南方にあり、墳墓の営まれた越智岡丘陵とは、何を意味していたのであろうか。『万葉集』（巻十三―三二四五）の変若水《おちみず》、つまり若返りの水のことを「越水」と表していることから、藤田富士夫氏は「越」には若返りという神仙的意味が含まれているとする（「日本海文化の国際性」『日本の古代』2、中央公論社、一九八六）。

同様のことは、「出雲国造神賀詞《かむよごと》」にも「……すすぎ振子をどみの水の、いやをちに御をちまし……」（走りさわぐうずまく水のように、いよいよ若返ることに、お若くなりたまい）とあって、この場合も若返りの水のことをいっている。この解釈にしたがうと、越智岡の「おち」は若返りの意味で、越智岡は若返りの岡のこととなる。おそらくそれは神仙の山の日本風の表現であったにちがいない。とすれば、この越智岡の丘陵に墳墓が造られたことは、いうまでもなく、死後のよみがえりを願ってのことであろう。そこに八角墳などの墳墓が営まれたのであるから、墳形としての八角形の思想が道教に由来することは、もはや疑う余地がないであろう。

そして、さらにつけ加えるならば、この越智岡丘陵は、平城京のほぼ南にあたる。草壁皇子は平城京に遷都した元明女帝の夫にあたる。そのことを考えると、越智岡の丘陵は平城京の朱火宮であったとみることもできよう。

あらためて飛鳥にゆかりのある天皇の八角形墳をみてみると、舒明、皇極（斉明）、天智、天武・持統、文武となり、ここでは、詳細な系譜関係を省略するが、いずれも、近江の坂田郡に本拠をもった息長《おきなが》氏の系譜に関係する。ということは息長氏がもたらした宗教文化に八角形墳のルーツがあると考えられる。息長氏はどのような氏族かをさらに究明していくと、おそらく、『古事記』『日本書紀』に隠されている日本古代の深層を掘り起こすことができる。それについては、別の機会に触れてみたい。

大陸から伝えられた雲の信仰

出雲

八雲山

松江市の南、八雲村と大東町の境にある八雲山（四二四メートル）に登った。南東ふもとの大東町須賀からは「ふるさとの散歩道」として、ハイキング道が整備され、快適な山歩きであった。東から南、西にかけては十重《とえ》二十重《はたえ》の山なみが続く、北に転じると眼下に宍道《しんじ》湖や中海《なかうみ》が見えた。中海の向こうの夜見ヶ《よみが》浜《はま》（弓ヶ浜）は、まるで東方はるか彼方に望む伯耆《ほうき》大山《だいせん》（一七一一メートル）の参道のように思えた。

須我神社の所在地は、島根県大原郡大東町須賀。JR 木次線出雲大東駅からバス、須賀上下車。
熊野大社の所在地は、八束郡八雲村熊野。JR 山陰本線松江駅からバス、熊野大社前下車。

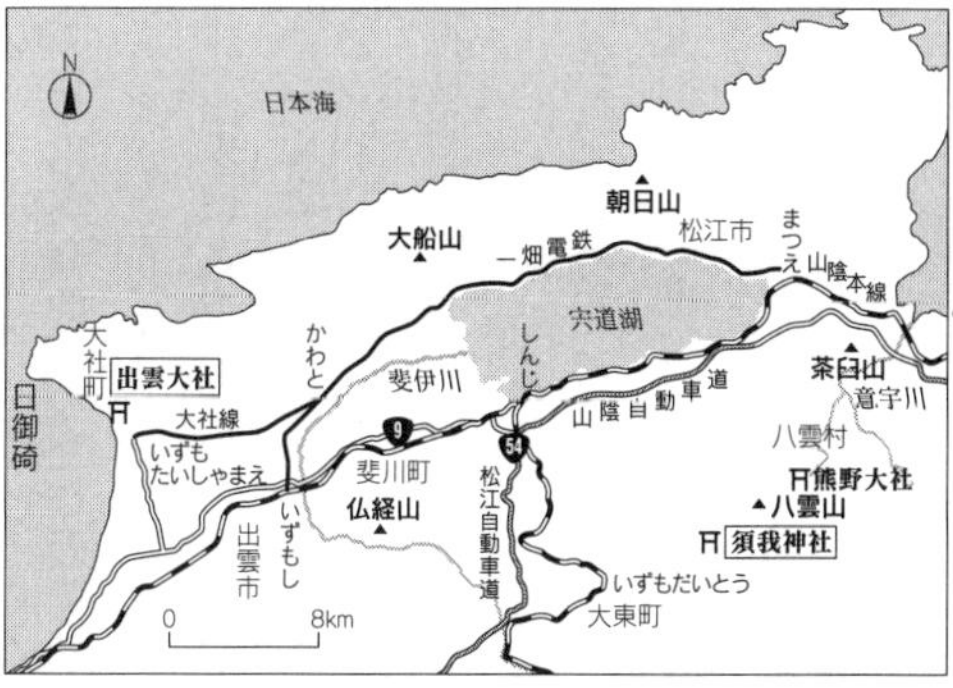

この八雲山はヤマタノオロチを退治した神話の英雄、スサノオノミコトゆかりの地とされる。

八雲立つ　出雲八重垣　妻籠《つまご》みに　八重垣作る　その八重垣を

和歌として記紀に初めて登場するこの有名な歌を、スサノオがここでよんだと、頂上広場に説明板が立っていた。

神話のふるさと「出雲」の語源は『出雲国風土記』によると、国引きして出雲をつくったことで知られるヤツカミズオミヅノミコトが「八雲立つ」と述べたからとある。八雲がどこに立ったのかは不明だが、記紀のこのスサノオの歌と無関係とは思われない。八雲山は古代出雲にとって、聖なる山だったのだ。山頂から南へ少し下ったところに岩座《いわくら》があり（第8図）、スサノオと、その妻のクシナダヒメをまつるふもとの古社、須我神社の奥宮になっていた。祭神はスサノオノミコトとクシナダヒメ。須賀の地名は、スサノオが宮造りの地を求めて、この地を訪れ「須賀須賀（すがすがしい）」気持ちになったと言ったことから付いたとされる。

神のいる山として『出雲国風土記』は、宍道湖周辺に四つの神奈備《かんなび》山をあげている。朝日山（三四二メートル）、大船山（三二七メートル）、仏経山（三六六メートル）、茶臼山（一七二メートル）である。しかし、なぜか八雲山はその神奈備山に数えられていない。出雲の語源となったほどの山をどうして『風土記』は書かなかったのか。そこに、謎の多い出雲神話を解く鍵がある気がする。

記紀と『風土記』を比べると、記紀に書かれた内容の方が、古い史実を伝えるといわれる。オオク

第８図　八雲山山中にある岩座、須我神社奥宮として信仰を集めている。

第９図　スサノオがつくった須賀の宮の跡とされる須我神社。

ニヌシの国譲り神話は、大和王権成立期の地方豪族が統合されていく過程の出来ごとを反映していると考えられるし、そうなると古墳時代のことと思われる。オオクニヌシの親神とされるスサノオの神話は、それ以前、つまり弥生時代のものである可能性が高い。こう考えると、古代出雲の地を開いた人たちが、まず聖なる山と考えたのが八雲山で、やがてあちこちに開拓の手が伸びていくと共に、『風土記』に記す四つの神奈備山が重要視されだしたと、解釈するのが無難であろう。

『風土記』の書かれたころの出雲の中心は、八雲山北北東の意宇《おう》川沿いであり、そこに出雲国庁跡も見つかっている。しかし、それ以前に、出雲でまず、稲作文化が開花するのは八雲山のほぼ真北十数キロにある朝酌《あさくみ》川周辺であった。近年発掘された西川津遺跡は「弥生の博物館」といわれるほど農具や日用品などのおびただしい遺物が出土し、優秀な技術者集団がいたことがわかっている。加工途中の木製品も続々と出土し、鉄器らしいものの破片も見つかっている。弥生時代のほぼ全期に及ぶ遺構だが、集落跡としてこれほどまとまったものは、宍道湖周辺では他に例がない。この遺跡の特徴をいま一つあげると、日本海沿いの大遺跡にしか出土例のない土笛が十二個も見つかっていることである。中国の陶塤《とうけん》の影響を受けた楽器といわれる。

これらの遺物を製作した技術は、もちろん自然発生的なものではない。よそから伝えられたと考えるべきだろう。技術伝来の波は、何層も押し寄せたに違いないが、中国や朝鮮半島からダイレクトに来たものも多かったろう。

出雲に渡来人の訪れを物語るものは、数限りない。『延喜式』の神名帳に記載されているものに、韓国伊太氐《いだて》神社という名称のついた神社が六つもある。「いだて」の意味は不明であるが、『播磨国風土記』の餝磨郡《しかまのこほり》因達《いだて》里の条には、因達というのは、息長帯比売《おきながたらしひめ》命が韓国《からくに》を征服しようとして渡ったときに、船の前に座していた神であると説明している。また『住吉大社神代記』には紀伊の伊達社は船玉の神としている。このような事例からみれば、船に関係のある神のようでもある。

また、韓銍社《からかまのやしろ》というものもある。韓が朝鮮半島か中国かわからないが、異国の神が鎮座しているのである。『日本書紀』の一書によると、スサノオは「その子五十《い》猛神《たけるのかみ》を帥《ひき》いて、新羅国に降到《あまくだ》り、曾尸茂梨《そしもり》のところに居《ま》します」とある。その後、舟に乗って東に渡って、出雲国にやってきて、オロチ退治をしたと記されている。スサノオは、新羅の神だという説は、古くは江戸時代の藤貞幹《とうていかん》、明治以後は今西竜氏、また、現代では水野祐氏らによって主張された。『古事記』ではスサノオの子にあたるオオトシの神は、その子として韓神《からのかみ》、曾富理《そほり》神をもつとしている。韓神は文字どおり渡来の神であるが、曾富理神も新羅の王都ソフルに由来するといわれ、やはり古代朝鮮の神らしい。このこともスサノオが韓神であることを示唆しているようである。

また『備後国風土記』（逸文）の蘇民将来《そみんしょうらい》について述べた記事の中でも蕃神の武塔《むとう》神とスサノオとの習合が読みとれる。武塔神の性格は明らかではないが、外来の神であることはまちがいなく、これとスサノオとが結びついていることは、やはり渡来の神のイメージをぬぐい去ることができない。

この記事の内容は、かつて武塔神が貧しい蘇民将来という人物に宿を借りた御礼に、茅《ち》の輪《わ》をもって疫病を防ぐ法をさずけたというものであるが、茅が邪気を防ぐというのも、道教の呪術であり、その点からみればスサノオはやはり道教の神と何らかの関連をもつように思われる。

右のようにみればスサノオは渡来人がまつった神である可能性がある。島根半島の付け根、平田市の日本海側に十六島という大きな湾がある。「うっぷるい」と呼ぶが、これは古朝鮮語で「多数の湾曲の多い入り江」という意味といわれるように、多くの渡来人たちが出身地の神をたずさえてきたのであろう。

その渡来人たちは、技術とともに、中国固有の道教思想をもたらしたことは十分考えられる。高句麗古墳に四神が描かれているように、朝鮮半島にも早くから、道教思想が伝わっていることもまた、周知のことである。鉱山の採掘や剣・鏡の製造などの技術は、道教的呪術と一体であることは、後の「香春・宇佐」の項で述べる。稲作の栽培技術そのものに、道教的呪術がどのようにかかわったのかよくわからないが、日々の暮らしに欠かせない医薬に道教が深くかかわったことはよく知られる。

西川津遺跡は、出雲の縄文時代に対して、新しい弥生文化をもたらした人々の生活の跡である。初めて住みついた人々、あるいはその子孫たちが、南に望む八雲山を道教思想に基づくよみがえりの山とみなして神聖視した可能性はある。「八雲」そして「出雲」は道教の雲の信仰と関係が深い。「八雲」とは八重の雲を意味し、道教教典『真誥《しんこう》』協昌期篇にみえる。また「出雲」の語は雲のわき出る所をいい、『礼記』孔子間居篇に「山川は雲を出だす」と、また道教詩人であった陶淵明《とうえんめい》（三六五～四二七）の『帰去来辞《ききょらいのじ》』に「雲は無心にして岫《ゆう》（山の洞穴）を出づ」などとある。これらの雲は道教の神学では「黄帝《こうてい》、道を得て雲天に登る」「かの白雲にのって帝郷（神の国）に至る」（『南華真経《なんげしんぎょう》』天地篇）などのように神仙世界（高天原《たかまがはら》）を象徴するか、そこへの乗り物を意味する。

また「八重垣」を巡らした「須賀の宮」（第9図）の「すが（清）」も、道教教典『太平経』の「神道来り、清明見《あらわ》る」「清き者濁れるを治む」などの「清」と同義語である。

このようにみると、「八雲立つ出雲」は道教思想そのものの表現であることは間違いないであろう。

スサノオ神話

『日本書紀』によると、スサノオは、須賀の宮で暮らした後、根の国へ行く。根《ね》の国とは黄泉《よみ》の国のことだ。その黄泉への入り口とされる黄泉比良坂《よもつひらさか》は松江市の南東にある東出雲町揖屋《いや》（伊賦夜坂《いふやさか》）であるという伝承があり、また、その東方の夜見ヶ浜（弓ヶ浜）は、『出雲国風土記』では「夜見嶋」と書いている。奈良時代のころまでは島であったのだ。夜見とは黄泉のことで、死者の世界であると共に神仙世界でもある。『真誥』闡幽微篇によると、生前に善を積んだ人は、南方の朱宮で特訓を受け、東方の東華宮に遊ぶとある（「八角墳」の項）。スサノオの八雲山と根の国の伝承は、こうした思想の原型が下敷きになっていることがしのばれる。余談ながら、奈良時代の人たちが、根の国を死者だけの国と考えていなかったことは、『古事記』に記載された、オオクニヌシがスサノオのいる根の国を訪問することでも明らかである。オオクニヌシは、根の国にいるスセリヒメにプロポーズする。その父スサノオに妨害されながらも目的を果たし、正妻とする。そのスセリヒメは後にひどくやきもちを焼いたりするが、決して死者の国の人物ではない。仙術らしいものを心得ているようにも描かれている。この根の国にいたスサノオについて道教教典との関係から考えてみると、根の国が仙郷とみられていたことがはっきりしてくる。スサノオは「海原を知らす」者とされるが、『南華真経』（秋水篇）に載せる海原の支配者「海若《かいじゃく》」を連想させる。スサノオの子孫の神たちの名が、ヒカワ（日河）比売《ひめ》、フカフチ（深淵）ノミズヤレハナ神など水とかかわりがあるのは、道教の神学で、水を万物生成の根元とし、天と地と共に三官大神と呼んで最重視する思想を反映している。

またスサノオは、斐《ひ》の河上で八頭八尾の大蛇を退治することが出雲神話の中で語られるが、これも八頭の大蛇＝「八竜」を馭《ぎょ》して、天空を自在に飛ぶ『真誥』の中の神仙のモチーフに類似している。『楚辞《そじ》』（離騒篇）の古注では八竜を「八節の気」の象徴としており、これにしたがえば、大蛇退治は、節気を整えて、斐の河の水害を治め、人々を救ったことを意味していると解することができる。右のようにみれば、根の国を神仙世界と考えたらしい様子をうかがうことができよう。

以上のほかにも、スサノオには道教思想との関連を指摘することができる。根の国にいたスサノオの頭髪に、ムカデがいたとあるが、これも道教教典『抱朴子』登渉篇に記載された蛇をよける道教の呪術である。つまり青竹の筒の中にムカデを入れてたずさえ、蛇がいるとムカデが動くからだというのである。スサノオの父、イザナギが黄泉の国からの追っ手に桃の実を投げたという記録も道教思想を背景にしている。

出雲大社にまつられているオオナムヂについても道教との関わりを全く否定するわけにはいかない。ワニに皮をはがれた白ウサギにオオクニヌシノミコト（オオナムヂ）が蒲黄《がまのはな》で治療するようにすすめる物語があるが、これも道教の医術である。

またオオナムヂと協力して国作りをするスクナヒコナは常世すなわち神仙境にいる神とされ、『古事記』神功皇后段にも「この神酒《みき》は　我が神酒ならず　酒の司　常世に坐《いま》す　石立たす　少名《すくな》御神の……」とある。『日本書紀』には、スクナヒコナとオオナムヂとが心を一つにして天下を経営し、人や家畜のために病を治療する方法や、鳥獣・昆虫の害を除去する法を定めたので、百姓はその恩恵をこうむっていると記す。スクナヒコナは道教の神農《しんのう》信仰とつながっていて、薬の神とされていることはよく知られている。

さてオオナムヂのことであるが、積極的に道教の神と関連する証拠はない。しかし西郷信綱氏の説(『古代人と夢』平凡社選書、一九九九)によると、オオナムヂをしきりと「大穴牟遅」と表記する場合があることは、「穴」は単に字を借りただけではなく、この神の属性にかかわるのではないかとして、「穴」は岩窟の問題へとつながることを説く。『万葉集』に、

大汝《おほなむち》 少彦名のいましけむ志都《しつ》の石室《いはや》は幾代経ぬらむ　(巻三—三五五)

という歌があるが、これからもオオナムヂとスクナヒコナは岩窟と関係があることがうかがえるという。石室も『抱朴子』(金丹篇)に「能く名山の石室中に居る者は一年にして即ち軽挙す」などとある。同じく『抱朴子』(道意篇)に「(仙人の李阿は)穴居して食はず……号して八百歳と為す」とあり、『説文《せつもん》』には「穴は室なり」ともあるように、オオナムヂの「穴」はやはり石室あるいは岩窟のイメージをよびおこす。

右のような想定がオオナムヂの神のあり方に触れるとすれば、道教の神が洞にいるとされることと共通するとみなすこともできよう。とりあえずオオナムヂについての一節を記して今後の検討をまちたい。

スサノオがオロチ退治で神剣を入手したり、オオクニヌシがヤチホコノカミと呼ばれたことなど、

刀剣についての神話が、出雲には多い。イズモタケルがヤマトタケルに「葛多巻《さわ》き」の立派な刀を贈ったこともそうだが、剣を神霊視する道教思想を抜きには考えられないのではなかろうか。

古代出雲に道教思想が伝わっていたことを示す証拠を、出雲の語源に関わりがあるという八雲山とスサノオ神話を中心に述べてきた。しかし、他にも資料はこと欠かない。他の地方が神無月という十月、出雲だけが「神有月」だが、道教教典『黄庭経』によると、「万神が三元に朝する」とあり、これに基づいて唐宋の時代には、天地八百万の神が十月十五日（下元の日）に玉京に集まって元始天尊に朝謁するという、いわゆる「朝元」の道教信仰が広く行われるようになった（たとえば北宋の武完元の描く『朝元仙杖図』を参照）。この場合、出雲を玉京とみれば、その十月は「神有月」となる。

熊野大社

八雲山の北東に熊野大社という古社がある。古くは、出雲国造《こくぞう》家が祭祀を司った出雲大社と並ぶ二大神社の一つ。現在の祭神はスサノオノミコトだが、平安時代の『延喜式』には熊野大神クシミケヌノミコトとなっている。平安時代に国造家が、出雲大社のある杵築《きづき》に行くまでは熊野大社の方が栄えていたといわれる。その熊野大社に、出雲大社の宮司、つまり出雲国造を迎えて行う鑽火《きりび》（お火切り）祭という古い神事が残っている。この時、小石二個を土器に盛り、はしをそえた膳が出される。国造は左手に土器をもち、右の手にはしをもってこの小石をかむ「歯固め式」というものが行われる。大変奇妙な儀式で、日本の神社では他に例がないのでなかろうか。これは道教教典『八素真経』などに載せる不老長寿を祈願した「叩歯《こうし》」の呪術の伝承であることは疑いないようだ。ちなみに『八素真経』は、藤原佐世《ふじわらのすけよ》の『日本国見在書目録《にほんこくげんざいしょもくろく》』にも著録されている。

　最後に一つ、思い切った仮説を述べておきたい。出雲を中心として、日本海沿岸に四隅突出型《よすみとつしゅつがた》墳丘墓という糸巻きのような形の墳墓がある。弥生時代末から古墳時代にかけてのものである。これは道教の女神・西王母がそのシンボルとして髪飾りにする糸巻き状の「勝《しょう》」をイメージしたものでなかろうか。前漢末から、爆発的に広がりを見せた西王母信仰（『漢書』五行志）が日本にも届いていたことは十分考えられる。西王母からは七夕姫が派生したことはよく知られ、高句麗古墳には、七夕姫の壁画も描かれている。西王母と織物は、密接な関係があり、織物技術を伝えた人が信仰していた可能性はある。四隅突出型墳丘墓が集中する出雲市西谷丘陵のものは、副葬品からみて「女性の墓」の可能性が高い。富山市の呉羽《くれは》丘陵に、杉谷四号墳という四隅突出型墳丘墓があり、この墳墓が築かれて後、同丘陵上に次々と古墳がふえていくことが知られている。つまり、杉谷四号墳がつくられて後、同地付近が急に開拓されていくことを物語っている。呉羽とは、織物を伝えた渡来人であることは、余りにも有名だ。四隅突出型墳丘墓誕生に、西王母信仰が関わりがあると見るのは、思い過ぎだろうか。

　出雲といえば、数多くの青銅器の発見で話題をよんだ。宍道湖西側の簸川郡斐川町の神庭《かんば》荒神谷《こうじんだに》遺跡からは、一九八四年に三百五十八本の銅剣、翌年には銅鐸《どうたく》六個と銅矛《どうほこ》十六本が相次いで出土した。銅剣の数は、それまでに全国で出土していた総数を上回るものだった。また、銅鐸と銅矛が同時に出土したのは、はじめてだった。宍道湖からは少し南側内陸部にある大原郡加茂町の加茂岩倉遺跡からは、一九九六年に銅鐸三十九個が出土した。同遺跡は宍道湖にそそぐ斐伊川の支流、赤川にほぼ近い場所にある。

これらの青銅器は過去の弥生の青銅器の出土と同様に、ある時期にそれだけが埋納されたものであるが、これらが、道教と関係することを保証できる根拠は乏しい。むしろ、日本列島に中国から鏡がもたらされて、祭具として利用された段階に道教的祭祀に大きな変革がなされたと、考えてみたい。

浦島子伝説
——華南の海人が伝えたユートピア
丹後半島・筒川

浦島子伝説

京都府北部の丹後半島に、浦島太郎の古里を訪ねた。漁に出た若者が、美女と会い、ユートピアで暮らしたという、いわゆる「浦島伝説」はあちこちにあるが、古くから有名な土地は、景勝で知られる天橋立北方の与謝郡伊根町本庄である。太郎を祭神として平安時代にはすでに建立されていたことの明らかな式内社宇良神社（浦嶋神社、第10図）があり、物語を絵巻にした室町時代初期の『浦嶋明神縁起』（重文、第12図）も伝わっている。

宇良神社（浦嶋神社）の所在地は、京都府伊根町本庄浜141。国の重要文化財に指定された『浦嶋明神縁起』（絵巻、14世紀）の他に、室町時代の玉手箱（玉櫛笥）2合、浦嶋子口伝記、浦嶋神絵巻など浦島伝説に関係する多数の神宝があり、拝観できる。北近畿丹後鉄道宮津駅または天橋立駅から経ヶ岬行きバスで、浦嶋神社下車。

この宇良神社は、浦島大明神・筒川大明神ともよばれ、筒川の近くに鎮座する。祭神は『丹哥府《たんかふ》志《し》』に浦島太郎・曾布谷次郎・伊満太三郎・島子・亀姫とある。曾布谷次郎と伊満太三郎は太郎の弟とされ、太郎に子がなかったので、天に祈願し男の子が授かるが、この子が島子で、美しい姫に化した亀に誘われて海神の宮にいったと伝える。

浦島伝説の主人公は、鎌倉時代までの伝説では「浦島（嶼《しま》）子」とある。雄略天皇の時代のこととして記されているものが多く、『日本書紀』雄略紀二十二年の条に、次のような記載がある。

秋七月に、丹波国の余社郡の管川《つつかは》の人瑞江浦嶋子《みずのえのうらしまこ》、舟に乗て釣す。遂に大亀を得たり。便《たちまち》に女《をとめ》と化為《な》る。是に、浦嶋子、感《たけ》りて婦《め》にす。相逐《あひしたが》ひて海に入る。蓬萊山《とこよのくに》に到りて、仙衆《ひじり》を歴《めぐ》り覩《み》る。語《こと》は、別巻《ことまき》に在り。

現在伝わらないが、この「別巻」が原典となって、さまざまな伝承が生まれていったのではないかとされてきた。また、『丹後国風土記』逸文（『釈日本紀』）にも、浦嶼子の伝承が載せられている。その冒頭の部分には次のようにある。

与謝の郡、日置の里。此の里に筒川の村あり。此の人夫《たみ》、早部首《くさかべのおびと》等が先祖《とおつおや》の名を筒川の嶼子《しまこ》と云ひき。（中略）長谷《はつせ》の朝倉の宮に御宇《あめのしたしろ》しめしし天皇の御世、嶼子、独《ひとり》小船に乗りて海中に汎《うか》び出でて釣するに、三日三夜を経るも、一つの魚だに得ず、乃ち五色の亀を得たり。心に奇異《あやし》と思ひて船の中に置きて、即《やが》て寐《ね》るに、忽ち婦人《おみな》と為りぬ。其の容美麗《かたちうるわ》しく、更比《またたぐ》ふべきものなかりき。……

水野祐氏（『古代社会と浦島伝説』雄山閣出版、一九七五）や重松明久氏（現代思潮社「古典文庫」『浦島子伝』一九八一）の研究では、この『丹後国風土記』の記載の方が成立が早く、『日本書紀』はそれをもとにしたのだろうとみる。その手がかりの一つを、主人公の浦島子の住んでいたところを『風土記』では「与謝郡日置里」と書くことに求める。行政区画名に「国郡里」が使われたのは、大宝令が施行された大宝二年（七〇二）から霊亀元年（七一五）の間とされる。『風土記』の撰進が命じられたのは和銅六年（七一三）であることから、『丹後国風土記』が編纂された期間は、和銅六年から霊亀元年までのわずか二年間のことで、『日本書紀』がまとまった養老四年（七二〇）より古いとみる。それはともかく、浦島子の古里について、両書は「筒（管）川」の人だとある。

さらに、『万葉集』にも、浦島子の伝承をうたった長歌と反歌がある。以下にそれをあげる。

春の日の　霞める時に　墨吉《すみのえ》の　岸に出でゐて　釣船の　とをらふ見れば　古《いにしへ》の　事そ思ほゆる
水江《みづのえ》の　浦島《うらしま》の子が　堅魚《かつを》釣り　鯛釣り矜《ほこ》り　七日《なぬか》まで　家にも来《こ》ずて　海界《うなさか》を　過ぎて漕《こ》ぎ行
くに　海若《わたつみ》の　神の女《をとめ》に　たまさかに　い漕ぎ向ひ　相誂《あいあとら》ひ　こと成りしかば　かき結《むす》び　常世《とこよ》
に至り　海若の　神の宮の　内《うち》の重《へ》の　妙《たへ》なる殿に　携《たづさ》はり　二人入り居て　老《お》いもせず　死《し》に
もせずして　永き世に　ありけるものを　世の中の　愚人《おろかひと》の　吾妹子《わぎもこ》に　告《つ》げて語らく　須臾《しましく》は

家に帰りて　父母に　事も告《かた》らひ　明日のごと　われは来《き》なむと　言ひければ　妹《いも》がいへらく　常世辺《とこよへ》に　また帰り来て　今のごと　逢はむとならば　この篋《くしげ》　開くな勤《ゆめ》と　そこらくに　堅《かた》めし言《こと》を　墨吉《すみのえ》に　還り来《きた》りて　家見れど　家も見かねて　里見れど　里も見かねて　恠《あや》しと　そこに思はく　家ゆ出でて　三歳《みとせ》の間《ほと》に　垣《かき》も無く　家滅《う》せめやと　この箱を　開きて見てば　もとの如《ごと》　家はあらむと　玉篋《たまくしげ》　少し開くに　白雲の　箱より出でて　常世辺《とこよへ》に　棚引《たなび》きぬれば　立ち走り　叫《さけ》び袖振り　反側《こいまろ》び　足ずりしつつ　たちまちに　情消《こころけう》失せぬ　若かりし　膚《はだ》も皺《しわ》みぬ　黒かりし　髪も白《しら》けぬ　ゆなゆなは　気《いき》さへ絶えて　後つひに　命死にける　水江《みづのえ》の　浦島《うらしま》の子《こ》が　家地《いへどころ》見ゆ

（巻九―一七四〇）

反歌

常世辺《とこよへ》に住むべきものを剣刀《つるぎたちな》己が心から鈍《おそ》やこの君

（同―一七四一）

この歌にある「墨吉の岸」を、大阪の住吉神社の近くであるとする説もあるが、京都府竹野郡網野町の網野・小浜・浅茂川一帯の、現在八丁浜とよばれる海岸を墨江浦浜といっていたとあり（平凡社「日本歴史地名大系」『京都府の地名』）、ここによまれた浦島伝承も丹後地方の海岸に伝わったものとするのが妥当であろう。

筒川は丹後半島の北端・経ヶ岬から南東約五キロのところで、日本海に注いでいた。中世には筒川

第11図　地元でカラヨモギと呼ばれる。黒い茎がある。

第10図　浦島子をまつる宇良神社。近年は浦嶋神社と表記を改めている。

第12図　浦嶋神社に伝わる『浦嶋明神縁起』（重文）の一部。浦島子の前の壺から吹き出ているものは仙薬の金丹らしい。

荘という荘園があり、伊根町の南部、北部の各一部を除く一帯とみられている。筒川の河口近くの集落が伊根町本庄である。海岸線には砂浜が発達しており、伊根町では数少ない海水浴場になっている。沖合には、浦島子が魚釣りをしたという「鯛つり岩」が海中からそびえていた。海辺すぐ近くにかかった常世橋に立って、内陸部をながめると、正面の雲竜山頂近くから山を二分して流れ落ちる滝が白く光ってみえた。「布引《ぬのびき》の滝」といい、古来から落差九百尺といわれてきたそうだ。川の両側には水田が広がり、水稲が青々と繁っていた。

滝の手前から左手奥にかけて盆地状地形がつづき、海辺から本庄浜、本庄宇治、本庄上の三集落がある。常世橋のある本庄浜付近は古代には入り江の一部だったと地元では伝えている。五〇メートルほどの狭い河口の両側からは山が迫っており、当時海から到着した人たちは、入り江の奥で突然大きく広がる人里の光景に心安らぐものを感じたのではなかろうか。白い滝の流れにも神秘的な感情を抱いたことだろう。中国の桃源郷伝説のことをふと思った。

中国の晋宋代の詩人陶淵明（三六五～四二七）が、採録して『桃花源記』にまとめたものによると、武陵の漁夫が東晋の太元年間（三七六～三九六）に、船で川をさかのぼって迷い込んだ平和境のことである。そこには桃花が咲き乱れ、美しい田園風景がひらけていた。秦の戦乱をさけてここにのがれて、数百年も外界との交渉をたってのどかに暮らしているという。この『桃花源記』は多くの人に読まれ、「桃源郷」の言葉とともに、文学・芸術に大きな影響を与えたことで知られている。

日本にも古くからこのユートピアの話は伝わったことと思われる。浦島子伝が採録された古代に、筒川に船を乗り入れた人がその武陵の漁夫と同じ思いをしなかったとはいい切れまい。実は、この桃源郷にまつわる漁夫の居住した武陵の地が、後に述べるように浦島説話の一つの源郷なのである。浦島子を祭神とする宇良神社（浦嶋神社）は、その筒川の右岸にある。

海人の信仰

海の彼方にユートピアを求める話は、もともと海を相手に暮らす海人たちの間で語り継がれたものである。記紀神話の海幸山幸に登場する海神の宮もその例であろう。いつも危険が伴う仕事だけに、ユートピアを求めるのに切実なものがあったにちがいない。筒川以外にも浦島伝説を伝える所は多い。丹後半島の北側の付け根にある網野町には、浦島子を祭神とする網野神社や島児神社があるほか、鳥取、香川、神奈川、沖縄などの各地に海のユートピアをテーマにした似たような話がある。

例えば、相模国三浦郡の浦賀には、丹後国の浦島大輔の子孫と称する浦島家があって、中世まで当郡の大庄屋であったし、横浜市神奈川区にあった観福寺の縁起は浦島伝説を伝えている。また、日本以外でも太平洋の島々や東南アジア、中国、朝鮮半島にもある。独自に発生したもの、よそから伝えられたものなどさまざまなようだが、筒川ほとりの浦島子伝は、中国の洞庭湖周辺の「竜女説話」と「他郷淹留譚《えんりゆうたん》」をミックスしたようなものだといわれる。

竜女説話のあらすじは次のようなものである。

ある漁夫が、風波のはげしい洞庭湖上で、舟がくつがえって水に落ちた少女を救った。その少女は竜女が姿を変えていたものであった。漁夫は彼女の来歴を知って驚きもし喜びもした。竜女はお礼として「分水珠《ぶんすいじゅ》」（水を分ける珠）をわたし、彼が後日海中を訪れて彼女と結婚することを約束させ、金の魚と化して水中に姿を消した。漁夫は約束どおりにして海中にいき、竜宮に至って竜女と結婚した。しばらく暮らすうちふと母が恋しくなり、竜宮を離れようとした。出発にのぞみ竜女は彼に「宝盒《ほうこう》」（宝箱）をわたして、これを大切に持っていけ、いつでも彼女にあいたいと思ったときは、この盒子にむかって彼女の名前をよびさえすればよい。だが絶対にふたを開けてはならぬとくりかえし注意した。漁夫が故郷に帰ってみると母親はとうに死亡し、村の様子はすっかり変わって、まるで見知らぬ土地へきたようであり、村人たちも彼にとっては見ず知らずの人々であった。時の経過を考えてみると、竜宮の一日は人間界の十五年にあたっていたのだ。漁夫は驚きあやしんで、いそぎ竜王の娘に会ってわけをたずねようと、思わず宝盒を開けてしまった。するとひとすじの煙がたちのぼり、美しい若者であった漁夫は、たちまち老翁に変わり、やがて海辺に老死した。漁夫は死後も両眼を閉じることなく、やはり大海の深処を見つづけていた。彼が死ぬと突然海の水が満ちて来た。海潮はこの竜女のためいきだと伝えている（君島久子「洞庭湖の竜女説話――浦島説話に関する新資料」『中国大陸古文化研究』第六集、一九七二）。

右にみた洞庭湖の竜女説話と、わが国の浦島説話を比較すると、細部については相違するとしても、全体の構成においては、極めて類似することが知られるであろう。浦島説話の中でも特に、先にあげた『万葉集』のモチーフに近いことが注目される。ここにみた浦島説話のタイプは、仙郷滞留説話に由来する。滝留とは久しくとどまることである。この説話は中国の六朝時代ごろから唐以後まで多くの物語が文献に記録されているが、この場合は、ユートピアは竜宮のような海中にあるのではなく、山の洞窟を通りぬけると別天地がひらかれているといった構成をとる。既にみた『桃花源記』もそうである。

ところで、『桃花源記』にみる漁夫の住地であった武陵は洞庭湖の近くである。仙郷淹留説話はこの洞庭湖周辺や湖に流れこむ川のほとりに多いことが君島久子氏によって指摘されている。そして中国の華南の文化に水中の理想世界の原型が求められるという。古代の詩集『楚辞《そじ》』は屈原《くつげん》によって書かれたといわれるが、その舞台はこの洞庭湖のほとりである。『楚辞』九歌の湘夫人の項には、「よきひとのわれを招くときけば、車馳せていざ使者と共にゆこう、室を水中に築き、蓮の葉をもて屋根を葺き……」とあって水中宮殿の描写がつづく。また同じく九歌の河伯の項には、「魚鱗の屋根に竜鱗の堂《ざしき》、紫貝《しばい》の門観《やぐら》、朱《あけ》の宮居《みやい》、何とて君は水中に居る……」とうたわれている（目加田誠訳による。平凡社「中国古典文学大系」『詩経・楚辞』）。

以上みたように「原浦島説話」ともいうべきものが、中国南部にあったと考えられる。それがある時期に丹後半島まで伝えられたのであろう。それを伝えたのはどのような人たちであったのかについては後に述べることにする。

浦島子が訪れた場所について『丹後国風土記』は「蓬山」「神仙の堺」「常世」と書き、『日本書紀』は「蓬莱山」と書く。また『万葉集』も「常世」と書き、いずれも「とこよのくに」や「とこよ」と読ませている。その「とこよ＝常世」について先に述べたように『日本書紀』垂仁紀に「神仙の秘区」とある。「神仙」とは、いうまでもなく、道教思想の産物である神通力をもつ仙人のことである。「神仙の秘区」とは、道教の教えるユートピアであった。『丹後国風土記』では、浦島子は美女と出会う前に「五色の亀」を得たとある。「五色の亀」は、これまた、道教と深い関係がある。道教教典『抱朴子《ほうぼくし》』（対俗篇）に、鶴亀が長生きかどうか、だれも見届けたものがいないという問いに対し「千年の亀は五色（青、赤、黄、白、黒）が備わっている。額の上には、角のように二本の骨が突出していて人語を解する」とあるのによっていることは明らかである。

平安中期までの神仏や宮廷・民間の説話をあつめた源《みなもとの》顕兼《あきかね》編といわれる『古事談《こじだん》』に採録された「浦島子伝」になると、金丹、石髄、玉酒、九光の芝草、百節の菖蒲などの道教系の秘薬を飲んで仙人になるなど、道教説話そのものである。ところがその後、美女の名が乙姫となり、文中に如来菩薩の名が出たり、訪れたユートピアも竜宮となるなど仏教色の強い説話に変わっていく。重松明久氏によるとその時期は十四世紀以降だという（前掲『浦島子伝』）。

もっとも重松氏は『丹後国風土記』の段階では「神仙思想は主要な要素として認めうるとしても、いわゆる道教思想は恐らくその痕跡をも見出しえないといえよう」（同）という。それには、神仙説と道教との間のどこに明確な区別を置くのかという問題がある。重松氏は「後漢の頃、具体的には符や呪水の呪術力に憑依する五斗米道や太平道において、いわゆる道教が創始された。しかも四世紀の葛洪の仙道において、金丹を強調する道教としての転換をとげているものと思う」（同）と述べている。しかし、私たちはこの説はとらない。道教思想の中核を簡単にいえば「不老長生と現世利益を求めたもの」で、時代によって変化があるとみる。不老長生はつまり、神仙思想であり、道教の中でも主要な思想だったのだ。日本に伝えられた神仙思想とは、道教思想なのである。

浦島子伝はおそらく海伝いに丹後半島に伝えられたことと思われる。その内容が常世の信仰に関係のあることを思えば、伝えたのは道教を信仰する人たちであったことは疑えないだろう。『丹後国風土記』や『日本書紀』に、雄略天皇の時代のことと書かれており、その前後を物語の成立年代とするなら、古墳時代から飛鳥時代にかけてのことであろう。もともとこの説話が、浦島子が漁師であることからみて航海、漁労民である海の民、つまり海人《あま》族の物語だったことを思えば、日本に伝えたのも海人族と考えるのが一番自然だ。おそらく洞庭湖の周辺に伝わっていた竜女説話は揚子江の河口部から海人族たちの手によって対馬海流を航行して運ばれたのであろう。

若狭湾側の丹後半島の付け根、天橋立の北にある籠《この》神社には海人族の流れをくむ海部《あまべ》氏の系図「籠《この》名《みょう》神社祝部《はふりべ》氏系図」が『籠名神宮祝部丹波国造海部直等之本記』と共に秘蔵されている。この二つは、昭和五十一年（一九七六）に国宝に指定された。海人たちを統率し、大和王権成立後は、丹波国造になった海部氏が、律令国家体制下では、神祇を祭る祝部氏となって、籠神社につかえてきたことがわかる。その系図によると、海部氏の始祖はホアカリノミコトで、アメノオシホミミノミコトの第三子とある。もっとも『日本書紀』の本文ではホアカリノミコトは、ニニギノミコトの子供であるなど違った系図を紹介している。それはともかく、記紀によると、天孫降臨したのはニニギノミコトで、アメノオシホミミノミコトの子供であることから、天皇家と海部氏の祖先は共通で、古い家柄であったことがわかる。

昭和六十二年秋、籠神社はそれまで部外者には一切見せなかった秘宝の神鏡二面を、専門家に見せ、メディアにも公開した。古代の銅鏡に詳しい樋口隆康・京大名誉教授の鑑定では、二面とも中国漢代の鏡で、うち一面は北部九州以外では発見例がごく限られている前漢鏡と分かった。二面の鏡は古墳などの出土品ではなく、伝世鏡の可能性が極めて高いとのことで、先祖代々伝えたものらしい。渡来した海人族たちが持ち込んだ鏡だと考えれば分かりやすく、籠神社の歴史の古さを証明しているようだ。

この二面の鏡は、辺津鏡《へつかがみ》、息津鏡《おきつ》とよばれているのだが、朝鮮半島からの渡来伝承を語るアメノヒボコの将来品に、同名の鏡があることに注意したい(『古事記』応神段)。アメノヒボコの実体については、なお解明できない点があるが、一説には古代の息長《おきなが》氏との関係を想定する説がある。この息長氏は、飛鳥に宮をおいた舒明・斉明天皇の一族に系譜的につながり、これらの天皇と、その継承者である天武天皇らは道教に傾倒していたことはすでに指摘した通りである。とすれば、籠神社の二面の鏡は、道教思想と関係して理解できる可能性を秘めている。

その海部氏が住んでいたのが、天橋立付近であることを考えれば、丹後半島一帯は海人族たちの重要な拠点であったことを否定することはできないであろう。

白水郎

海人族は大陸文化の運搬者である。大陸から日本列島への渡来が、舟しかなかったわけで、あまりにも当然すぎることである。浦島子伝が日本で書きとめられるより一世紀ほど前、中国では道教を国教とする唐が誕生していた。中国の海神の記事や文学は、道教の根本教典『南華真経《なんげしんぎょう》』(『荘子《そうじ》』)から始まる。同書には呉越の海人の話も見えているので、海人は道教思想と密接な関連を持っていたと考えられる。その海人たちを『万葉集』や『風土記』は「白水郎」とも書く。

血沼廻《ちぬみ》より雨そ降り来る四極《しはつ》の白水郎《あま》網手綱乾《ほ》せり濡れあへむかも　（『万葉集』巻六—九九九）

なぜ、海人を白水郎と表現するのかについて、いまの浙江省寧波市近くにある鄮《ぼう》県の漁民集団のことを「白水郎」と呼んでいたが、それが伝わったのではないかとみる説がある（「伊勢神宮」の項でも述べたように、「白水郎」の語は、唐の詩人・元稹が既に使っている）。淡海三船の『唐大和上東征伝』（鑑真東征伝）に、日本を目指して出発した和上たちの船が難破、鄮県の白水郎に水や米をもらって救助されたと書かれている。鄮県は遣隋・遣唐使の南航路であったことから、その地の漁民つまり海人たちを白水郎と呼んでいたことを知っていたのであろう。では、鄮県の海人たちが、どうして白水郎なのかよくわからない。白水というのは神仙世界を流れる川の名前である。たまたま、白水という名前を使ったというより、その知識を踏まえたうえでついた名前と考えるべきであり、また、そのことから鄮県の海人たちが道教と深いかかわりをもっていたことは疑えないだろう（上述の唐の元稹が用いている「白水郎」の語もまた道教の崑崙信仰との関係が考えられる）。

日本でも海人をわざわざ白水郎と記したことは、丹後半島にやってきた海人族の信仰を考える手がかりとなる。

海人族が航海の末、筒川河口にたどりついた時、あるいは帰着した時、東晋の漁夫が訪れた桃源郷のような道教思想上のユートピアに思いをはせた可能性はある。入り江の奥に突然ひらける別天地。

そして彼方には、崑崙山から流れ落ちる白水を思わせる布引の滝が見える。だからこそ、ここで海のユートピアの「原浦島説話」が語り継がれたのではなかろうか。

徐福

丹後半島の南東海岸部を昔の人たちが仙郷、あるいは、そこに至る最も近いところと考えた痕跡はいくらでも探すことができる。筒川から南東約五キロの海岸には、徐福《じょふく》をまつる新井崎神社がある。徐福は秦の始皇帝の命令で東海海中の三神山に、不死の薬をもらいに数千人の童男童女をつれて船出したとされる人物である。新井崎神社の小さな祠は、海に面して建てられ、境内地のすぐ下の磯には、日本海の波がざわめいていた。そこから、真東約二〇キロに冠島、沓島という二つの島が浮いている。冠島は天然記念物オオミズナギドリの棲息地として知られている。いずれも無人の島だ。若狭湾岸の漁港からは、この冠島に向けて船を漕いで競うという習俗があったという。長崎のペーロンの起源である中国江南各地に残る竜頭舟の習俗を思わせるものだったらしい。若狭湾に浮かぶこれらの島は、別名、常世島ともいう。冠や沓の名前がいつごろつけられたのか不明だが、なぜ、この名称があるのかわかる気がする。

道教仙術の中に、死後神仙となる方法に「尸解《しかい》」というものがある。冠や沓などを残して登仙し遺体は失せるといわれる。既に触れたが、聖徳太子が片岡に遊行したさい出会った飢えた人が、亡くなって墓に埋められた後、尸解したことが『日本書紀』に書かれていることが思い出される。「尸解」については、『抱朴子』（論仙篇）に「先づ死して後に蛻《もぬけ》る、これを尸解仙と謂ふ」とあり、尸解して衣冠を残すことは『神仙伝』（葛玄伝）などに見える。

尸解という思想はかなり古くから、日本に伝わったのである。二つの島はその登仙を象徴したものであり、ここが神仙世界への接点と見なされたからではなかったのだろうか。この冠島にも海人族や常世のイメージが影を落としている。冠島は常世島ともよばれる。島内にある老人島《おいとしま》神社、船玉神社は漁民の信仰が篤い。老人島神社は『三代実録』に記される息津嶋神社とみられ、祭神は海部や凡海連《おおしあまのむらじ》の祖であるアマノホアカリノミコト（天火明命）である。この島の北には立神という立岩があり、これが常世を拝む岩であったとも伝わる。

徐福がこの近くに到着したといわれ、彼をまつる神社があるのも決して偶然ではない。実は、この新井崎神社近くにある黒い茎のヨモギは、ここにしか自生しないといわれ、地元ではカラヨモギとか朝鮮ヨモギと呼んでいる（第11図）。ヨモギは仙薬であり、三神山の一つの蓬莱山はヨモギの島のことである。徐福伝説とのかかわりはともかく、対馬海流にのって、大陸から伝わった可能性があるのではなかろうか。浦島伝説と同様に。

海人がもたらした仙人の宮殿
——南宮と海神の系譜
岐阜・南宮大社

常世曳く「泉」と考証

わが国でまつられている神々の来歴を調べてみると、おや、海を渡ってきた神様なのかと、眼前に東アジア世界が広がり、いささか感慨を覚えることがある。

関ヶ原の東に標高四一九メートルの南宮山がある。その南宮山の北東、岐阜県不破郡垂井町に南宮《なんぐう》大社が鎮座する。『延喜式』神名帳にある美濃国不破郡の仲山金山彦神社がこの南宮大社にあたる。

南宮大社（第13図）も古代の渡来してきた人々によって信仰されていたのではないかと、思いはじ

南宮大社へは、JR 東海道線垂井駅南西１キロ。

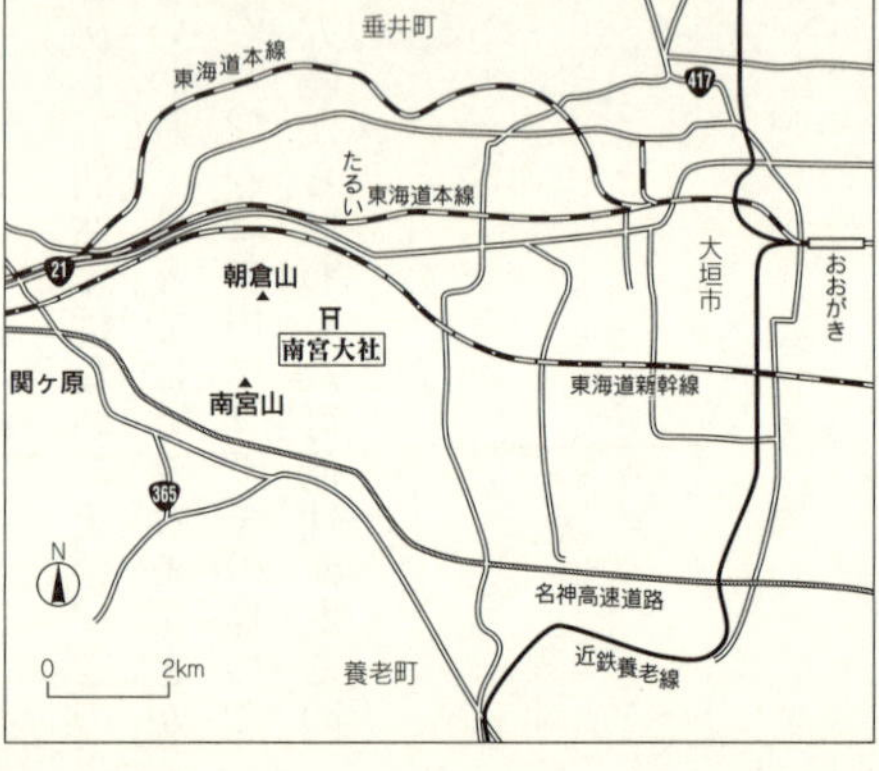

めた。だが、そのような考えにいたるまでに、少しの時間を費やした。

「南宮」というのだから、何かの南にある神社だと思っていた。実際、この神社の北には、古代の美濃国の国府（行政の中心地）があるので、その南にあるから「南宮」と呼ばれてもおかしくはないはずだ。

ところが、どうもそんなに単純ではないらしいことが、名誉宮司の故宇都宮敢氏のお招きを受け、同氏の著書についてお話をうかがっているときに、気がついたのである。

筆者の関心を引いたのは、天平十二年（七四〇）に大宰府にいた藤原広嗣《ひろつぐ》の乱を避けるためか聖武天皇が東国に行幸するが、その途中に立ち寄った曳常 泉《ひきつねのいずみ》のことである。その位置については明らかではなかったが、氏によれば十二世紀に書かれた『梁塵秘抄《りょうじんひしょう》』に、南宮に泉が出るとあり、これらは境内に古くからある泉のことではないかという。

そこにはトヨタマヒコ（豊玉彦）をまつる湖千海《こせかい》という社がある。トヨタマヒコは海幸山幸神話にみる海神で海宮にすむ。この神話のモチーフには、よく知られている浦島太郎の物語と似た部分があり、仙人たちのいる常世《とこよ》を描いていると解釈できるので、そこで、曳常泉とは常世を曳《ひ》く泉だと氏は考証する。

トヨタマヒコというワタツミ（海神）は、九世紀に編まれた『新撰姓氏録《しんせんしょうじろく》』によれば、海人《あま》族の阿曇《あずみ》氏の祖とある。阿曇氏は筑前国糟屋郡安曇郷（福岡県糟屋郡新宮町付近）や難波に拠点をおいて活躍したが、『日本書紀』神代紀には、この氏族は底津少童命《そこつわたつみのみこと》・中津《なかつ》少童命・表津《うわつ》少童命の三神をまつっていたと記している。

第13図　南宮大社。

第14図　三寅剣の象眼部分。

古代の海人族は主として、安曇氏と宗像《むなかた》氏の傘下にあったが、安曇氏は、内陸にも進出した。近江の安曇川、信濃の安曇野などその名を今に伝えている。だから、美濃国に安曇氏の足跡があっても不思議なことではない。

仙人たちが住む世界

ワタツミ（海神）を「少童」と表記するのは、四世紀の中国で成立した道教教典『抱朴子《ほうぼくし》』登渉《とうしょう》篇にある「東海小童」に関係するのではないかと思われる。「東海小童」とは東海の神のことであるが、もし、阿曇氏のまつるワタツミ（海神）が道教神にかかわるとすれば、トヨタマヒコもワタツミであるから、「少童」の影響によって誕生したと考えられないことはない。

だとすれば、南宮大社の泉のほとりにトヨタマヒコがまつられていることは、神仙世界のイメージを垣間見せてくれるのだ。

そこで、南宮大社の「南宮」という名は、道教にいう仙人たちのすむ南宮に由来するのではないかと思うにいたったのである。すなわち南宮とは仙宮のことで長命の宮の意味もある。南は道教ではよみがえりの方位であり、四神のうち朱鳥によって象徴される。また死者は南極宮に行くとされるのも仙人として蘇生《そせい》するためであることにほかならない。つまり、南宮大社は道教とつながりの強い神社と推定できる。

南宮大社の祭神カナヤマヒコノミコト（金山彦命）は、イザナギが火の神を産み、病に伏して嘔吐《おうと》したときに成った鉱山の神である。いつごろから南宮という神社名で呼ばれはじめたかは定かではないが式内社の社名とともに通称として早くから知られていたのではないだろうか。

鉱山の神がなぜ南宮大社とよばれるようになったかについては、金属加工をするときに火を使用するためではないかと推定できる。詳しくは本書の「宇佐・香春神社」の項で述べるが剣や鏡をつくるさいには五月の丙午の日に火を進めるという慣用句があり、五月丙午は道教における八角形の宇宙観によれば、いずれも南に相当する。鉱山の神が南宮とよばれたのは、そのことによるものと考えられる。

信濃の南宮

『梁塵秘抄』にはまた、「南宮の本山は、信濃国とぞ承《うけたまは》る。さぞ申す。美濃国には中の宮。伊賀国には稚《おさな》き児《ちご》の宮」とあり、南宮の本山とは御柱《おんばしら》祭で知られる諏訪《すわ》大社のことである。伊賀国とは、敢《あえ》国《くに》神社のことである。美濃の南宮大社がトヨタマヒコとの関連から海人とのつながりがあることを推定したが、諏訪大社の場合は下社の祭神はもともとヤサカトメであったといわれ、阿曇氏の娘という伝承をもち、やはり海人との関係を示唆する。諏訪大社を南宮と称した理由はなお検討を経なければならないが、持統紀に龍田風神とならんで信濃の須波の神を祭るとあるので、龍田風神の降臨の地がたたら製鉄のなされた河内の雁多尾畑《かりんどおばた》であることから、諏訪の神も製鉄と結びつけうるという一説もある。一方、伊賀国の敢国神社については、祭神を金山比咩《かなやまひめ》あるいは金山比古とする伝承があり、美濃の南宮大社とのつながりがうかがえる。もともと天武朝のころ美濃の南宮から勧請《かんじょう》したと伝えるが、史料などでそのことはたどることはできない。

平成六年（一九九四）、長野県小海町豊里松原の諏訪神社の宮司の家系につながる方の所有である七、八世紀に作られたと推定される全長三四・五センチの金銀象眼装飾剣が見つかった（第14図）。実見する機会がなかったので、報じられた内容にしたがうと、背の部分には「三寅剣」という文字が、刀身には四天王のうちの多聞天と持国天とみられる像や星座、梵字が刻まれ、金と銀との象嵌が施されているという。貴重な刀剣の発見である。

三寅剣という名称は、水野正好・奈良大教授によると寅の年の寅の月の寅の日のことで、剣の霊力性を示すものといわれる。

星座の文様に北斗七星があり、これについては、道教と関係があることは明らかである。道教教典の『抱朴子』などには、護身のための呪符的意味を持つとされ、正倉院宝物の杖刀や四天王寺の七星剣に刻まれている北斗七星と同類であろう。

道教的な図像と仏教的なモチーフを同時に表現している点に、道教と仏教の習合的な様相が読みとれる。四天王は帝釈天に仕え、四方を守る護法神で、仏教的世界観の中心に位置する須弥山の四方に配される。多聞天は北方を、持国天は東方を守護する。

この剣の年代がたしかであれば、道教と仏教の習合した奈良時代頃のわが国における宗教の一端を知ることができる。道教思想の影響をうけた仏教経典『仏説北斗七星延命経』も伝わっていたのであろう。

わが国の古代研究において道教に関心を寄せてこなかったこと、あるいは道教の影響を軽視してきたことに対してこの剣によって認識を新にする契機が与えられたというべきであろう。

交易の拠点に航海の守護神

薩摩半島・坊津町

竜女信仰

鹿児島県川辺郡坊津《ぼうのつ》町は、奈良・唐招提寺を創建した鑑真和上が、苦しい航海の末、日本に第一歩をしるした場所として知られる。薩摩半島の西南端にあり、黒潮が海岸線を洗う。古代から中世にかけて、伊勢の安濃津《あのつ》、筑前の博多津《はかたのつ》と共に、日本の三津の一つといわれたこともある。山を背負った五〇キロに及ぶリアス式海岸には北から秋目・久志・泊《とまり》・坊の四つの浦（湾）があり、鑑真和上の上陸したのは秋目浦。南端の坊浦は、近世には薩摩藩の密貿易基地だったともいわれる。その坊浦を眼下にのぞむ位置に町立の歴史民俗資料館があった。鉄筋コンクリート造りだが、外壁を校倉《あぜくら》造り風に

坊津歴史民俗資料館の所在地は、鹿児島県川辺郡坊津町坊。2004年春には、建設中の「坊津歴史資料センター輝津館」に引き継がれる。JR指宿枕崎線枕崎駅から鹿児島交通バス、坊下車。

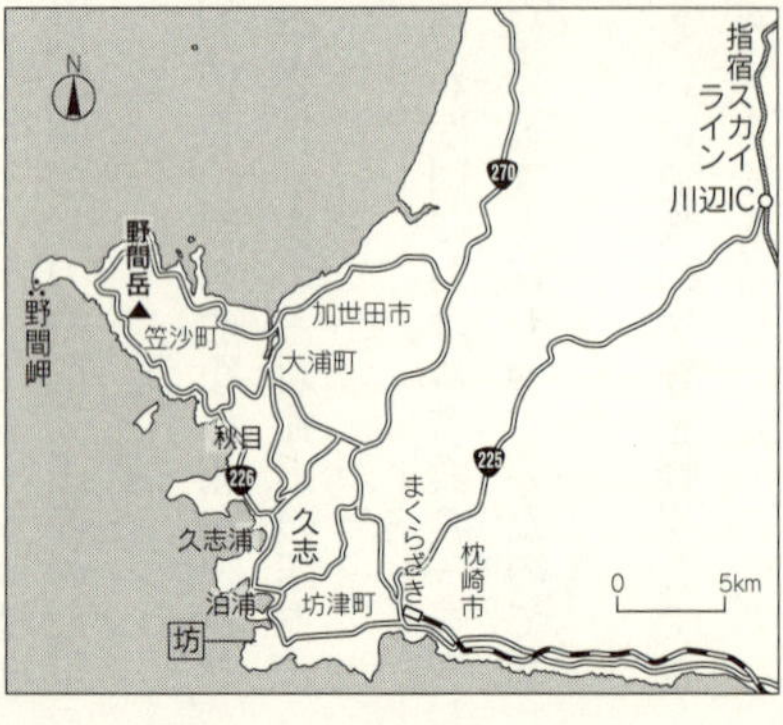

した瀟洒な建物。昭和四十三年（一九六六）に開館、三千点を超える資料が集められており、「史（歴史）と景（風景）のまち」をPRする同町の意気込みが感じられた。

　同町が企画した、水中TVロボットによる海底文化財調査の取材で訪れていたある日、同資料館で高さ三〇センチほどの中国系神像に出合った。「娘媽」と書き「ろうめ」とルビをふっていた。説明文によると中国の航海神で天妃《てんぴ》・天后・天后聖母とも称されるとある。これは疑いもなく「媽祖《まそ》」と通称される道教の神である。よく見ると、「千里眼」「順風耳」という二人の侍者を伴っていた。同町泊の昔の商家に伝わっていたものだという。

　坊津に現存する「ろうめ」と呼ばれる中国系の神像は、漢字で書けば福建省の「竜女」であろう。竜女については明の何喬遠《かきょうえん》の『閩《びん》（福建地方）書』に、道教の海の守護神「天妃（媽祖）」を説明して「生時はすなはちよく席《むしろ》に乗つて海を渡り、海人は呼びて竜女となす」とある。その天妃については『元史』（祭祀志）に「南海の女神の霊恵夫人は、至元中（一二六四〜九四）、海運を守護して奇応（霊験）有るを以《もつ》て天妃の神号を加封す」などとある。道教教典『天妃救苦霊験経《てんぴきゅうくれいげんきょう》』によると、天妃（竜女）は、最高神の元始《げんし》天尊《てんそん》に対して「舟船を救ひて彼岸に達せしめん」、「客商を護《まも》りて咸《ことごと》く安楽ならしめん」などと誓願したと列挙して、天妃（竜女）信仰の功徳を賛美した。

　媽祖信仰は、中国の福建省莆田《ほでん》県で、十世紀から十一世紀にかけて誕生した信仰である。林愿《りんげん》という人の六女は生まれて以来口もきけなかったが、道教の僧である道士が教えを授けたところ、吉凶禍福を予言する力を発揮しはじめた。死後、廟《びょう》をつくってまつるうちに信仰が高まっていったが、莆田県は漁師や船乗りが多かったことから、航海の守護神として広まったといわれる。江戸時代に日本にやって来た中国人たちがこの神女を信仰したことは記録に残っており、神像として現存するものは、後に述べる長崎と坊津町の隣の笠沙町にあると知られていた。

案内してくれた同町総務課庶務係長（当時）で、史談会のメンバーでもある早水広雄さんに、この神像についてたずねていると「うちの本家にもあるし、ほかにもあちこちにあったようです」とことともなげにいう。

早水さんの本家は、薩摩藩の郷士で琉球貿易に携わっていた家系である。床の間につくられた神棚に高さ二〇センチほどの神像がおさまっていた（第16図）。侍者も一つあった。早水家では「権現さま」と呼び、祖父母たちの代までは、氏神の神体として大切に扱ってきたという。

早水さんはほかにも媽祖信仰に関係すると思われる、興味深い話を集めて来てくれた。

〈その一〉　同町久志にナツゴラン浜（泣子が浜）という場所がある。その地名説話である。村人が浜に貝を採りに出ると美しい娘が、ずぶぬれになって岩の上で泣いていた。南方から漂流してきた女神であった。

〈その二〉　最近、久志浦で大漁の網に媽祖の木彫がかかっていた。大漁はそのおかげとしてまつられ、町が文化財として譲渡を申し入れたが断られた。

坊津町は古くは遣唐船が出入りし、中世には交易に従事する中国人たちが暮らした唐人町もあった。鎖国後も琉球との行き来のある港だった。中国固有の信仰である道教が伝わっていても、少しも不思議はないと気づいた。そんな目で、坊津町の史跡や文化財をながめると、他にも道教の遺産があった。

右上：第15図　耳取峠の太山府君神石塚。
右下：第16図　坊津町早水家の神棚に祀られていた媽祖像。
左：第17図　杉戸に描かれた西王母。一乗院にあったと伝えられる（坊津町立歴史民俗資料館で）。

耳取峠

東隣の枕崎市との境界近くにある旧耳取峠に、高さ一・四メートルほどの石塚が建っている。自動車の通る新道がつけられたため、いまはすっかりやぶの中で苔むしているが、三行にわたつて文字が刻まれ、中央は「太山府君神　敬立」、右側は「西海金剛峯寺西十一町」、左側は「大山奥之院北二十五町」と読める（第15図）。この太山府君とは、中国・山東省の泰山にいて、人間の生命を司る東岳大帝、つまり泰山府君であることは間違いない。西海金剛峯寺とは、古い歴史をもちながらも、明治二年（一八六九）に、廃仏毀釈《きしやく》で跡形もなく姿を消した一乗院のことである。「大山奥之院」とは、今は自然木の生育する山に戻ったその一乗院の奥の院らしい。石塚が道標としての役割をもたされた可能性はあるにしてもいつごろ建て、なぜ、ここに道教の神の名があるのかわからないそうだ。

しかし、ここで、ひとつの推測を述べておきたい。耳取峠は坊津と枕崎の間にある大きな峠というだけではない。そこから東を見ると、薩摩半島最南端にある開聞岳《かいもんだけ》（九二二メートル）が海からそそり立つように見える。薩摩富士の名をほしいままにしたコニーデ式のなだらかな姿に、思わずみとれてしまう景勝の地だ。

坊津が日本の三津の一つといわれた時代、長い航海の後上陸して内陸に向かおうとした人々が、この峠まで来て、どういう思いでこの光景を見たのだろうか。道教思想にある、東海に浮かぶという神仙たちの住む島のことを思い浮かべた可能性はあるのではなかろうか。

日本でよく知られる泰山府君は、かつて中国・山東半島の赤山《せきざん》でまつられていたもの（「赤山禅院」参照）で、新羅《しらぎ》商人たちが信仰した神だった。貿易商としての彼らの活躍は、唐以後も長く続いたといわれており、泰山府君は航海の神ともなって広く信仰を集めた。耳取峠の太山府君も、航海と密接なかかわりがあり、神仙境をしのばすこの地に、その名を書いた石碑を建てたのであろう。

寺伝にいう。この一乗院とは、不思議な寺である。「敏達十二年（五八三）に、百済の僧、日羅《にちら》が創建した」とを繰り返すが、日羅は倭人系百済官人だと『日本書紀』が記す実在の人物である。それ以後、盛衰興亡が、それは四方と上を石板で囲んだ、近世になって島津家が直接庇護を加えた特別な寺だった。住職たちの墓が残っているという杉戸に描いた、どこにも例を見ないものである。その一乗院に伝わっていたという杉戸に描いた、胸元を開いたなまめかしい西王母《せいおうぼ》（第17図）は道教の神である。一乗院もまた現在の中国や台湾の仏教・道教寺院のように、双方の神や仏をまつったお寺だったのだろうか。

坊津町をはじめとする南九州の媽祖信仰については鶴添泰蔵氏の報告（『隼人文化』十一号、一九八二）がある。それに従って以下に二、三紹介しておくことにしたい。

娘媽像

鹿児島県川辺郡笠沙町片浦の林家には、大きな娘媽像一体、小さな厨子《ずし》に納められた娘媽像一体と他に千里眼・順風耳とみられる随神的な像が四体、計六体がまつられている。

林家は、明末清初の頃、中国の福建より移住してきた家系で、その際に娘媽神も伝来したという。現存する神像のうちのあるものは近くの野間岳（五九一メートル）にまつられていたのが、明治の廃仏毀釈の時、仏像ではないというので、かねてより娘媽神を信仰していた林家にもたらされたという。

野間岳の「野間」は「にゃんまあま」（娘媽）の転じたものとされる。

『三国名勝図会』には野間岳について、「野間嶽権現社は、東宮と西宮に分かれるが、西宮に娘媽神女、左右千里眼、順風耳をまつる」と記している。

娘媽神女については、さらに次のようなことが伝わっている。

ある日、機を織ろうとしている時に、顔色が異常に変わったので、母がそのわけをたずねた。神女は、船に乗っていた父は無事であるが兄は沈没して死んだという。神女は、海で難にあうものがあれば、自分を念じれば必ず救護するといって海に身を投じた。その後神女の死体が薩摩に漂着し、野間嶽にまつられた。

鹿児島県揖宿郡頴娃《えい》町立歴史民俗博物館には「掛幅絹本着色　媽祖像」と表記された掛け軸（浜田家旧蔵）があり、鹿児島市中町の内宮家、宮崎県都城市大王町天水家などにも媽祖像がある。

これらの媽祖像はいずれも、中国との海上交通によってもたらされたものであることはいうまでもない。

航海安全を祈る神であるから、海上交通によって、その分布は広範囲に及ぶ。十五世紀の前半に東南アジアからペルシャ湾に大艦隊をひきいて遠征した鄭和《ていわ》も媽祖の像をたずさえたが、そのために媽祖の信仰が各地に広まったといわれる。

上に述べたように日本への伝来も、海上交通によるものであるが、南九州以外では、沖縄の久米島の天后宮や長崎の三唐寺（福済寺・興福寺・崇福寺）にその例をみることができる。

さらに中国から来た僧・心越（一六三九〜九五）によって江戸時代の元禄のころに水戸の天徳寺に

媽祖が祭られたことは、李献璋氏の『媽祖信仰の研究』（泰山文物社、一九七九）の中に詳細に考察されている。

道鏡即位を阻止した神とは

香春・宇佐

馬城峯

奈良時代の末、称徳女帝の寵愛を受けた僧・道鏡がその権勢を背景に天皇になろうとした事件があった。そのいきさつを『続日本紀』は次のように書いている。

神護景雲三年（七六九）大宰主神《だざいのかんづかさ》として大宰府管内の神社を管理する習宜阿曾麻呂《すげのあそまろ》が道鏡に媚《こ》びて「道鏡を皇位につければ、天下は太平になるだろう」という八幡神の神託があったという報告をもたらした。藤原仲麻呂《なかまろ》（恵美押勝《えみのおしかつ》）の乱（七六四年）、淳仁《じゅんにん》天皇の廃帝（同）などが続き政情は乱れ、

宇佐神宮の所在地は、大分県宇佐市南宇佐。JR日豊本線宇佐駅からバス、宇佐八幡下車。香春神社の所在地は、福岡県田川郡香春町香春。JR日田彦山線香春下車。

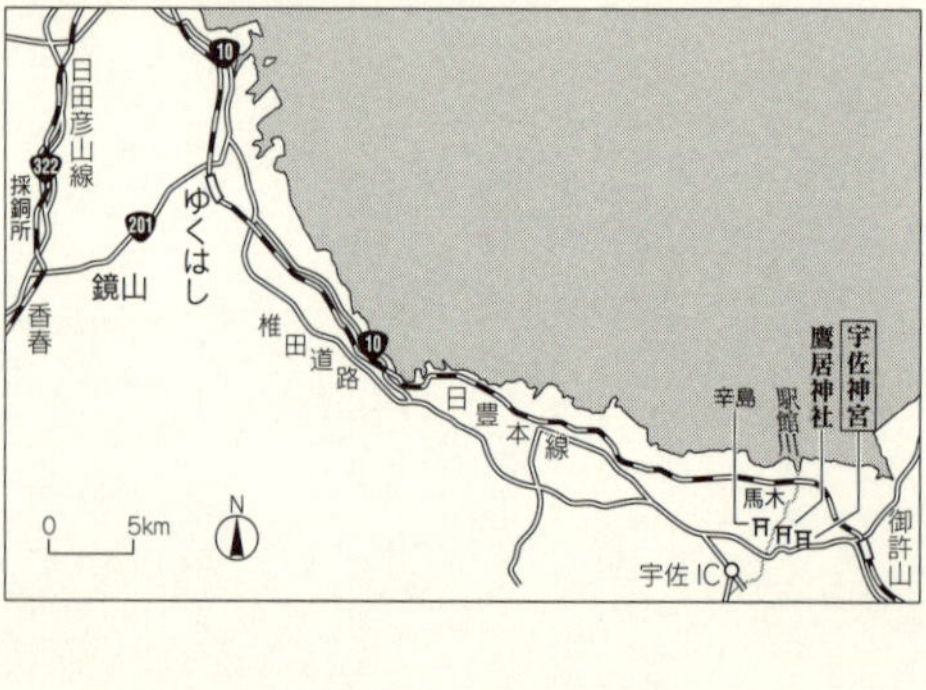

皇太子も定まっていなかった。道鏡はこの報告を聞いて大喜びする。朝廷内にはそれを疑う人もいたであろう。称徳天皇は、和気清麻呂《わけのきよまろ》をよんで、その神託確認のため、宇佐八幡《うさはちまん》大神に向かわせる。授けられた神託は「我国家は開闢《かいびゃく》より、君臣は定まっている。臣を以て君とする例はいまだにない。天の日嗣《ひつぎ》には必ず皇緒を立てよ。無道の人は早く、掃除せよ」とあった。それを奏上したことで、道鏡の怒りにふれ、清麻呂は大隅に配流されたが、道鏡の即位は妨げられた。奈良時代末をゆるがす有名な事件であった。

古代史を学んだ人は、それほど重大な神託がなぜ、奈良時代になってやっと正史に登場した新しい神・一地方神によって出されたのかに疑問を抱く。天皇家の祖先神をまつる伊勢神宮でさえ、さしおいて。この歴史のなぞはいまだに解けていない。しかし、奈良朝という時代には、中央貴族たちが教養として道教思想を学び、八幡大神が道教にゆかりのある神であることに気づけば、このなぞも解けてくる気がする。その八幡大神をまつる宇佐神宮は、瀬戸内海に大きく突き出した大分・国東《くにさき》半島の西側付け根付近、中津平野の東端にあった。

JR日豊線宇佐駅から約四キロ。国道10号線の南側に、うっそうと繁った大きな森が広がる。イチイガシを中心とする照葉樹林の中に丹塗りの社殿があちこちに鎮座している。いずれも古社寺のイメージからはほど遠く、華やかさが目を奪う。亀山という小高い場所にある本殿には軒を接した三つの建物が並ぶ。右から一の御殿、二の御殿、三の御殿と名付けられ、それぞれの社殿は、二棟の切り妻で平入り構造の「八幡造り」という独特の建物である。祭神は一の御殿が八幡大神、二の御殿は比売《ひめ》大神、三の御殿が神功皇后。神功皇后は弘仁十四年（八二三）に合祀されたことがわかっており、それ以前は八幡大神と比売大神をまつっていたらしい。

比売大神は『日本書紀』神代上の一書に記されている天照大神とスサノオノミコトの誓約《うけい》で生まれた三女神、市杵嶋《いちきしま》姫命・多岐津《たぎつ》姫命・多紀理《たぎり》姫命とされる。八幡宮といわれながら、なぜ、三つの社殿の中央に比売大神が鎮座するのかよくわからない（第18図）。このように、宇佐神宮の歴史は極めて複雑でわからないことだらけである。それはともかくとして、八幡信仰といわれるものの起源は六世紀中ごろ、大神比義《おおがのひぎ》という人物が託宣を受けたことにはじまるという。その縁起を代表するものを列記すると次のようなものがある。

①弘仁十二年（八二一）の官符

欽明天皇の時代に、大菩薩が馬城峯《まきのみね》に現れ、大神比義は同二十九年より三年を祈り、三十二年に鷹居瀬《たかいせ》社を建てた。

馬城峯とは、宇佐神宮の東南にある標高約六四七メートルの御許山《おもとさん》のことである。大元山《おおもとやま》ともよばれ、山頂に大元神社が鎮座し、三つの巨石がある。この巨石が、三女神の霊であると伝えている。また鷹居瀬社とは、宇佐神宮の西北、駅館《やっかん》川の東岸にある鷹居神社のことをいう。この付近には律令時代の宇佐駅があったと推定され、また川向こうの別府《びゅう》は「郡瀬《こおりせ》」といわれ、宇佐郡家があったとみられる。

②『宇佐八幡弥勒寺建立縁起』（承和十一年＝八四四）

欽明天皇の御代に「宇佐郡辛国宇豆高島」に八幡神が天降った。次いで大和に飛び、瀬戸内の海を渡り馬城峯に現れ、ついで宇佐郡荒城《あらき》・酒井泉《さかいいずみ》・鷹居に移り、ここで神の心が荒び五人行けば三人を殺し、十人行けば五人が殺される奇瑞があり、鷹居社を創建し、のちに小椋《おぐら》社へ移る。

辛国宇豆高島とは、駅館川下流の西岸に位置する宇佐市辛島のことであろうか。古代の辛島郷の地である。ここには宇佐宮境外摂社の一つ泉社（酒井社）があるので、縁起にいう酒井泉はこのことであろう。また荒城とは宇佐市荒木のことで、駅館川と伊呂波川の間にある。小椋社とは、今日の宇佐神宮の社地、亀山を小倉山ともよぶことから、現在の鎮座地のことである。

③『扶桑略記』（平安末）・『東大寺要録』（嘉承元年＝一一〇六）

欽明天皇三十二年、八幡神は、宇佐郡厩峯菱潟池《まきのみねひしがたいけ》之間に鍛冶翁あり、はなはだ奇異であるので大神比義は三年祈ると竹葉上の三歳の小児により八幡神が現れ、国々に垂迹《すいじゃく》した。

厩峯とは、前掲の馬城峯のことである。菱潟池は、現社地にある菱形の池をさすが、宇佐の三山、大尾・小椋・宮山を総称して菱形山ともいうことから、この山にかこまれた池という意味で菱形池というとも伝わる。

④『八幡宇佐宮御託宣集』（『宇佐託宣集』）（巻五）（正和二年＝一三一三）

欽明天皇の御代、宇佐郡菱形池辺、小倉山の麓に鍛冶翁があり、一身八頭、五人行けば三人死に、十人行けば五人死す、大神比義が行くと、人はなく金色の鷹が樹上にある。比義は五穀を断ち、三年祈ると三十二年二月十日に、三歳の小児が竹の葉の上で次のように述べたという。

辛国《からくに》乃城《き》尓始天天二降八流《はちりゅう》之幡《はた》一天、吾者日本神止成礼利、一切衆生左毛右毛任レ心多利、釈迦菩薩之化身、一切衆生遠度牟土念天、神道《しんとう》止現也

我者是礼日本人第十六代誉田《ほんだ》天皇《すめらみこと》広幡《ひろはた》八《や》幡《はた》麻《ま》呂《ろ》也、我名於波曰二護国霊験威力神通大自在王菩薩一布、国々所々仁垂二迹於神道一留者

以上の諸縁起を検討すると、馬城峯の神を信仰するという点が共通している。『豊前国風土記』（逸文）によると、「或書に曰はく、豊前国宇佐の郡。菱形山。広幡八幡の大神。郡家の東、馬城《まき》の峯の頂に坐す」とある。どうやら、馬城峯というのは宇佐地方の原始的な信仰の対象であったようだ。

八幡大神

それでは、馬城峯に現れた神とは、どういう性格のものなのか。現在では、応神天皇の神霊とされ

るが、これは複雑な問題をかかえている。文献上に八幡神を応神天皇とすることは、大宝二年（七〇二）の選述とされる『住吉大社神代記《すみよしたいしゃじんだいき》』にすでにみられるのであるが、この『神代記』の成立は平安時代の頃とする説が有力であることを考慮すると、大宝年間に八幡神＝応神天皇という関係ができあがっていたかどうかは、判断しがたい。そうとしても、なぜ八幡神が応神天皇なのであるかは、難しい問題である。三品彰英氏によると、記紀に述べられる神功皇后や応神天皇の記事は、その素材となった民間伝承を仲立ちとして八幡神と結びつくのであり、そこから八幡神即応神天皇という通説が導き出されたのであるという（『増補　日鮮神話伝説の研究』『三品彰英論文集』四、平凡社、一九七二）。とすれば、八幡神の解明は応神天皇の伝承との比較によって試みなければならないが、当面ここでは八幡神のみに焦点をしぼって考察を進めておくことにしたい。

また、官符に見られる表現のように「大菩薩」とよばれるのは、平安初期の朝廷によって、大菩薩号を贈られてからのことである。少なくとも、奈良時代ごろまでの宇佐宮の神は八幡大神という固有名詞であり、この名称は次に述べるように道教思想を背景にして付けられたことを強くしのばせる。

山上で「大神」から託宣を受ける話は、道教の故事にすでに先例がある。六世紀半ばに成立した『魏《ぎ》書』釈老志《しゃくろうし》という北魏の仏教と道教を概説した正史の中で、道士・寇謙之《こうけんし》が、四一五年、聖なる山である五岳の一つ、洛陽の嵩山《すうざん》で太上老君から託宣を得たとある。このさい、太上老君は「大神」とも書かれている。また「大神」の名称は使っていないが、六世紀の初め江南で成立した道教教典『真誥《しんこう》』の中には、三つの峰からなる道教の聖地、茅山《ぼうざん》（三茅山＝江蘇省）で、楊羲《ようぎ》という道士が数十回にわたって神託を受けたという記載もある。「真誥」という言葉自体が神のお告げ、託宣の言葉を意味している。

大神比義の伝承は、これらの故事と無関係ではあるまい。大神比義は「仙翁」と呼ばれたとか、「穀を断ち」「壺《こ》中の天」で修行したなど、その伝承を記録した『託宣集』には、道教的文言が目につく。八幡信仰の研究で知られる中野幡能氏も「比義の伝承はほとんど道教の道士的存在を思わせる」（『宇佐宮』吉川弘文館、一九九六）と述べている。『続日本紀』の天平勝宝六年（七五四）十一月の条には「薬師寺の僧・行信と八幡神宮の主神・大神朝臣田麻呂《おおがのあそんたまろ》らと、意を同じくして厭魅《ようみ》す。所司に下して推勘するに、罪は遠流に合《かな》へり」とある。厭魅とは図形・人形《ひとがた》をもって人を害するまじないの法であり、奈良時代の朝廷はしばしばこれを禁じている。宇佐八幡宮の主神がこれをなしたということは道教の呪法に通じていたとみることができる。このように宇佐宮と道教とは深いかかわりがあるようだ。

その決定的証拠をあげよう。『宇佐託宣集』（巻六）、聖武天皇天平二十一年（七四九）九月一日に「昔、吾は震旦《しんたん》国の霊神であった」という八幡大神の真誥《おつげ》がある。震旦とは古代中国の別称であるから、これはいうまでもなく、道教の神と自ら名のっているわけだ。そう考えると「八幡」の意味も理解できる。「八幡」とは「八つの幡《はた》」である。道教教典『大洞真経三十九章経』によると「幡は玉帝の戦旗で、神仙を招き、四海五岳の神々を呼び寄せ、指図する旗」とある。

この幡の問題について少し触れておきたい。『肥前国風土記』基肄《き》郡の姫社《ひめこそ》郷の条に、荒ぶる神を鎮め祭るために、幡を捧げて、風の中に放したところ、その神のところにいき、さらに元の所にかえってきたので神のいる所がわかったという説話をのせるが、これは右に見た神仙を招く幡の機能と同

第18図　宇佐神宮本殿。中央に比売大神が鎮座する。

第19図　三つの峰からなる香春岳。右から一ノ岳（頂上部は削られ消滅）、二ノ岳、三ノ岳、それぞれに神が鎮座するとされてきた。

じとみることができる。

これは姫社神にまつわる話であるが、このように幡によって呼びよせられたとみれば、姫社神も道教の神であった可能性がある。姫社神は、国東半島の北方、姫島の比売語曾神社、大阪市東成区の比売許曾神社の神と本来同一のものであろうと思われる。これらの姫社神についての伝承は『日本書紀』垂仁天皇二年是歳条分註や『古事記』応神天皇段に記されているが、新羅からの渡来神とされていることからも、この神に道教的な様相をよみとることは、決して無理な想定ではないであろう。

このようにみると、幡を神の依《よ》り代《しろ》とする点において八幡神も姫社神も共通し、特に姫島と宇佐とはいずれも北部九州であることを考えると、古代朝鮮半島から伝来した神を最も受けとりやすい地理的位置であったことも共通点として指摘してもよいであろう。

先にあげた『託宣集』（巻五）において「辛国の城に始て八流の幡を天降りて、吾は日本神となれり」と述べられていることは、この間の状況をよく表現しているものとして注意しておくべきであろう。

ところで八幡の「八」は何を意味するのであろうか。

「八」は「八角墳」で論じたように、道教では天地宇宙全体を象徴する。つまり「八幡大神」とは宇宙の八百万《やおよろず》の神々を指揮する最高の神のことであると考えられる。そうとわかれば解けてくるなぞがある。天平勝宝元年（七四九）十二月、八幡大神の禰宜《ねぎ》尼大神杜女《おおがのもりめ》は、紫の輿に乗って東大寺に向かう。孝謙天皇と、聖武太上天皇・光明皇太后もまた行動を共にする。その日、八幡大神は「一品《いっぽん》」、比咩《ひめ》の神は「二品」という皇族にしか与えられない最高位をもらう。大仏造立を「天神地祇」を率いて応援したからであった。すなわち「八幡大神」とは、道教の最高神の古代日本的表現であったのだ。

宇佐神宮の中央、つまり正殿にまつられている比売大神には、脇殿として北辰神社がある。なぜ、ここに北辰神社があるのかよくわからないが、宇佐宮の起源を考えるうえで、大変興味深い物証となりそうだ。北辰信仰については、後に述べるが、北辰とは北極星を神格化した道教の最高神・紫微《しび》大帝のことである。これは仮説でしかないが、北辰神社が正殿の社殿の一画に鎮座していることから、次のようなことが考えられはしないだろうか。八幡神は、北辰の日本的表現であり、比売大神とともにまつられていた。平安時代になって、仏教と習合した段階で、大菩薩となり、一方では応神天皇の神霊ともいわれていた。北辰信仰は、平安時代にしばしば禁じられている（例えば『日本後紀』延暦十八年〈七九九〉九月の条）こともあって、北辰と応神天皇を一体化するのは、極めて都合が悪いことから、八幡神＝応神と、北辰とを切り離す。しかし、八幡神は後述するように、北辰信仰以外のものでないことから、捨て去ることはできなかった。三の御殿を建立、神功皇后をまつった時に、応神天皇をまつる一の御殿ではなく、北辰神社を脇殿とする比売大神を中央にしたのは、決して理由のないことではないと、とりあえず憶測しておきたい。道鏡にからんだ偽託事件の後、光仁天皇の時代になって復位した和気清麻呂は、八幡宮を粛清したといわれる。宇佐神宮としては朝廷にさからう北辰を堂々とまつることはできなかったのではないだろうか。

香春神社

宇佐の地でどうして道教思想を背景にしたと思われる大神が誕生したのだろうか。その理由は容易に説明がつく。奈良時代末に、宇佐神宮をまつると定められた三神宮家の一つ、辛島氏は主として神託を司り、新羅系渡来人と伝えられる。宇佐の西北約五〇キロの福岡県香春《かわら》町には『豊前国風土記』（逸文）が新羅の神と書いた香春神社があり、大宝二年（七〇二）の豊前の戸籍には多数の渡来人の名前もある。国は隣の豊後ではあるが、前に述べたように宇佐から東北三五キロの国東半島沖の姫島は、新羅渡来の神と『日本書紀』が書く、比売語曾神がまつられている。関門海峡から国東半島の先端部にかけての海岸部は、渡来人たちが開発した可能性が極めて高く、彼らが道教をもちこんできたと思われるのである。

宇佐を後にして、宇佐から香春町に向かった。行橋《ゆくはし》から内陸部に向かい、『豊前国風土記』（逸文）に、神功皇后が、「新羅征討」にさいして、鏡をもちいて天神地祇に加護を願ったと伝える鏡山のわきを通る。古代もこの付近は、大陸に向かうさいの主要ルートだったらしい。香春神社は、あの「炭坑節」にも歌われた三つのピークをもつ香春岳の第一岳山腹にあった。社伝によると三つのピークそのものを、神としてまつっているとある。その三つのピークについて『豊前国風土記』（逸文）は次のように書いている。

郷の北に峯あり。頂に沼あり。周りて卅六歩ばかりなり。黄楊樹《つげのき》生ひ、兼《また》、竜骨あり。第二の峯には銅、并びに黄楊・竜骨等あり。第三の峯には竜骨あり。

その第一岳は、石灰岩の採集で頂上付近はばっさり削り取られていたが、第二岳・第三岳と並んで

第20図　宇佐神宮に奉納する鏡を製作した清祀殿跡。

そそり立つ特異な山の姿（第19図）に、かつて訪れた江南道教の聖地・中国江蘇省句容県の茅山《ぼうざん》を思った。香春岳は、茅山の日本的ミニチュア版のような印象を与える。『豊前国風土記』（逸文）は、前述のように各峯の上に竜骨ありと書いているが、これは獣骨化石のことである。道教の薬学書『神農本草経』によると、竜骨は最高級の仙薬で、この山が道教的宗教観から特別視されたことは十分考えられる。

この香春の地は、単に、渡来人たちが住んでいたというだけでなく、宇佐神宮とは、直接的に深いかかわりをもつ。香春町採銅所《さいどうしょ》には、六年ごとに宇佐神宮へ奉納した宝鏡製作所が残っている。清祀殿という神社になっており、福岡県史跡だ（第20図）。古代では勅使が訪れて、ここで宝鏡を鋳造、すぐ近くの古宮八幡（香春神社の末社）に納め、そこから宇佐宮へ送られていたという。応和二年（九六二）にはじまったと伝わるが、それ以前にも、この香春の地で銅鏡がつくられていた可能性は十分にある。なぜなら、先にも書いたように『豊前国風土記』に、香春岳第二峯に銅が産出したとあるからだ。この銅鉱脈の採掘、銅の精錬技術は渡来人によるものであろう。新羅の神が香春でまつられたのは、決して理由のないことではない。さらに、香春神が宇佐の八幡神と関係があったことは、『宇佐託宣集』に香春神のことが言及され、その霊威を伝えていることからも推測される。

香春の神も八幡大神も、新羅系渡来人と密接なかかわりをもつことは、以上に述べてきたことで推察できたと思う。もっとも、新羅系渡来人が道教を伝えたことを直接立証する文献はない。しかし、傍証はある。精錬の技術は、中国から受けついだものであることは疑いなく、そのさいに道教にもとづく儀式が行われたのではなかろうか。古代中国では、銅で鼎や剣・鏡をつくるさい、さまざまな道教的呪術的儀礼が用いられたことは知られる。「五月丙午の日を選んで童男童女に火を進めさせる」(『抱朴子《ほうぼくし》』登渉篇)、「犠牲を供へて上帝鬼神を祭祀する」(『史記』封禅書《ほうぜんしょ》)など、さまざまなものがある。日本の古墳出土の銅鏡に「五月丙午」の銘文のあるものがよく知られているが、これらは道教的呪術にもとづいてつくられたのであった。

香春神そのものにも、また道教とかかわりをもつことを示す材料がある。奈良から平安にかけての僧・最澄や円仁は、入唐に先立ち香春の神に航海の安全を祈ったという(『宇佐託宣集』)。円仁の『入唐求法巡礼行記《にっとうぐほうじゅんれいこうき》』によると、遣唐使たちは、中国・山東半島を拠点として活躍する新羅商人たちに、しばしば世話になっていることがわかる。これらの新羅商人が深く信仰した航海の神・赤山明神は、後述するように道教の神・泰山府君であったのだ。

香春神については、今後さらに関心をもつべき問題がある。それは神の名が「辛国息長大姫大目《からくにおきながおおひめおおまの》命《みこと》」とよばれていることである。実は、本書の飛鳥や丹後半島・筒川の章でふれた息長氏との関連が浮上してくる。香春の神が「辛国」つまり朝鮮半島に由来することを示すならば、わが国の古代史は根本的な検討をよぎなくされるであろう。『日本三代実録』貞観七年（八六五）二月二十七日条に、豊前国従五位上辛国息長比咩神の名をあげている。

【メモ】

道教と宇佐八幡の関係については、本書の執筆者のひとり福永光司が『「馬」の文化と「船」の文化』（人文書院、一九九六）の中の、「古代中国の宇宙最高神と日本」で改めて詳しく述べている。

大祓の祭具が日常の呪術に——人形と呪符木簡

藤原京と平城京

藤原京跡は、奈良盆地南端部、大和三山の一つの耳成山の南付近に広がる。近鉄大阪線耳成駅、JR桜井線畝傍駅で下車すると1.5キロほどの位置に大極殿跡がある。

平城宮跡の所在地は奈良市佐紀町。近鉄奈良線西大寺駅下車。

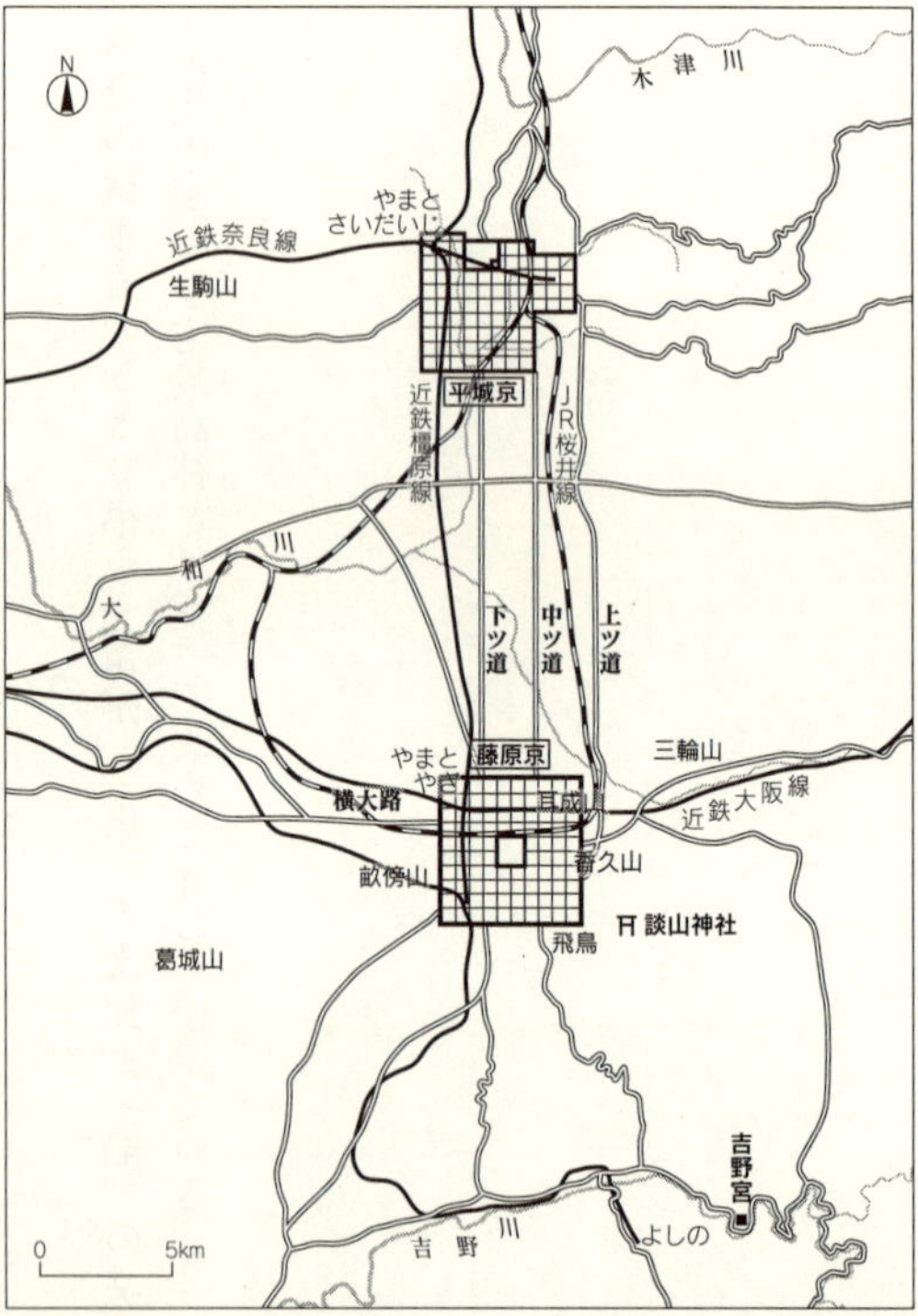

呪符木簡

JR東海道線の下り線が、浜松駅を出ると間もなく、右手に広い電車基地が見える。大半は破壊されてしまったが、一帯は「伊《い》場《ば》遺跡」と呼ばれ、縄文時代から鎌倉時代にかけての複合遺跡があった。同地は静岡県指定史跡だったが、電車基地新設という開発のために指定を解除したことで住民たちが、わが国で初めて行政訴訟をおこし、ねばり強く保存運動を繰り広げたことでも知られる。

いまはもう線路の下になった奈良時代から平安時代にかけての大溝の中から、昭和四十六年（一九七一）秋、裏表に計数十個の墨書がある全長三二センチ、最大幅六・五センチほどの木簡が出土した。上部の両端はそれぞれ切り欠いており、荷札《にふだ》・付け札と同じ形をしていたが、書かれている文字・内容から「百恠呪符《ひゃっかいじゅふ》」と名付けられている。百恠とは、もろもろの怪物のことをいう。年代は八世紀後半から十世紀中頃とされている。墨書の読みや詳しい解釈をめぐっては諸説あるが、止雨祈願か病気治癒祈願ではないかとされる。呪符が出土品から確認された初のケースとしてニュースになった。

それはさておき、この木簡の表側二カ所と裏側一カ所の計三カ所に「急々如律令」の文言がある。これは「きゅうきゅうりつりょうのごとくせよ」と読み、まぎれもない道教の呪文である。「天帝の定めた規律通りに早く実行せよ」という意味をもっている。もともとは「法律通りにしろ」と指示したオカミの文言で、中国の漢代には公文書の末尾に書かれたらしい。それを道教が「功過」「報応」などの法律用語を転用して使っているのと同様に、まじない用の文言として取り入れた。六世紀後半、中国の南北朝時代に成立した道教教典『玄都律文《げんとりつぶん》』などに、悪魔を退散させる字句として使われだした。また、この木簡には「天罡《てんこう》」という文字が書かれているが、これは北斗星のことを指し、やはり道教の神に関係する。

宮城県の多賀城《たがじょう》遺跡から出土した木簡にも「急々如律令須病人呑」という墨書があった。これは、明らかに病気の治癒を願ったものである。この「急々如律令」という呪句は、現代でも使われている。京都の祇園祭のさいにつくられるチマキには、この呪句がついている。伊勢地方の旧家でも、正月の鏡もちにこの呪句を書いた木札をそえる。また桜井市の鹿路《ろくろ》神社の弓射ち神事の祭文に、この呪句がみられるほか、他に占いや、まじないについて書かれた本の中にいくらでも例はある。

この呪符の文言について従来は、「陰陽道の影響」だと、単純に考えられ、それ以上の探求はされていない。その陰陽道と道教は密接な関係があるわけだが、それについては後述することにしたい。いずれにしろ、中世以後、招福・厄除けなどさまざまな折に使われた護符にこの「急々如律令」の文字があり、それが現代に伝わったことはよく知られていた。

ところで問題は、中国本土で道教の呪句として採用されて間もない奈良・平安時代、すでに日本でもこの文言が使われていたという事実である。中・近世に伝来したものならば、使われはじめた当初の信仰・信心と独立した別個の呪句と解釈することも不可能ではない。しかし古代にあっては、その呪句が使われる背景は無視できない。つまり、道教の呪句という認識があってなされた、と考えるのが素直だ。

こう考えると、伊場遺跡の「百恠呪符」は、道教の教義にもとづいて、止雨か疾病か、願いを天帝に託した証拠の遺物とみてよいわけである。興味深いことに「急々如律令」と書いた古代の呪符木簡は、この一例だけではない。伊場遺跡・多賀城遺跡以外に山形・堂ノ前遺跡、大阪・国府遺跡など各地で相次いで発見され今ではニュースとしてあまり注目されなくなった。この事実は、たまたま伊場遺跡などの地に特別に関心をもった人物がいたとみるより、「道教が古代日本にも伝わっていたのであちこちで使われた」と考える以外にはないだろう。木簡がそれを雄弁に語っているといえる。

呪符木簡の出土で、古代人が「急々如律令」の呪文をとなえていたことを知らされたが、実をいえば史学者たちはそれを書いた文献のあることは前々から知っていた。平安初期に成立した『内裏儀《だいりぎ》式《しき》』や末期の『江家次第《ごうけしだい》』の中に登場しているのである。天皇が元旦に四方拝《しほうはい》をした後にとなえた呪句については、後の「大阪・妙見山」の項にあげておいたが、それによると「賊寇の中、我が身を過度せよ。毒魔の中、我が身を過度せよ。……」という呪文の最後に「急々如律令」という言葉を述べるわけである。

「多武峰」の項で先述したので蛇足になるが、あえて付け加えると、この呪文をとなえる四方拝はまぎれもなく道教の儀式である。また鎌倉初期に書かれ、平安時代までさかのぼっての年中行事を記した『年中行事秘抄《ねんじゆうぎようじひしよう》』によると、立春の日の早朝に、天皇が若水を飲むさい「万歳不変水、急々如律令」というしきたりになっていたという。

従来、これらの文言の記録があることは知られていたが、それは一部の限られた学者のことで、一般にはあまり注目されなかった。それが呪符木簡が相次いで出土しはじめたことで見直されだしている。「天皇のとなえる呪言にまで、呪句（急々如律令）がみえるにいたっていることは、奈良・平安時代を通じて、道教的信仰がかなり浸透していたことをうかがわせる」（和田萃「呪符木簡の系譜」『日本古代の儀礼と祭祀・信仰』中、一九九五）とはっきりと書く文献史学者もあらわれるようになったのである。

大祓の祭具

呪符木簡が道教に関係ある遺物であることを疑うことは難しい。「急々如律令」の文字がそれを証明していることは、以上に述べた通りである。しかし、その呪符木簡は、道教遺物の例のほんの一つに過ぎないのである。気をつけて古代の出土品を調べると、他にいくらでも、道教の祭具を思わせるものはある。結論を先にいうと、人間の形に刻んだ板や金属製の人形《ひとがた》・ミニチュアの土馬・人面土器などは道教思想を背景にして誕生したものであろうとして、最近、研究者が注目しはじめている。

昭和五十五年（一九八〇）初夏、奈良市佐紀町にある平城宮壬生《みぶ》門跡の南で二百七点もの人形が出土した（第21・22図）。壬生門は宮城正門である朱雀門東隣の門で平安京では美福《びふく》門とも呼ばれた。出土地点は奈良時代に壬生門前を流れた二条大路北側大溝の中だった。規則的に埋められたのではなく、投げ捨てられたものがそのまま残ったことを示すように、思い思いの方向を向き、ひと塊になったもの、点在するものなどさまざまだった。この人形について金子裕之奈良文化財研究所飛鳥藤原宮跡発掘調査部長は、朝廷の神事「大祓《おおはらえ》」に使われた人形で、天平年間（七二九～七四九）ごろのものであろうと判断した。

これほど大量の発見例は珍しいが、同様の人形はすでに平城宮ばかりだけでなく、他の宮都や地方官衙からかなりの数が出土している。そのなかには、病気の回復を祈願したものや、人を呪うのに使ったのではないかと思われるものさえある。例えば、橿原市の藤原宮跡北部の典薬寮《てんやくりょう》推定地では、昭和四十三年に、大きな眼を描いた人形が出て、眼病の治療に使ったのだろうと考えられた。昭和五十九年には、平城宮内裏東方を流れる東大溝から、顔の墨書と共に「左目病作今日《ひだりめやまいおこる》」と書いたものも出ており、同系統の人形とされている。

一方、呪いの人形といわれるものは、昭和三十三年に平城宮跡大膳職《だいぜんしき》の井戸から見つかったものが有名だ。両面に「坂部□建」と人名が書かれ、両眼と胸に木釘が打たれていた。こうした特殊な人形

第21図　復元された平城宮壬生門基壇。人形が出土したのは左側木橋の下。

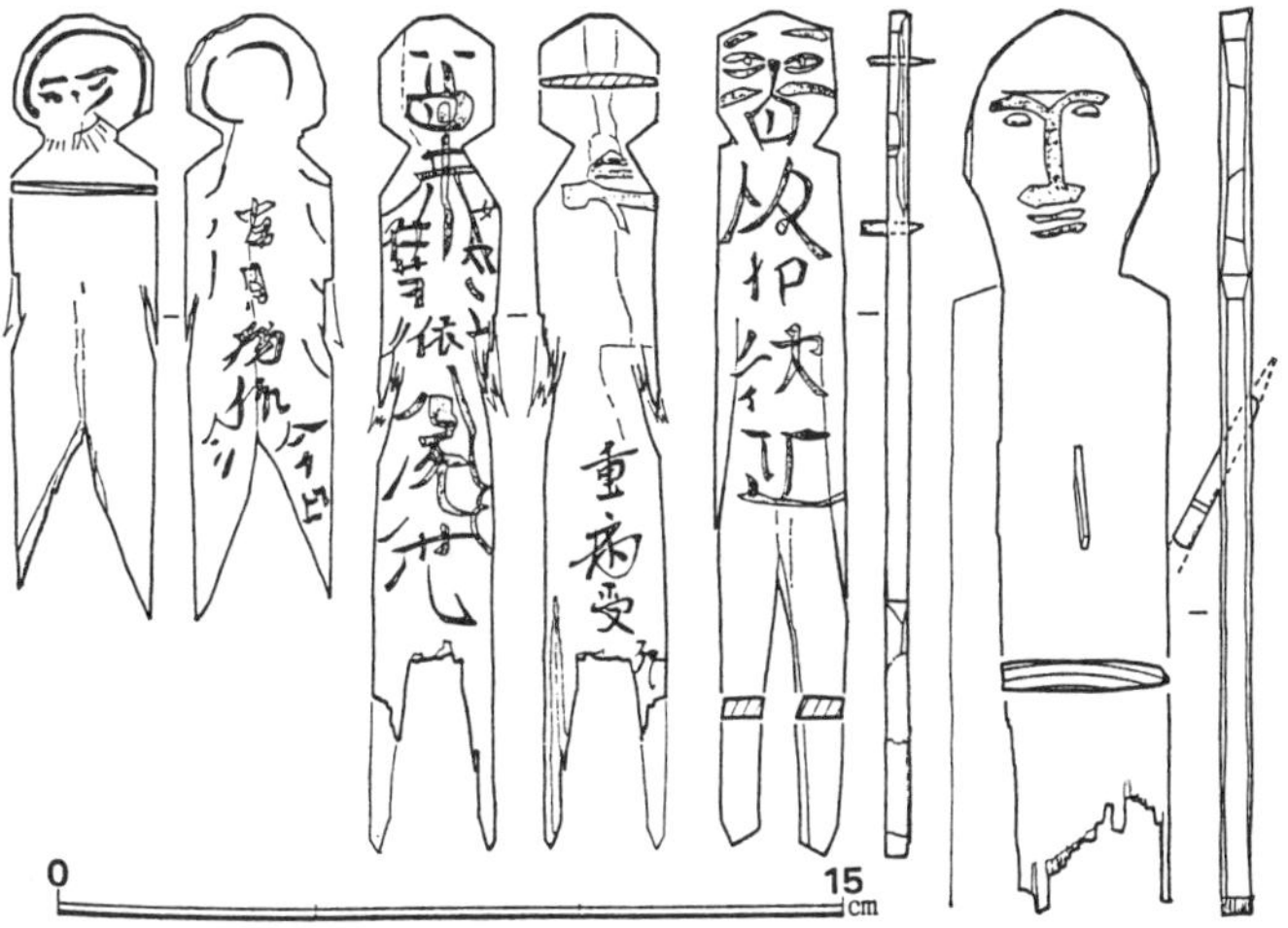

第22図　平城宮跡から出土した人形（金子裕之「平城京と祭場」『国立歴史民俗博物館研究報告』第七集）。

についてはー応の説明はできるが、それ以外のものは一体どういう用途で作られたのか、これまでいま一つ踏み込んだ解釈はなされなかった。それが壬生門の前から大量に発見されたことで、金子裕之氏らの主張する「大祓の用具」説が有力になってきたのである。

平安時代末に編纂された法律や儀式のことを書いた『法曹類林《ほっそうるいりん》』という書物がある。その巻二百に引用している「式部文」に次のような記載がある。

六月十二月二晦《みそか》。百官会集す。大祓儀《おおはらえのぎ》。その日平旦。大蔵木工掃部《おおくらもくかもん》、帳幄《ちょうあく》を鋪設す。大伴壬生二門の間大路においておのおの常儀あり。神祇官主典《さかん》。馬寮《めりょう》祓物、祓馬を陳ぶ。

つまり六月と十二月の末日に、大伴門（朱雀門）と壬生門の間の二条大路に、百官が集まって大祓が行われたとある。その大祓のさいの遺物が、この平城京の壬生門前の人形であろうというわけだ。

さて、その大祓だが、けがれや罪を祓い清浄にする儀礼として知られる。従来の学説では、イザナギノミコトが、黄泉《よみ》の国からかえって、筑紫の日向《ひむか》の橘の小門《おど》のあはき原でそのけがれを祓ったことに起源があるとされる。仲哀天皇が亡くなって後に国の大祓をしたという記事が『古事記』にあるが、実際におこなわれたらしいとみなすことができるのは、天武紀五年（六七六）八月の詔に「四方《よも》に大《おお》解除《はらえ》せむ……」とある記載である。天武天皇十年七月と、朱鳥元年（六八六）七月にも諸国大解除の記事が『日本書紀』にある。

こうした前例がもとになって大宝令以後、大祓というものが制度化したらしい。毎年六月と十二月の末日のほか、天皇即位後初の新嘗祭や災害異変の発生など、特異なことのあった時にも催されたようだ。ここで注目しておきたいのは、大祓が史実として確認できるのは、天武天皇の詔が初めてだということである。

大祓の神事は今も各神社にあり、見ることはできる。しかし、それは、古代のものとは違っている。宮中行事としての大祓は、律令体制がくずれるとともにすたれて、応仁の乱（一四六七〜七七）後は廃絶してしまった。その後二世紀以上たった江戸時代の元禄年間（一六八八〜一七〇四）に簡略化した儀式が復興、それが広まったからである。そのために古代の細かな式次第がどのようなものであったのかは、断片的な文献の記載から推測する以外にない。

神祇令《じんぎりょう》（養老令）によると、まず中臣《なかとみ》が天皇に御麻《おんぬさ》をたてまつる。次いで東西文部《やまとかわちのふみべ》が祓刀《はらえのたち》をたてまつり、祓詞《はらえごと》を読む。その後百官の男女が祓所に集まって、中臣が祓詞を述べ、卜部《うらべ》が祓い浄める。これが大筋である。平安時代の『延喜式』によると金銀人像や鉄人像がこの儀式には祭具として使われたとある。また『貞観儀式』では鉄偶人や木偶人が用意されており、金属製や木製の人形が大事な道具であったのだ。

平成十五年（二〇〇三）六月に、藤原京域を走る一条大路（岸俊男氏の復原案による）と中ツ道の交差する付近の溝から、和銅二年（七〇九）の木簡とともに、長さ約九センチ、幅八〜九ミリ、顔に目や口を線で描いた銅製の人形が六点も出土し話題をよんだ。

このような人形は、「御贖《みあがもの》」とよばれたが、金属製の人形を用いる祭儀は、大祓のほかに、難波津でおこなわれた「八十島神祭」「東宮八十島祭」や、「畿内堺十処疫神祭」、あるいは、伊勢神宮の

「鉏鍬柄採祭」「山口神祭」「採正殿心柱祭」「造船代祭」などがあったことも『延喜式』から知ることができる。さらに『延喜式』巻一「神祇」によると大祓は、親王以下百官が「朱雀門」に集まって「河に臨みて解除」とあり、巻十一の「太政官」には、「凡そ六月・十二月の晦日に、宮城の南路に於いて大祓せよ」とあり、やはり前にあげた『法曹類林』にいう大祓の場所と大きくちがうものではないが、実は朱雀門付近で金属製の人形が発見されている。さらに、同様の出土例は、宗像《むなかた》神社の沖津《おきつ》宮《みや》をまつる福岡県北部の沖ノ島にもある。

祓の場所は、以上の他、大嘗祭《だいじようさい》に先立ってなされる時と、斎王の伊勢下向の際は羅城門《らじようもん》外でなされたことは、やはり『延喜式』にみられる。このことは、昭和六十年(一九八五)の十二月に平城京の羅城門址近くの奈良市西九条町から発見された祭祀遺構との関連が注意される。この場合人形は検出されなかったがミニチュアのカマドや土馬などを投棄した土坑群があり、後述するように道教的祭祀との関係を想定することができる。

東西文部の呪

では大祓になぜ人形が使われるのか。大祓の起源をイザナミノミコトの故事に結びつける従来の学説では、人の身代わりという程度のことしかいわない。しかし、道教思想が日本に伝わっていたという前提でこの人形を考えると、その謎は容易に理解できる。

道教教典には人形についての記事は割に出てくる。なかでも、漢代以来の「章(天帝への祈願文)」の例文を分類・収録する『赤松子《せきしようし》章暦』にはたくさんでてくるのである。「赤松子」とは『史記』などに登場する古仙の名だ。それによると、人形にはいろんなものがあるが、病死人が続出する時に身代わりとして「銀人」を使う。官吏赴任旅行の安全を祈願するには「金人」で、鎮墓や延命祈願には「錫人《せきじん》」を使ったらしい。一方、呪いの人形としては『漢書』江充《こうじゅう》伝に漢の戻《れい》太子の武帝呪詛事件というものが記載されており、そこでは「桐木人」が登場する。武帝は道教思想の中心となる神仙思想の大変な信者であったことはあまりにも有名だ。道教教典に登場している人形による呪詛方法はこの事件を手本にしていることは知られる。

　こう考えると、日本の人形も人の身代わりとして独自に発生したというより、道教思想の影響で登場したと考える方が自然ではなかろうか。中国にも、たまたま人形を使う儀礼があったと見なすわけにはいかない。

　実は、人形が中国渡来のものであることを証明するように、この大祓神事の中に道教的要素のあることを認める歴史学者たちが近年ふえているのである。大祓のさいに東西文部たちが祓刀を天皇にたてまつることはすでに述べたが、『延喜式』に「東《やまと》の文《ふみ》の忌寸部《いみきべ》の横刀《たち》を献るときの呪《ず》」（西《かわち》の文部も同じ）と書かれた呪文がある。それは次のようなものである。

謹請《きんじょう》、皇天《こうてん》上帝、三極大君、日月星辰、八方諸神、司命司籍《しさく》、左は東王父、右は西王母、五方の五帝、四時の四気、捧ぐるに禄人をもちてし、禍災を除かむことを請ふ。捧ぐるに金刀をもちてし、帝祚を延べむことを請ふ。呪に曰はく、東は扶桑に至り、西は虞淵《ぐえん》に至り、南は炎光に至り、北は弱水に至る、千の城百の闕《みや》、精治万歳、万歳万歳。

（岩波書店「日本古典文学大系」『古事記　祝詞』）

一読してわかるように、これは日本古来の呪文ではなく、用語は明らかに中国直輸入のものである。中国古来の神々に、天皇の治世がいつまでも続くことを祈っている。とりわけ注目されるのは、「東王父」「西王母」という道教そのものの神の名があげられていることだ。「皇天上帝」というのは『書経』にみえるもので、後述する桓武天皇の祭天の祭文にある「昊天上帝」と同一の神格である。「三極大君」は『易経』繋辞《けいじ》上にある「三極」、つまり天と人と地とを神格化した道教的な神であり、さらに「司命」と「司籍」も人間の寿命を司り、寿命台帳を管理する道教系の神である。「五方の五帝」もまた「西王母」「東王父」と同様、中国の二〜三世紀、漢魏の時代の鏡の銘文に記される道教の神である。「扶桑」「虞淵」「炎光」「弱水」という地名は、神仙の山とされた崑崙山《こんろんざん》と関連するもので、この呪文の全体は、まぎれもなく道教と関わることは否定できない。さらに右にいう「禄人」は「銀人」の誤記とみる説もある。それならば金属製の人形のことにほかならない。とすれば、大祓という儀式で用いられた人形は、やはり道教と深い関係をもつことは、確実であるといってよいであろう。

『延喜式』は十世紀に成立したものだが、先にも紹介した養老令の神祇令のほか、『続日本紀』の文武天皇（大宝二年＝七〇二）の条にも、東西文部が祓詞を読んだらしいことがあることから、この文言は遅くとも飛鳥時代末にはあったと考えられている。このことから少なくとも八世紀初頭ごろから大祓と道教が密接な関係があったことは、認めざるを得ないのである。付け加えておくと、東文部とは、応神天皇の時に渡来した後漢霊帝の曾孫と伝承する阿知使主《あちのおみ》の子孫。大和に居住したのが東文部の忌寸部。同じ時代に渡来した百済の子孫で河内に居住したのが西文部の忌寸部となった。王仁《わに》が『論語』と『千字文』を伝えたことはよく知られるが、それは『古事記』の記載で、『日本書紀』によるともってきたのは「諸典籍《もろもろのふみ》」とある。儒教だけでなく、道教教典のあったことは十分に考えられるのである。

ここで思い起こして欲しいのは、大祓が史実として認められるのは、天武五年の詔である（一三〇頁）。天武天皇が、壬申の乱（六七二年）のさい、大津勢との戦いのため吉野を出た時に、道教の作法にもとづいて占いをしたことは、「吉野・宮滝」の項で述べた。天武天皇は道教の儀式に通じていたと考えざるを得ないのであるが、とすれば、道教的色彩の濃い大祓という祭祀は少なくとも天武朝にまでさかのぼりうるとも考えられる。

それはさておき、この東西文部の呪は、古代において何か特別な役割をもっていたらしいことを上田正昭・京大名誉教授らが再三指摘している。大宝二年十二月二十二日、持統太上天皇が没した。そのせいらしく、その年末の大祓は廃止されたことを『続日本紀』は記している。ところが、たいへん不思議なことに「但し東西文部の解除は常の如し」つまり、東西文部の祓いの儀式は例年通りに行われたらしい。東西文部の祓いが、当時の宮廷でどんなに重視されていたのかよくわかるというのである。

以上述べてきたことで、大祓神事に道教の影響があり、人形はそれを裏付ける資料の一つであることは、理解できたことと思う。金子裕之氏の話では、百官たちが人形を使って祓いの行事をしてそれを大溝に投げ込んだ。いやむしろ投げ込む行為に意味があったという。普通なら流れていってしまうが、天平年間のものはなぜか、そこに滞留して埋もれてしまったとみるのである。

大祓に人形が使われていたことは、疑う余地はない。では、古代の人形はすべて大祓に関係するかといえば、決してそうではない。

病気治癒祈願や呪詛の人形のあることを先に書いたが、意外にそうしたものが多かったのではなかろうか。当時の人々が個々に行った何かの呪術の名残が、数多く出土する人形と思われる。そこで問題になるのは、奈良時代は、図形・人形あるいは呪文を書いたもので福を求めたり、人を害する呪いをすることを禁じていることである。例えば『続日本紀』宝亀十一年（七八〇）十二月の条に次のような記載がある。

左右京に勅《みことのり》すらく、聞くならく、このごろ無知の百姓巫覡《ふげき》を搆《かま》へ合ひて妄《みだ》りに淫祀を崇め、蒭《すう》狗《く》の設《まけ》、符書の類、百方恠を作《な》して、街路に填溢する。事に託して、福を求め、還りて厭魅《ようみ（えんみ）》に渉れり。ただ朝憲を畏れざるのみにあらず、誠にまた長く妖妄を養へり。今より以後、よろしく厳かに禁断を加ふべし。もし違犯せる者あらば、五位已上は名を録して、奏聞し、六位已下は所司科決せよ。

同様のことは『類聚三代格』の「禁断京中街路祭祀事」にも記される。

呪術の禁止は、この時初めて出されたのではなく、奈良時代の初めにできた刑法「養老律」の「賊盗律」に「凡そ憎《にく》み悪《にく》む所有りて、厭魅を造り、及び符書呪詛《ふしょずそ》を造りて、以て人を殺さむとせらむは、各謀殺を以て論じて二等減せよ」とあるのが初見である。厭魅とは、図形・人形などを用いて人を害するまじないの法であり、符書とは道術（道教の呪術）の呪文などを記した書きつけのことをいい、呪詛とはまじない呪うことである。中国・南北朝時代の王朝・陳（五五七〜五八九）の律によると、こうした呪術は道教の僧である道士によって行われたとある。古代日本では、この道教的呪術を中国にならって「左道《さどう》」と呼び、厳しい取り調べの対象になっていた。奈良時代末の宝亀三年（七七二）には光仁天皇の皇后・皇太子でありながら、天皇を呪い殺そうとした左道の罪でその地位をおわれた井上内親王《いのうえないしんのう》とその子の他戸皇子《おさべのおうじ》の例もある。平城宮大膳職の井戸から出た胸や目に木釘を打たれた人形は、こうした左道に関係があるとみてよい。

『続日本紀』には、厭魅をしたことがばれて罪を得た事件の記載がいくらもあり、どうやら、道教的呪術の左道を信じるものは多かったらしい。朝廷としては再三、禁止した理由がよくわかる。

『続日本紀』の記事を追ってみると、前掲の宝亀三年、同十一年の場合のほかに、天平元年（七二九）四月には、厭魅呪咀して、百物を害傷するものは、首を斬り、共犯者は遠国に流すとあり、天平勝宝六年（七五四）十一月には、薬師寺の僧・行信と八幡神宮の主神・大神朝臣田麻呂《おおがのあそんたまろ》らが厭魅したために、行信が下野国の薬師寺に遠流された。さらに、神護景雲三年（七六九）五月には県犬養姉《あがたいぬかいのあね》女《め》らが、天皇の髪を盗み佐保川のどくろに入れて大宮にもちこんで厭魅したこと、延暦元年（七八二）三月には、三方王《みかたおう》ら三人が、やはり天皇を厭魅し、処罪されていることが知られる。

これらの厭魅の方法で人形を用いたものがあるかどうかは、知る由もないが、「厭魅」の思想自体、先にみたように道教的であることは疑うことができない。

福を求める呪術さえ禁じたことは、『続日本紀』の記載からみて間違いないところだが、病気治癒のように個人がささやかに祈願することまで本気で取り締まったかどうかは疑問だ。先に引用した左道を禁じた『続日本紀』宝亀十一年の条には「但し患有りて禱祀する者は、京内に在るに非ずんば、これを許せ」という但し書きがついている。平城京以外なら病人は呪術をしてもいいのである。

昭和五十一年（一九七六）と五十五年に行われた大和郡山市の稗田《ひえだ》遺跡の発掘で、奈良時代の河川とそこにかかった橋脚跡が見つかった。その橋脚付近からおびただしい遺物が出土したが、その中に人形、土馬、ミニチュアのカマド、絵馬、皇朝銭などが混じっていた。発掘した奈良県立橿原考古学研究所の中井一夫氏によると、平城京の人々が願いを託して橋の上から投げ入れたものだろうとみる。稗田遺跡は平城京羅城門南一・五キロの郊外であった。宝亀十一年の詔を裏付ける資料といえないこともない。

京域以外ではいいが、京域内で呪術をしてはいけない。果たしてそれがどれだけ守られたものか。しょせんは建前だけではなかったのか。それを物語るのが、平城京や長岡京内から出土する人形であろう。また奈良時代から平安時代にかけて、土器に人の顔を描いたいわゆる人面墨書土器が、やたらに出土する。平城京跡では、その大半が河や運河・溝跡から見つかる。これも人形と同様な目的で使われたとみられている。このほか各地で出土するミニチュアの土馬も道教的思想とは無関係でない。天武天皇五年（六七六）八月の詔で、大祓に馬を使うことが記されており、それが生きものからつくりものへと変化した祭具の一つであろうと水野正好・奈良大教授は推定している。また同氏は馬は行疫神・祟り神の乗り物で、行疫神の猛威を事前に防止するために土馬を作ったという。これが事実ならば、土馬が道教的な思想と脈絡をもつ大祓に用いられたならば土馬の機能もまた、道教儀礼という観点で解釈しうるのかもしれない。またミニチュアのカマドは、中国古来のカマド神信仰に関係すると思われる。中国のカマド神は家族の行動を監視して北斗星を神格化した天の神に告げる役割をもつといわれている。道教の神々の中では、大変こわい役目の神として信仰されてきた。ミニチュアのカマドは、兵庫県芦屋市精道園古墳群、奈良県北葛城郡新庄町の笛吹古墳群、大阪府柏原市の田辺古墳群の副葬品としても出土しているが、これらの古墳群はいずれも漢人系氏族の居住地であり、道教のカマド神信仰が渡来した経路をさぐる可能性を秘めている。

このようにして、古代の遺物を一つずつ点検してみると、道教の影響が色濃く残っているのがよくわかる。そしてそれが現在へと伝わる。

改めて人形についてみると、『源氏物語』の「須磨」に「舟に、こと〴〵しき人形のせて、流すを見給ふにも、よそへられて……」とみそぎの情景が描かれるが、さらに時代が下って近世の西鶴作『好色五人女』には、井戸替えのとき目鼻のない人形がでてきたことを記す。これは井戸水がかれないためのまじないであったらしい。さらに昆布に針を刺したものも井戸からでてきたともあるが、これは呪いの人形に相当するものであろう。そしてこのような行為は、現在にも社会の片隅で生きのこっているわら人形へとつながっていく。あるいは、三月三日の節句で流しびなをする地方があるが、これも人形によるみそぎに源流をもつものであろう。

メディアも報道した「道教の影響」

この本の初版本（『日本の道教遺跡』）が刊行されて後、各地の宮跡や官衙跡の発掘調査で、続々と呪符木簡の発見が報告されるようになった。それらの出土品の中から、目立つものをいくつか紹介しておく。

一九九一年に大阪市東住吉区桑津の桑津遺跡の井戸跡から出土した呪符木簡が、一番古いのではないかと話題になった。七世紀前半のもので、長さ二一センチ幅四センチほどあり、表には七つの「日」の字をT字形に並べ、その下には人名らしい「道意」や「白加」の文字などが墨書されていた。また裏側にも「各家客等之」などとあった。発掘した大阪市教育委員会と同市文化財協会は、病気封じのまじないに使われた可能性が高いと発表した。

九三年には奈良県橿原市の藤原京跡で、「鬼　急々如律令」の上に「日」の字を上下に四つ、三列に計十二個並べて書いた木簡が出土した。長さ二四センチ、幅四・五センチの檜材に墨書していた。これまでも付近で、大祓に使ったと思われる人形や人面土器が出たことがあることから、市教育委員会は、国家的な祭祀の道具に使われたのではないかと発表した。

また九五年には、やはり同じ藤原京跡の一画で、九つの「□」の記号を単線と二重線で結んだものの他に計三つの図形や、「天」「里」「鬼」「今」などの文字が墨書された、長さ約四〇センチ、幅約五センチの木簡が見つかった。発掘した奈良国立文化財研究所は、「□」を結んだ図形は中国の星座の「羅堰九星」といわれる治水のシンボルだろうと解読した。

これらの木簡出土の報は、新聞でも直ちに報道されたが、例えば九三年の木簡では「木簡に道教の呪文」（サンケイ新聞）、「藤原京で呪符木簡出土　道教の国家的祭祀示す」（奈良新聞十一月二十九日付）という見出しがつけられていた。また、九五年の星座を描いた木簡では「道教思想で建設裏付け」（朝日新聞十一月三十日付）という見出しを付けたものや、見出しにこそとらなかったが「（この星座は）道教では治水のシンボルとされている」（毎日新聞同日付）、「道教経典のテキストから書き写したもの」（読売新聞同日付）と報道していた。九〇年代になると、メディアにおいても、呪符木簡は「道教信仰の道具」だということを、堂々と表に出すようになったのである。

【メモ】

藤原京の出土遺物は天香具山の西の奈良文化財研究所藤原宮跡資料館で見学できる。平城京の遺物は宮跡にある奈良文化財研究所平城宮跡資料館で見学できる。

神仙境から解く長岡造都の謎

大阪・交野

交野山へはJR片町線（学研都市線）津田駅から徒歩、健脚なら40分。特別史跡百済寺跡へは京阪交野線宮之坂駅下車。

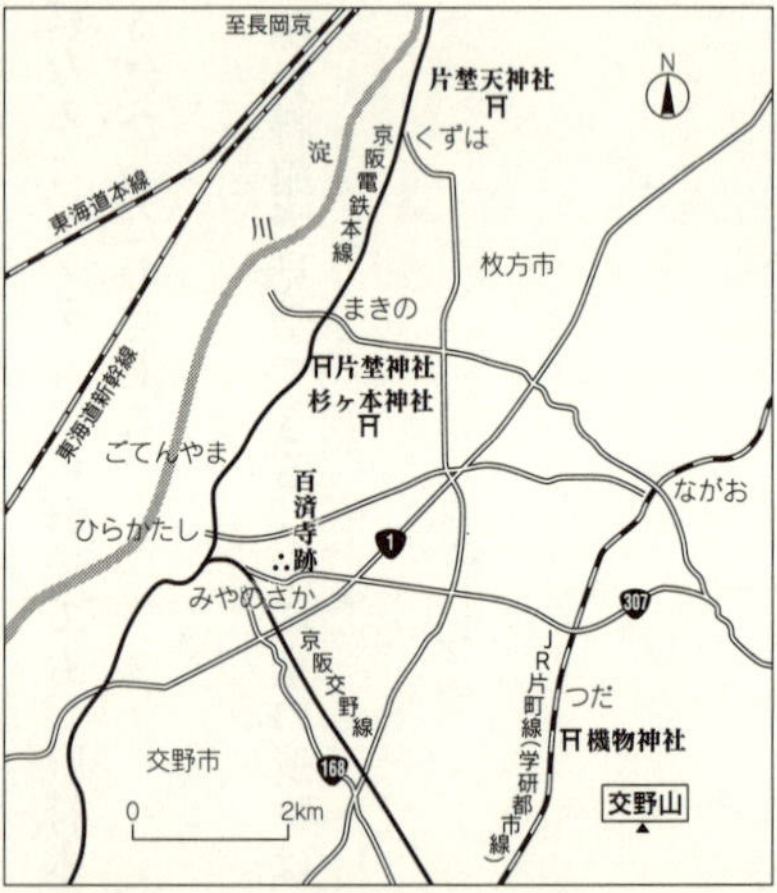

長岡遷都

「桓武天皇の長岡遷都は、歴史上最も解すべからざる現象の一つである」

明治末から大正、昭和初年にかけて数多くの論陣をはった著名な歴史学者・喜田貞吉（一八七一～一九三九）は、その著『帝都』（大正四年、日本学術普及会）の中でそう書いている。即位してちょうど一年たった天応二年（七八二）四月に、「公私疲弊のため造宮《ぞうぐう》・勅旨《ちょくし》の二省と造法華寺《ぞうほっけじ》・鋳銭《じゅせん》の二司を廃する」という詔を下している。ところが、それからわずか二年たった延暦三年（七八四）五月に遷都を決めたのである。

　奈良時代末の平城京は、藤原仲麻呂の乱や道鏡一族が政権の中枢に登場したことなどもあって、かげりが生じ、かつて「咲く花のにほふが如く……」とうたわれたほどの華やかさはなかったかもしれない。それでも六十年余にわたって営々と造りつづけてきた都であった。人口二十万人とも推定され、当時の東アジアの都市の中でも百万人の唐の長安に次ぐ大都市である。それをあっさりと捨てて、草深い長岡の里（山背国乙訓《おとくに》郡長岡村）へ都を移したのである。現在の京都府向日市、長岡京市を中心とする一帯である。遷都すれば平城京を造りつづけるより一層「公私が疲弊する」ことは目に見えている。喜田貞吉が「不可解」というのは当然のことであった。

　喜田は、桓武即位後に異例の昇進をし、長岡京造宮長官になった藤原種継《たねつぐ》が、自らの姻戚である秦《はた》氏の根拠地の近くに都を移すことで、権勢を固めようとしたに違いないと考えた。平城京では「僧侶が跋扈《ばっこ》」しているのをはじめ、さまざまの悪弊があり、それで桓武も「水陸の便」の良い場所に都を移すのに同意したのだろうとみる。『続日本紀』には「朕、水陸之便なるをもつて、都をこの邑に遷す」（延暦六年十月）とあるからである。これだけをみれば、長岡京は、交通の便のみを求めてその地が選ばれたかのような解釈が導かれる。しかし、ただそれだけのことで、遷都の理由を万人に納得させるのは難しい。まして、遷都の実質計画者がいくら桓武天皇の寵臣であろうとも、一官僚の発意で決まるはずはない。

　それで、喜田以後、この謎を求めてさまざまな学説が提出されている。それらを、今ここで紹介するのは省略するが、いずれも、定説となるほど有力なものはない。この謎を解くかぎの一つは、桓武天皇がしばしば行幸した「交野《かたの》」にあるのではなかろうか。延暦二年十月に始まり、同二十一年十月までの間に計十二回、交野に行幸したことを史書は記録している。その目的は、ほとんどが遊猟であるが、その地が、ただ狩猟の野であっただけであろうか。そのことについては後に触れる。

天神の祭り

大阪・淀屋橋を出て、京都・三条に向かう京阪電車が、ほぼその中間点の枚方市《ひらかた》駅を出て天野川の鉄橋を渡るころ、右手遠方におわんを伏せたようなひときわ目立つ山がある。生駒連山の北端近くにある交野山《こうのさん》(三四四メートル)である。「交野の山に日は昇り……」(枚方市立桜ヶ丘小)と地元のシンボルとして幼稚園や小学校の園歌や校歌に登場して慕われる名山だ。ふもとの交野市滝町の集落から歩いて一時間足らずで巨石のむき出した頂上にたどりつく。中央にある巨大な岩は「観音岩」と呼ばれている。

上に立つと、遠く南西方向に大阪湾、北には京都盆地が望める。その間を縫って、淀川の流れが光る。「交野」はその淀川の東側で、交野山の西から北西にかけての一帯を呼んだらしく、現在の枚方市と交野市にあたる。

交野が古代史上特に注目されるのは、この地で中国歴代皇帝のものとよく似た「天神の祭り」が行われたからである。中国では極めて重要な天子の祭礼であるが、日本では桓武天皇が延暦四年(七八五)と六年、曾孫文徳天皇が斉衡三年(八五六)に行った記録しかない。『続日本紀』延暦四年十一月の条には「天神を交野の柏原に祀る。宿禱《しゆくとう》を賽《さい》するなり」とあって、天神の祭りの場が交野の柏原であることが知られる。「宿禱を賽す」というのは、永年神への祈りに対するお礼の祭りといった意味である。『続日本紀』の延暦六年十一月の記事には祭文も記されている。

維《こ》れ延暦六年、歳は丁卯に次《やど》る十一月庚戌の朔にして甲寅、天子を嗣《つ》ぐ臣《われ》謹みて従二位・行大納言・兼民部卿・造東大寺司長官の藤原朝臣継縄《つぐただ》を遣はして敢て昭《あきら》かに昊天上帝《こうてんじょうてい》に告げしむ。臣恭《うや》うやしく睠命《けんめい》に膺《あた》つて鴻基を嗣《つ》ぎ守り、幸ひに穹蒼〔天〕祚《そ》を降し、覆燾《ふくとう》〔地〕徴《しるし》を騰《あ》ぐるに頼《よ》りて、四海は晏然、万姓は康楽す。方今《ほうこん》、大明《たいめい》南に至つて長晷《ちょうきゅう》初めて昇る。敬《うやうや》しく燔祀《はんし》の義を采《と》りて、祇《つつし》み報徳の典を修め、謹み玉帛犠斉、粢盛《しせい》の庶品を以て茲《こ》の禋燎《えんりょう》を備へ、祇《つつし》み潔誠を薦《すす》め、高紹《たかつぐ》〔光仁〕天皇をば神に配し主と作《な》す。尚《こいねが》はくは饗《う》けよ。

天神の祭りの具体的な内容については『文徳天皇実録』の斉衡三年十一月の記事から知られる。それによると二十二日に、権大納言の安倍安仁らが、先帝光仁天皇の陵墓である奈良市日笠町の後田原山陵（田原東陵）に天神の祭りをすることを報告し、翌二十三日に、宮中の庭で天皇は祝板（昊天上帝を祭る祝文を書いた板）に筆及び硯をもって諱《いみな》を自署し、珪（玉でつくった笏）をとって北面して天を拝す。また臣下の者は交野の柏原野に向かい、祭りの予行をなす。そして、二十五日に円丘で祭儀をとりおこない、午前零時三十分、宮に帰って祭りにそなえた胙（牛の肉か）を天皇に献げる。この場合、天皇は宮中にいて交野には出向かない。このような祭りについては、古くから、中国の天子の儀礼である「郊祀《こうし》の制」であるとみなされてきた。

中国においては、この祭りは冬至に南郊で天を、夏至に北郊で地をそれぞれまつるというようにセットになったもので、本来儒教にのっとった祭儀であるとされている。天をまつるには円丘の天壇で、地をまつるには方丘の地壇で行うが、天地を南郊で合祭したケースもある。現在、北京には明清時代の天壇、地壇が城郭域の南に残っていることはよく知られる。

ところで、交野の郊祀壇はどこにあったのか。柏原野という地名は不明であるが、現在比定地について次の三説がある。その一つは枚方市片鉾《かたほこ》に求めるもので、江戸時代の地誌書には交野の一本杉とよばれ、昭和二十年（一九四五）代には墳墓のような小丘があった。片鉾の杉ヶ本神社の南方であるが、現在では宅地となり、あとかたもない。二番目の説は、枚方市牧野《まきの》阪《さか》の片埜《かたの》神社であるが、その理由は明治初年の『神社書上帳』に、このあたりを柏原というと記されていることによる。さらに枚方市楠葉の交野（片埜）天神社とする説があり、これは同社の縁起に桓武天皇の天神の祭りがこの神社の創祀とすることによるものである。これら三説はいずれも確証を欠くが、遺構的には片鉾の小丘状のものが注意されるが、それをもって郊祀壇跡と断定することはできない。

京大教授だった中国哲学の研究者狩野直喜は、昭和六年に雑誌『徳雲』（第二巻第二号）に「我朝に於ける唐制の模倣と祭天の礼」という論文を発表し、「この儀が唐制に倣ひ給ひしことは、明白にして疑を挟む余地がない」ことを明らかにした。狩野は『大唐郊祀録』『大唐開元礼』などに出ている祝文を、前にあげた『続日本紀』延暦六年の条の祭文と比較、それがほとんど引き写しであることを考証している。両者の大きな違いは、「昊天上帝」と並べてまつる配神に、唐では天子の遠い祖先である高祖または太祖を置いているが、日本では桓武天皇の父高紹《たかつぐ》（光仁）天皇を置いたことである。

『文徳実録』には祭文はないが、その記載から推定する限り、桓武天皇の前例にならって配神は光仁天皇であったらしい。唐の模倣なら、天照大神か、神武天皇を置かなければならないが、これが光仁天皇であることに特別な意味がある。國學院大教授だった滝川政次郎氏は「『桓武天皇は、光仁天皇から新しい王朝がはじまったという自負をもったからだ』(『京制並に都城制の研究』角川書店、一九六七)と説明している。的を射た指摘だと思われる。

それはさておき、桓武・文徳両天皇がおこなった「天神の祭り」については、「郊祀の制」つまり、儒教にのっとった儀礼であることはこれまで定説となっている。しかし、本当に儒教の儀礼といい切ってしまっていいのか、疑問が残る。むしろ道教的思想をまじえて実施された可能性の強いことを、以下に説明したい。

河伯の末裔

桓武天皇の母・高野新笠《たかののにいがさ》は百済系渡来人の一族だった。和乙継《やまとのおとつぐ》と大枝真妹《まいも》という名もない夫婦の娘として生まれる。新笠姫の父となったばかりのころの和乙継は、おそらくは奈良朝の下級書記官であったろうとされる。桓武天皇の父白壁王《しらかべおう》(後の光仁天皇)も、傍系皇族で無位の時代が長く続き、その間に新笠姫と知り合ったらしい。白壁王の長子として誕生したのが山部王《やまべおう》(桓武天皇)だったが、その年白壁王はやっと無位から従四位下に叙せられたばかりだった。

当時の社会制度から考えると、山部王は母方の家族の中で育ったと思われる。母の出自が低く、長く嫡男の待遇が受けられず、はじめて従五位下を授かったのはなんと、二十八歳の時であった。その間の山部王が学問を学び、思想上大きな影響を受けたとすればそれは母方一族によるものであることは否定できない。

『続日本紀』の皇太后高野新笠崩伝（延暦九年〈七九〇〉正月）によると、その先祖は百済武寧王の子・純陁《じゅんだ》太子とある。武寧王は一九七一年に豪華な副葬品の埋納された墓所が韓国忠清南道公州邑で発見されたことでよく知られる。高野新笠の崩伝によると、百済氏の遠祖都慕《とぼ》王は、河伯（道教の水神）の女《むすめ》が、日精に感じて生まれており、皇太后はその末裔であることから「天高知日之子姫尊《あまたかしるひのこひめのみこと》」と諡《おくりな》をしたと記している。高野新笠の亡くなった延暦八年の段階で、百済系渡来人たちは、河伯の末裔であるという意識をもっていたことはこれではっきりする。文献の上からも、桓武天皇は道教的な思考に通じていたことが想定される。

桓武天皇が生まれたのは、母方の実家である山背国乙訓郡大枝村の土師《はじ》氏の家ではないかとされるが、育った場所はよくわからない。しかし、河内交野が深い関わりをもつことは疑いない。桓武天皇の満腔《まんこう》の信頼を得て後宮をとりしきった女性に尚侍百済王明信《ないしのかみくだらのこきしみようしん》という人物がいる。山部王だった若いころの天皇が愛した女性ともいわれるが、交野の百済王一族出身とみられる。

河内交野郡は、難波百済郡と共に百済王氏の本拠地で、百済氏は奈良時代後期には百済寺を建立するなど仏教信者であった。しかし同時に彼らも道教的な思想背景をもっていたことは、交野という地理的環境を考えると疑いない。例えば交野には天野川（天ノ川）や星田、星ノ森といった地名が残り、北斗七星を神格化した「妙見さん」をまつる社殿もある。星の信仰は本来道教的なものである。天野川には神仙世界と人界を結ぶ仙女伝説のあったことも平安時代の曾禰好忠の歌集『曾丹集』が記録し

第23図　機物神社の鳥居越しに見る交野山山頂の岩座。
長岡京の中軸線の延長上にある。

ている。
もう一つの例をあげよう。交野山西側ふもとの交野市倉治《くらじ》に七夕姫をまつる機物《はたもの》神社がある。室町時代の創建といわれ、現在は南向きの社殿があるが、どうやら古いものであるらしい。その証拠は、同神社のもともとの御神体は交野山でなかったかと思われるからである。西側から入る一の鳥居の前に立つと交野山の岩座《いわくら》がすっぽりと鳥居の中に入る（第23図）。それが決して偶然でないことは、鳥居から現在の社殿に向かう参道がその最短距離となる真東に向かわず、まずやや南東方向の交野山に向かっていることでもわかる。山や岩などを御神体とするのは奈良県桜井市の大神《おおみわ》神社の例でも知られるように、古いタイプの神社といわれる。このことから同神社は、渡来人の里だったころに、すでに建てられていたと考えられるのではないか。七夕伝承は、道教的世界観に関係するもので、七夕姫は道教の神・西王《せいおう》母《ぼ》より派生した神人とみられていることから、同神社の存在は当時の渡来人の精神生活を投影しているように思われる。
いずれも傍証でしかないが、交野の渡来人たちが道教的文化・習俗をもちこんでいたと考えるのは決して無理な推論ではないようだ。

崇道天皇

幼いころの生活環境、それに交野との関わりから、桓武天皇が道教的世界観を理解していたことは、おぼろげながらも推測できる。では天皇自身の記録に、そうしたものが残されていないだろうか。実はあるのである。

天皇が採用した年号「延暦」は、「延年」「延寿」の意味の言葉として、道教教典に早くから使われている。長岡遷都間もない延暦四年（七八五）九月、造宮長官藤原種継が暗殺された。皇太弟の早良《さわら》親王はそれに加担したと疑われて捕らわれ、淡路島への配流の途中、食を絶って絶命する。早良親王が本当に暗殺計画を知っていたのかどうかよくわからない。天皇がわが子を皇太子にしたくて、この事件を利用したのではないかという見方が有力である。やがて天皇は早良親王の怨霊に悩まされ始める。長岡京から平安京に移ったのも怨霊のたたりをおそれたからであるという喜田貞吉の有名な学説さえあるほどである。

桓武天皇は後に、弟の早良親王の鎮魂のために「崇道《すどう》天皇」の諡号を追贈する。「道を崇ぶ」という言葉は、中国の道教でしばしば使われた言葉であった（詳しくは唐の道士・杜光庭《とこうてい》『歴代崇道記』を参照）。「鎮魂」ということもまた、道教の重要な行事であるとされる。天皇が道教に通じていなければ「崇道天皇」という名前は、つけられなかったと思われる。ここで大切なことは、追贈された側の早良親王の問題である。天皇には、早良親王の霊はこの諡《おくりな》で怒りをやわらげてくれるという思いがあったと推測できる。キリスト教の死者は、キリスト教の方式で祈りをささげてもらうのが喜ばれると考えるのと同じことである。つまり、早良親王もまた、桓武天皇同様、道教に通じていたとみることができる。なぜならばすでにみたように、兄桓武天皇が百済系氏族のもとで道教思想の影響を受けながら育ったならば、実弟早良親王もまたそうであろうから。

交野行幸

先に触れた桓武天皇の交野行幸については、従来は単に「遊び」と考えられてきた。確かに、『続日本紀』には「行幸交野放鷹遊猟」と書かれたくだりがあり、鷹狩りを楽しんだことは疑えない。しかし、目的は、本当に鷹狩りだけだったのだろうか。例えば、平安京の遷都の前に、天皇はあらかじめ新京予定地の葛野《かどの》郡に狩りにいっている。狩りには民情視察や特殊な目的が隠されているようである。交野の鷹狩りもそうであろう。なぜなら、交野へ行ったのが単なる遊びなら、どうも解せないことが多い。

延暦二年（七八三）に初めて交野に行幸したさい、地元の百済寺に近江・播磨二国の正税《しょうぜい》を五千束ずつ寄進、また百済王利善《りぜん》を正五位上から従四位下にしたのをはじめ百済王氏の六人の位階を引き上げている。二回目の天神の祭りをした年に当たる延暦六年にも、交野行幸のさいに百済王氏五人、さらに延暦十年の行幸も三人とそれぞれ位を昇進させている。遊猟に出かけるたびに、その地にゆかりのある人物の位階を引き上げていることと、さらに百済楽を奏している場合もあることを考えると、やはり特殊な事情があったと考えるのが自然である。その特殊な事情とは何か。それは、交野で山川の神をまつることではなかっただろうか。

このことと関連することについて少しみておきたい。やや時代はさかのぼるが、大和の宇陀、安騎《あき》野《の》に軽皇子《かるのみこ》が冬猟したときに柿本人麻呂がよんだ長歌（『万葉集』巻一―四五）について、山本健吉氏は、遊猟《あそびかり》を歌うものとする解釈をし、「鎮魂呪術を意味するあそびの古義が含まれてゐたと思はれる」と述べていることに注目される（『柿本人麻呂』河出文庫、一九九〇）。この「鎮魂呪術」の具体的な内容は不明であるが、少なくとも宗教的な儀礼であることは確かであろう。桓武天皇の交野の遊猟もそのような視野にいれるならば、山川の祭祀の意味をくみとりうる可能性は十分にある。

交野は桓武天皇にとって天武・持統両天皇の山川祭祀の場であった「吉野」と同じ場所、すなわち神仙境、あるいは神仙境に最も近いところと考えられたらしいことは、以上の推察によって見当がつく。事実、すでに述べたように『曾丹集』には仙女伝説をあげている。このような仙郷憧憬は桓武天皇の個人的な発想では、おそらくないであろう。繰り返し述べてきたように、かれを育んだ百済系渡来人たちの信仰を踏まえたものと考えた方が理解しやすい。彼らの住地にしばしばやってきた桓武天皇が、「祭天」つまり山川のまつりをしたとしても少しも不思議はない。天子は山川の神をまつることで「延暦」し、神仙境に行けると信じられていた。「延暦」を願いそれを年号とした桓武天皇の気持ちがわかる気がする。記録に残る延暦四年と延暦六年の「天神の祭り」もその一つであろう。先に紹介した延暦六年の祭文によると、天皇は「『昊天上帝』に告ぐ」と、儒教の最高神の名前をあげている。ところがよく似た祭文が『晋書』桓玄《かんげん》伝に残っているが、それには「『天皇后帝』に告ぐ」と道教的な神の名が出てくる。これは、東晋の帝位を奪い、元興二年（四〇三）十二月からわずか五カ月間天下をとった軍閥・桓玄（三六九〜四〇四）が行った天壇の祭りである。

桓玄〔字《あざな》は敬道、一名は霊宝〕乃《すなは》ち城南七里に於て郊を立て……榜《ふだ》もて文を為《つく》り天皇后帝に告げて云ふ、「属《たま》たま理運の会に当り、猥《みだ》りに楽推の数を集《な》す。寡昧の身を以て下武の重きを踵《つ》ぎ、革泰の始めに膺《あた》り、王公の上に託す。……欽《つつし》み大礼を恭しくし、敬《つつし》み良辰を簡《えら》び、壇に升《のぼ》りて禅《ゆずり》を受け、上帝に告類して以て永く衆望を綏《やす》んじ、式《も》つて万邦を孚《まこと》にせん。惟《こ》れ明霊是《こ》れ饗《う》けよ」。乃ち書を下して曰く、「朕《わ》が皇考《ちちぎみ》の宣武王〔桓温〕は、聖徳高邈、誕《おお》いに皇基を啓《ひら》く……（以て上帝に配せん）」

桓玄の祭文を読む限り、天の神をまつる儀式においては、儒教も道教もそうはっきりした区別はなかったようだ。基になるのは周代の儀礼書とされる『周礼』、『礼記』であり、もともとは中国の古俗であった。桓武天皇は道教的思想を背景にしてこの儀礼を行おうとしたが律令体制は儒教的思想を根幹としており、また自らがすでに道教の最高神である「天皇大帝」に由来をもつ「日本の天皇」であったため、「天皇后帝」のような道教神でなく、儒教の「昊天上帝」の名をあげたのではなかろうか。

さてそこで問題となるのは、延暦四年と六年は「天神の祭り」をしたとあるのに、他の行幸にはその記載がないのはなぜなのかという点である。「祭天の儀式」は、本来「親祭」、すなわち天子自らが行うことを原則としていたという点に、謎を解く鍵がある気がする。中国でも代拝の例はあるが、それは皇帝が病気などの特殊事情で出向けない場合に限られていたのである。延暦四年については、はっきりしないが、延暦六年は、藤原継縄《つぐただ》を派遣してまつっている。曾孫の文徳天皇の斉衡三年（八五六）の場合は、安倍安仁の代拝である。つまり、天子以外のものが行ったという「異常さ」ゆえに、記録として残ったと考えてはどうか。これは決して強引な解釈ではない。『続日本紀』には、非常に重大なことでも、前例に従うことなら記録をしない。いい例を紹介しよう。

昭和六十年（一九八五）に、奈良市の平城宮第二次大極殿の南側広場を発掘調査したところ、大嘗宮跡が発見された。大嘗宮は即位の儀式という極めて重要な行事に使われる仮設の宮殿で、五日間で造営され式が終わるとすぐ取り壊されたらしい。この遺構を調べたところ、よく似た建物跡が三回にわたって建てられていることから、調査した奈良文化財研究所では三天皇の大嘗宮跡と判断、元正・聖武・称徳の三天皇の時のものと断定した。『続日本紀』によると、奈良に都があった時代に即位した七天皇のうち、四人までは、まつりをした場所が書かれており、いずれも大極殿前広場以外のところで行った。その中で元正・聖武・称徳の三天皇だけは、場所の記載がなく、『続日本紀』が書かれた延暦十六年（七九七）には大極殿前広場は「制度化された常の場所」であったことから、書く必要がないと判断したのではないかとみる。

同じことが、桓武天皇の祭天の儀式にもいえるのではないか。延暦四年の「天神の祭り」はだれが主宰したか書いてないが、これは親祭であるため、書く必要を認めず、次の六年が代拝であったことで、くわしく記録として残したのであった。

さて、交野が山川のまつりの地に擬せられるとなると、対象となる名山は交野山をおいてない。その場合組み合わせとなる川は、同山に源流を持ち「源氏の滝」という名川を経て天野川に合流する免除川かもしれない。この川は、ある時期につけかえられたといわれ、その時に、今の免除川の名前が与えられたと、地元交野市文化財保護委員の奥野平次さんに教わった。もともとは、機物神社のすぐ北を流れていたことが、絵図や地形調査で明らかになっているそうだ。

交野が山川の神をまつった場所であるならば、なぜ奈良の都を捨てたのか、なぜ長岡の里へ移ったのかに解答はおのずから出てくる。基準は交野なのである。交野山頂から真北に線を引くと、長岡京の中軸線とほぼ重なる。桓武天皇はこの聖なる山を意識して長岡京の造営にかかったのである。都はその神仙境の北になければならない。平安京中軸線を南に延長すると、甘南備《かんなび》山（二〇一メートル）という神のいる山があることを付け加えておこう。藤原京でもこの中軸線の南の延長線上に天武・持統陵、中尾山古墳、高松塚、文武天皇陵、キトラ古墳などがあり「聖なるライン」とよばれることはすでに述べた。道教思想では、南はよみがえりの地とみなされているのである。

桓武天皇の父光仁天皇は天智天皇の孫であった。皇位継承の有力者が病気や政争で相次いで倒れ、六十二歳という当時としては異例の高齢で思いがけなくも即位できた天皇であった。それまでの天皇位は、壬申の乱で勝利した天武天皇系の皇族が継ぐならわしだった。天武系から天智系に皇統が移ったことをもって、桓武天皇は天命が革《あらた》まったと考えたようだ。さらに、傍系皇族であった天智系皇族の中でも、渡来人の子孫の母を持つ桓武天皇が帝位にのぼったことに、特別な意味を感じたと思われるふしがある。これらのことについては、すでに先学による論考が出ている。

即位した天応元年（七八一）は、天帝が新たに有徳者を選んで天子につけると考えられた辛酉革命《しんゆうかくめい》の年であり、父光仁天皇との合意の上でこの年を選んで譲位が行われた。父光仁天皇を新王朝の基礎をつくった初代天子にあてたのである。このことは、先にのべた天神の祭りのさい、昊天上帝と並べられたのが、唐では「高祖」（大唐開元礼施行以前）であったのが、長岡京時代には「高紹天皇」（光仁天皇）としたことでもわかる。唐の高祖は二代目天子の太宗と共に旗揚げして、隋を滅ぼした。国内を完全に統治したのは太宗であり、桓武天皇は自らを唐の太宗にあてはめたのである。

讖緯説《しんい》（天意を予言する中国古代に栄えた学問）によると、桓武天皇即位後の延暦三年（七八四）の十一月は、甲子《かっし》朔旦冬至《さくたんとうじ》という四千六百十七年に一回しか巡ってこない天意の示される年月であった。その時を選んで、桓武天皇が遷都を考えたのは不思議はない。奈良の都は、旧王朝の都であったのである。そして、新都の選定に当たって、その讖緯説を受けついだ道教思想を学んだ場所の一つと思われる交野が基準になるのは少しも不思議はない。もう一度強調しておこう。桓武天皇にとって天武・持統両天皇の「吉野」に代わるものが「交野」であったのである。

山東半島の神を勧請した円仁

京都・赤山禅院

泰山府君

「もみじ寺」の別名をもつ赤山禅院《せきざんぜんいん》を、比叡山が間近に見える京都・洛北の修学院の地に訪ねた。平安京の東北、つまり表鬼門の方角にあることから、鬼門を守る「方除《ほうよ》けの寺」としても知られる。

京都市バスを「修学院離宮道」で下車して、北東に約一キロ、宮内庁が管理する名園・修学院離宮北側の山中にある。「赤山明神」の額がかかった大鳥居をくぐると、すぐ黒塗りの門があり、だらだらと登る参道は、深い木立の中に続いていた。石段をあがると正面に横長の入り母屋造りの平屋があ

赤山禅院の所在地は京都市左京区修学院開根坊町。京都市バス修学院離宮道、または京福電鉄叡山線修学院駅下車。

第24図　赤山明神を祀る赤山禅院本殿。

った。その裏手には、玉垣のような柵をめぐらし、床の高い切り妻、平入りで流れ造りといわれる建物があったが、神社でよくみかける拝殿と本殿そっくりである。実は、ここでも、これらの建物は拝殿と本殿（第24図）と呼ぶことを教わった。本殿の縁側からは狛犬がじっと見下ろしていた。

境内には地蔵堂、弁天堂、不動堂など仏教系の建物もあるが、雰囲気は神社のたたずまいそのものだ。神社と寺が一体となったこうした建物配置は他にも例がある。しかし珍しいことには、ここの「ご本尊」の「赤山明神」はまぎれもなく、道教の神である。「泰山府君《たいざんふくん》」とも呼ばれ、平安時代の昔から厄除け、福禄延寿の神様として多くの人たちから慕われてきたのである。

赤山明神は『後漢書』烏桓《うかん》伝によると「死者の神霊を司る」北方系の神で、中国・山東省の霊山・泰山の神に似ているという。泰山には道教の神で「死者の魂神を司る」泰山府君（東岳大帝）がいる。それで両者は同一視されるようになったらしい。

泰山府君は、六世紀に江南で成立した道教教典『真誥《しんこう》』などによると、鬼門を鎮める冥界の神・四明君らと共に泰山に集まる死霊をおさめ、同時に生者の福禄寿を司るという。府君というのは、漢代に、郡や国の行政長官を呼ぶ言葉を道教に転用したものである。

赤山明神をまつるこの赤山禅院は、天台宗本山・延暦寺の別院である。どうしてそこに道教の神がいるのか。不思議に思うことだろう。幸いなことに、その縁起ははっきりしている。唐に留学したことのある延暦寺三世座主《ざす》の円仁（七九四〜八六四）が、信仰していたのである。

円仁の遺命

この円仁の唐への留学の足跡は、『入唐求法巡礼行記《にっとうぐほうじゅんれいこうき》』に詳しく記録されている。それによると円仁は、承和五年（八三八）に入唐、浙江省の天台山で修学しようとしたが許可されず、揚州の開元寺《かいげんじ》で学んだ。翌年帰国するため海州で乗船した遣唐船は山東半島の登州に漂着、円仁らが上陸しているうちに、出て行った。学業半ばで帰国させられたことでわざと乗り遅れたらしい。その登州の赤山法華院《せきざんほっけいん》でしばらく暮らした後、山西省の五台山や長安で学んで承和十四年に帰国した。山東半島に漂着して以来、円仁は唐土に住む新羅人たちに世話になっており、天台山へ登る希望を五台山に変えたのも、新羅僧の勧めだった。承和十四年の帰国のさいは、山東半島の登州に戻り、赤山浦海岸から新羅商船に乗って無事帰ったという。百編を超える仏法関係の著作を著し、死後「慈覚大師《じかくだいし》」の諡号までもらったすぐれた仏僧だった。しかし、道教の神、泰山府君への信仰を失わなかったのだろう。自らが堂塔をつくった比叡山横川《よかわ》の中堂の一角に、まつり続け、弟子たちに、赤山禅院を建てて欲しいとの願いを残して亡くなった。

天慶二年（九三九）に源英明《みなもとのふさあきら》が完成した『慈覚大師（円仁）伝』によると、遣唐帰朝船での帰りに登州に漂着、赤山法華院で暮らした後、「（修行半ばの求法の）本願を遂げん」と「当所の山神（赤山神）」に祈り、誓願が成就すれば帰国後に禅院を建てることを約束したとある。円仁が赤山神を、道教の神と考えていたかどうかわからないが、土着神であることは、十分知っていたと思われる。

というのは『慈覚大師伝』に、帰国後に禅院を建てて赤山神をまつろうとしたとあるのは、『入唐求法巡礼行記』に次のような経験が記され、それが直接的な動機であったように思われるからである。

先に記したように、帰国船に乗って赤山に向かう途中のことであるが、ある日、暴風雨にあい、船に落雷する。そのため帆柱、船尾の甲板が破損したのでその破片を船首に集め、幣帛をもって祭り、本国に帰るならば、神社を建てて永く祭祀することにした。そして亀甲を焼いて占うと、先日、久しく病んで死んだト部諸公《うらべのもろぎみ》をこの地の神の前に葬ったために、神の怒りにふれ、このような落雷という災いを招いたのだということであった。お祓いをすれば安らかになるというので、桑島というところでそれをし、また船の上に、この神を祭ることにした。ようやく赤山の西方に近づいたが、逆風が吹き帆をおろそうとすると黒い鳥が飛来し、船の周囲を三度飛びまわったので、皆は不思議に思い、「これは神霊が港に入るのを許していないのではないか」といいはじめた。そこで船をもとにもどして、陸から離れたところにとめると、雷が鳴りだしたので、船中のものは驚き、船上で雷神、住吉の神、八幡神、海竜王およびこの地の登州の山や島の神々に祈りを捧げ、ようやく赤山の泊まりに入ることができた。

右にみたように、円仁の赤山への航海中に出合った落雷あるいは雷鳴などが、おそらく赤山神とよばれた土着の神の怒りのことであろうと察することができる。

赤山明神と同一視された泰山府君、つまり東岳大帝は、唐の玄宗（在位七一二～七五六）によって天斉王に封じられたこともあって、円仁の訪れた時期は唐土全域に、信仰が高まりだしていたところであったことも付け加えておこう。

円仁が帰国後、赤山神を祭ろうとしたことと関係があるかどうかはわからないが、留学の道筋で道教に関する風景をみていることは確かである。例えば、『入唐求法巡礼行記』によると、赤山に滞在していた時に、東北の海のはるかかなたに、青山という山を望んでいる。この山から秦の始皇帝は東に向かって蓬莱山などの三神山をみていたという故事を円仁は書きとめている。

また、先にみたように、円仁のいた頃の唐は、道教と仏教の対立が激化し、排仏の動きはますます激しさを加えていた。時の皇帝武宗（在位八四〇～八四六）は内裏に九天道場《きゅうてんどうじょう》という道教の寺院をつくり、元始天尊をまつった。また皇帝は長安の金仙観という女性の道士の寺院である興唐観という道観に行幸し、特別な保護を加えている。仏教徒であった円仁は、おそらく複雑な思いで、道教が勢いをましていく都市の光景をみていたにちがいない。

円仁が道教の教えに関心を示したかどうかはさておき、赤山神には特別の思いがあったことは、既に述べたように確かである。『後漢書』烏桓伝が記すように、赤山神はもともと北方系、つまり鮮卑《せんび》族の神であった。ところが鮮卑族が南下した中国・南北朝時代に、山東省の泰山の神となったのである。それを、唐代に入って、山東半島を中心に商人として活躍した新羅人が信仰を深めた。山東の土着神であると共に、新羅神でもあったのだ。

仏法の守護神

ここでは赤山明神だけに焦点を当てているが、実は同系統の神が、他にも日本に伝わっている。よく知られていることだが、天台宗開祖の最澄（七六七～八二二）も、そして天台宗五世座主の円珍（八一四～八九一）も、新羅系蕃神に対して信仰をもっていた。最澄は、その入唐にさいし、豊前国鹿春《かわら》（香春）社で、行路の平安を祈っている。先にみたように『豊前国風土記』（逸文）によると、鹿春の神は新羅より渡来したとある。また円珍は、唐からの帰路船中に一人の老人が現れ「自分は新羅国明神であり、お前の教法を守る」といわれたという。その後、都に帰ってからもその老人が出現、その教えで園城寺《おんじようじ》を建て、境内に新羅明神《しんらみようじん》としてまつっている。

最澄・円仁・円珍の三人が信仰した新羅の神が同じものかどうか確証はない。しかし、いずれも、日唐間の航海に関係して出現したことは注目される。当時、中国・山東半島に拠点を置く新羅の商人や商船が活躍したことは、円仁の『入唐求法巡礼行記』にもくわしく、やはり、同一系統の神と考えた方がよさそうだ。

それぞれの三者に対する「御利益」についていうなら、最澄は「渡航加護」、円仁は「航海中の救難」「求法《ぐほう》達成」、円珍は「仏法加護」である。時代の変化と共に、これらの新羅系の神は、生命を司るものから、仏法の守護神へと変わっている。日本古来の神が仏法の守護神になるケースはほとんどないが、こうした「蕃神」が、仏の守護神になるのは、中国に伝来したインドの土着神が同様な評価をうけたことを見習ったのかもしれない。

鹿春の神は、地方の神だったことでもあり都人から忘れられるが、赤山明神や新羅明神は、商売繁盛・病気平癒・家内安全・福禄延寿などさまざまな御利益をもたらすものとして、貴族から庶民にいたるまで多くの信仰を集め、その後の歴史にしばしば登場する。そして、だれもがその神の出自を気にもとめなくなったのである。そして八百万の神々の一つとして受けとめられていく。こうした日本人の信仰心のありようを、皮相的に眺めてしまうと、道教は渡来しなかったという短絡的な結論に結びつくような気がする。

小野氏ゆかりの地

円仁が亡くなって二十余年たった仁和四年（八八八）、現在地に赤山禅院が建てられた。ではなぜ、赤山明神をまつるのに、円仁ゆかりの横川でなく、わざわざ山を下りたこの地を選んだのだろうか。実は、それにはわけがあったようだ。仏法の聖地である比叡山の山中よりも、赤山明神が受け入れられやすい場所が選ばれたのではないだろうか。高野川流域であるこの地一帯は、初代遣隋使として有名な小野妹子を先祖とする小野一族ゆかりの地である。

赤山禅院の北一キロメートルの高野川右岸に、妹子を祭神とする小野神社がある。桓武天皇の弟の早良《さわら》親王をまつる崇道《すどう》神社の末社になっているが、昔の鎮座地はよくわからない。貞観元年（八五九）には従五位下になった式内社であることから、昭和四十六年（一九七一）になって、地元の人たちが社殿を再建した。旧社地は現在地からそう遠くないことだけは確かであろう。それは江戸時代の慶長十八年（一六一三）に「小野毛人朝臣之墓《おののえみしあそんのはか》」と書いた墓誌がこの付近で出土しているからだ。毛人は小野妹子の子供で、天武天皇につかえた高級官僚であった。その天武天皇は、道教教典に登場する「真人」の諡《おくりな》「天渟中原瀛真人《あめのぬなはらおきのまひと》」をもつ。真人とは、天帝につかえる最高級官僚のことである。

小野毛人は、早良親王より一世紀も前の人物で、崇道神社より前に小野神社があったことはうなずけよう。この崇道神社から西へ五〇〇メートルほど行ったところに、三宅八幡《みやけはちまん》神社がある。社伝によると、小野妹子が遣隋使として筑紫まで来たところ、病に悩み宇佐八幡に祈願したら治ったので、帰国して勧請したという。このように付近一帯は中国通の小野氏ゆかりの地であり、崇道神社にまつる崇道天皇の諡も、そして宇佐八幡も前に述べたように道教に由来するのであり、このような環境が赤山神をまつることにふさわしかったと思われる。以下この問題について少し詳しく触れてみたい。

中国で蘇因高《そいんこう》と呼ばれた妹子は、推古十五年（六〇七）とその翌年の二度に及んで遣隋大使となっている。当時としては群を抜いた大陸通で、中国の人々が信心した道教の神々のことはよく知っていたはずだ。いやむしろ彼の教養の中に、道教思想が大きく組み込まれていたのではないか。妹子が活躍した時代のことを書いた『日本書紀』推古紀には、道教教典を踏まえたと思われる記載がいくつかある。例えば、推古二十一年十二月の条に、聖徳太子が片岡に遊行した時のことを記した有名な話がある。「八角墳」「丹後半島・筒川」の項でも簡単にふれたが、その話は次のようなものだ。

太子は、片岡で飢えた人に会い、食べものを与え、着ていたものを脱いで渡す。翌日、その者の様子を見に行かせると死んでいたので、手厚く葬らせる。数日して、太子は「あの人は、凡人ではなく、

『真人』であろう」と行って見に行かせた。墓は何ら壊されていなかったが、遺体はなく、衣服はたたんで棺の上に置かれていた。太子は、持って帰ったその衣服をそのまま着た。

「聖の聖《ひじり》を知ること、其れ実《まこと》なるものかな」と、人々は驚嘆したというのがその結びで、「聖徳太子の偉大さ」を紹介した物語である。

この物語に記された、衣服のみを棺上に残して遺体が消え去るのは尸解仙《しかいせん》という仙術の一つだ。その仙術をもった真人を、凡人と違うと識別できるのが、これまた神仙術の理解者であるというのは、道教の教義にもとづくものである。このほか推古二十年には、南庭に須弥山《すみせん》をつくったという記述もある。この須弥山が道教的なものと解釈できる可能性については「多武峰」の項で述べた。

こうした記述はおそらくは妹子らの遣隋使らが持ち帰った知識か、あるいは彼らがよく理解できた思想をもとにしたと考えられる。当然ながら、その知識は、この高野川流域に骨を埋めた毛人ら一族に受け継がれたはずである。

崇道神社

早良親王（?~七八五）と崇道神社については先に書いたが、概要について再び述べておきたい。崇道神社にまつられた早良親王は、父・光仁天皇と母・高野新笠《たかののにいがさ》の間に生まれた。実兄の桓武天皇が即位すると共に皇太子となったが、悲劇の皇子として、生涯を閉じた。延暦四年（七八五）、長岡京の造宮長官だった桓武天皇の寵臣、藤原種継《たねつぐ》が暗殺されたが、犯人をそそのかしたのは早良親王だとして、捕らわれ幽閉された。無実を訴えたが聞き入れられず、淡路島に流される途中、断食の末亡くなった。桓武天皇はわが子・安殿《あて》親王を皇太子にしたいがために、この暗殺事件を利用したというのが、学界の定説となっている。

早良親王が亡くなって三年とたたずに、桓武の夫人・旅子《たびこ》が死ぬ。続いて母の高野皇太后がなくなり、翌年皇后・乙牟漏《おとむろ》も世を去る。疫病が広がり、安殿親王が長患いをする。悪いことが重なり過ぎる。占ってみたところ「早良親王の祟り」と出た。その死があまりにも劇的であったことから、気にかけていたがその恐れが現実のものとなった。桓武天皇はこれ以後、終生、早良親王の霊にわびつづけて暮らすようになる。その一つとして延暦十九年（八〇〇）に早良親王に「崇道天皇」の名をおくる。

これは「道教を尊ぶ」という意味で、道教の鎮魂の方法に基づく命名。中国歴代皇帝の「崇道」の具体的内容については唐の道士・杜光庭《とこうてい》の書いた『歴代崇道記』に詳しい記載がある。

その崇道天皇をまつる神社が、どうして小野氏ゆかりの地にあるのか。そのわけを記載したものはない。一説によると小野神社の後身といわれる。また、かつては「高野社」「高野御霊《ごりょう》」といわれた。もともと、崇道天皇をまつるために新しく建てた神社というよりは、合祀されているうちに、御霊信仰の高まりなどとともに、祭神の崇道天皇がクローズアップされたとみた方がよさそうである。合祀されたのは、おそらく、道教に通じた小野一族がこの地に住んでいたからで、そこで早良親王の怒りを鎮めてもらおうとしたのでないだろうか。その崇道神社にも、赤山明神をまつる小さな祠があることを付け加えておこう。

以上からも分かるが、この高野（現在は上高野）の地は、赤山禅院が建てられても、少しもおかしくない地だった。いま一つ付け加えるならば、道教の水の神の河伯《かはく》の末裔といわれる百済氏を祖とした桓武・早良の母、高野新笠は、この高野になんらかのゆかりがあったのでなかろうか。定説では、母が大枝真妹《おおえのまいも》であるが、大枝朝臣は土師《はじ》の一支族毛受腹《もずばら》の家系につながるので、亀岡市との境界近くの京都市西京区の大枝で生まれたとされるが、「高野」の二字が、どうも気にかかる。というのは、高野川の北岸に平安前期の小野瓦窯跡があり、これがあるいは土師氏と関わりがあったのかもしれないと思われるからである。その姓・高野朝臣は、宝亀年中(七七〇〜七八〇)につけたといわれている。

その後、赤山明神の泰山府君の信仰は広がり、建保五年(一二一七)の七月二十五日に、後鳥羽上皇の病気平癒を祈願するため、前陰陽博士《さきのおんみょうはかせ》道昌《どうしょう》が、この赤山明神で泰山府君祭を行ったところ、翌日、病気はなおったということが『吾妻鏡』に書かれている。また『朝野群載』巻十五の陰陽の部には、永承五年(一〇五〇)の後冷泉天皇と、永久二年(一一一四)の藤原為隆の「泰山府君都状」という玄都(最高の仙人たちの住む都)にいる泰山府君に告げる一種の願文が収められている。

平安京造営

赤山禅院のある高野周辺には、道教に通じた人々が住んでいたことは十分理解していただけたと思う。しかし、平安時代にあっては、何も高野川流域の住民だけがそうだったのではない。平安京の都造りの初期の段階で、道教思想を都市設計の基本にしているのである。桓武天皇が造った都であることを考えれば無理もないが、その例を一つ二つあげてみよう。

まず、新都の選定から、それが「四神相応の地」を求めたことは疑いないだろう。

和銅元年（七〇八）に元明天皇が発した「遷都平城詔」（『続日本紀』）には

朕、祇《つつし》みて上玄に奉りて、宇内に君とし臨み、菲薄の徳を以て、紫宮《しきゅう》の尊きに処《お》れり。……（中略）……平城の地は、四禽図《しきんと》に叶ひ、三山鎮を作《な》し、亀筮並《きふ》に従ひぬ

とある。「上玄」は天、「紫宮」は天帝の居所をいい、いずれも用語は道教的である。四禽とは四神のことで、青竜（東）・白虎（西）・朱雀（南）・玄武（北）を指すことはいうまでもない。新都造営にあたっての土地の卜占は陰陽寮の陰陽師に課せられていたことは、『令義解《りようのぎげ》』に、その職掌として「掌《つかさど》らむこと、占筮して地相《み》むこと」とあることから明らかである。この陰陽師の職掌をもって、道教そのものであるとはいえないとしても、それが道教の方術と共通のものであることは確かである。

おそらく、このような土地占いの方は、推古紀十年（六〇二）十月の条に百済の僧・観勒《かんろく》によって暦の本・天文地理の書・遁甲方術の書がもたらされたとあるように、飛鳥時代には知られていたのであろう。四神については、道教教典『淮南子《えなんじ》』天文訓の五星（木星・火星・土星・金星・水星）についての記述の中にある。また、『抱朴子《ほうぼくし》』の雑応篇には、老君（老子）が神亀を腰掛けにし、童子百二十人を従え、左には青竜が十二、右に白虎三十六、前に二十四の朱雀、後に七十二の玄武が控えているとある。

いずれにしても、『淮南子』や『抱朴子』においては、四神思想は道教の体系の中に組みいれられ

ていたとみることができる。

平安京の建設にあたっても四神相応の地を占ったことはいうまでもない。大納言藤原小黒麻呂《おぐろまろ》、左大弁紀古佐美《きのこさみ》らを遣わして、山背国葛野《かどの》郡宇太《うた》村の土地を調べに行かせた時、東大寺沙門・賢璟《けんきょう》が従ったことが、鎌倉末期の仏教史書『元亨釈書《げんこうしゃくしょ》』にしるされている。村井康彦氏によると、賢璟は皇太子時代の桓武天皇に、室生《むろう》の山中で延寿法をほどこしていて、それが機縁となって、賢璟は密教寺院・室生寺を開創するという。この賢璟が延寿法をなしえている点に、道教思想の影響が感じられる。桓武天皇時代の年号「延暦」とは「延寿」と同じことで、道教教典に起源をもつことは前にも述べた。

具体的には四神相応の地とは、平安時代の陰陽家・安倍晴明撰の『簠簋《ほき》内伝』巻四に「東に流水あるを青竜といひ、南に沢畔あるを朱雀といひ、西に大道あるを白虎といひ、北に高山あるを玄武といふ」がそろう地とある。

また、この平安京域の選定に当たって、朱雀大路の南の延長線上の京田辺市に、甘南備《かんなび》山があり、その付近は神仙説話の『竹取物語』によると、天女かぐや姫の住む仙郷であると考えられたことがわかる。『竹取物語』には、「御門《みかど》仰せ給ふ、『みやつこまろが家は、山もと近くなり、御かりみゆきし給はんやうにて、見てんや』とのたまはす。宮つこまろが申すやう、『いとよき事也。なにか心もなくて侍らんに、ふとみゆきして御覧ぜむに、御覧ぜられなむ』と奏すれば、御門にはかに日を定めて、御狩に出で給ふて、かぐや姫の家に入り給ひて見給ふに、光みちて清らにてゐたる人あり」とあって、かぐや姫の家が山もとの近くにあったという。後掲の『古事記』の記事から、山もとは山本で、今日の京田辺市三山木付近であると考えられ、甘南備山の南東に位置する。なお、山本は和銅四年に山本駅が設置された場所でもある。

『古事記』垂仁段に「(天皇)又大筒木垂根王《おおつつきたりねの》の女、迦具夜比売命《かぐやひめのみこと》を娶《みあい》して、生みませる御子、袁邪弁王《おざべのおう》」といい、「大筒木」に示されるように、「筒木」は「綴喜《つづき》」のことである。京田辺市多々羅《たたら》には継体天皇筒城宮の伝承地もある。渡来系の加羅王族が住みついた場所でもあり、交野山―百済王氏―長岡京の関係で考えれば、この甘南備山についても、もっと意味をもたせてもよさそうだ。

大将軍八神社

上京区にある大将軍八《だいしょうぐんはち》神社も道教ゆかりのものである。長安城にならって、かつて平安京の西北を守護するためにまつられた大将軍信仰の名残である。大将軍は太白星(金星)の精で、方角の吉凶を司る神として崇拝された。太白星はその方位によって戦争の勝敗、国家の吉凶、革命、兵乱をもたらすものと『史記』天官書にあり、軍事を司るものつまり、大将軍と呼ばれたらしい。その大将軍を、西北にまつるということは、つまり、唐代においてはシルクロードにつながるその方角が最も外敵の侵入を受けやすかったからである。日本にもそのまま伝わったが、それは単なる方角の神となってしまったのである。大将軍神社は、難波京の西北にもあったらしい。現在大将軍社は天満宮の一角にあるが、旧社地はその北方の「明星池」とよばれたところであった。

この大将軍信仰は後世にも及んだらしく、室町時代の百科辞書『拾芥抄《しゅうがいしょう》』には「大将軍堂 上一条北、西大宮西。中 高辻北、万里小路《までのこうじ》東。下 七条北、東洞院西。上有三箇所」と記され、上・中・下の三つの大将軍堂があったことが知られる。ここにいう上の大将軍堂が上京区の大将軍八神社のことであろう。

また、正徳元年（一七一一）の『山城名勝志』には大将軍社は宮域の四方にあったとし、北─大徳寺の門前（紫野大将軍）、南─藤森神社境内、東─元南禅寺の前（岡崎村西南）、西─紙屋川の東の四社をあげている。これら四社が平安京の成立時から鎮座していたかどうかは疑わしい。

大将軍が方角の神として崇拝されたのは、わが国の陰陽道による変容であろう。大将軍は、十二支の年によってそのいる方角を変えるとされ、巳・午・未の年は東、申・酉・戌の年は南、亥・子・丑の年は西、寅・卯・辰の年は北にあって、その方角を支配する神となる。十二年で一まわりすることになるが、この大将軍がいる方角は塞がっているので、この方角を侵すと必ず災いをうけるといわれた。例えば棟上げ、井戸掘り、墓をつくることなどは避けるべきだとされた。

また、大将軍は、一日ごとにもその方角を変えるともされた。その場合も日ごとに変わる方角を侵すことも禁じられた。それでタブーとされる方位にある知人をたずねる時は、わざわざ前日に違う方位のところにある家に宿泊してから訪問するという方違《かたたが》えの風習があったことは、平安時代の文学でよく知られている。

神泉苑

二条城南に、史跡・神泉苑《しんせんえん》という庭園がある。今は小さくなってしまったが、平安京造営時には南北四〇〇メートル、東西二〇〇メートルという広大な庭園で、中島のある大池や高殿も建っていたらしい。京都を東西に横切る通りの一つ御池通りは、この庭園に由来する。桓武天皇は延暦十九年（八〇〇）に行幸したのをはじめ、なんと二十七回もここを訪れている。そして次の平城天皇が十三回、嵯峨天皇が四十回、淳和天皇十回と、平安初期の天皇たちが足を運んでいる。従来の学説によると、漢の武帝が上林苑に昆明池・甘泉宮をつくった故事にならい、その名も甘泉宮をならって神泉苑としたとされる。しかし、この説はすこぶる疑問である。

『淮南子』墬形訓《ちけい》には、崑崙より流れる四水をもって天帝の神泉とよぶとある。つまり、崑崙の東北より流れ出るのは河水、赤水は東南より出、その東に弱水、また洋水は西北より流れるという。おそらく、神泉のいわれは、ここにあるのではなかろうか。敦煌文書「ペリオ二四一七」によれば、八世紀中葉敦煌に「神泉観」という道観があったことも知られている。「百薬を和し、以て万物を潤す」（『淮南子』）の天帝の泉にあやかろうとしたのである。天長年間（八二四〜八三四）に、空海がここで降雨祈願をしたのをはじめ、その後も祈雨・止雨の霊場として特別視された。この地がもともと聖なる場所であったから祈雨・止雨の道場となり得たのだ。宴遊の場が、なぜか修験の場になったというようなものではない。

もし、神泉という名称が右にみたように『淮南子』にいう神泉からきているとすれば、既にみたように飛鳥の苑池にあった須弥山を崑崙山と解することも一つの可能性としてしりぞけることはできない。神泉苑がつくられたところは、もともと京都盆地北部の複合扇状地の末端にある湧水地を利用している。清い水の湧くところ、それは聖なるところであり、桓武天皇は長岡京における交野、飛鳥京における吉野のような神仙世界に近づける場所として造ったのである。

比叡山に、道教によると鬼門の鎮護者の住む山を指す四明岳の名がある。また、天皇の日常生活の場を天帝の宮殿になぞらえて紫宸殿《ししん》と名付け、正面に承（陽）明門、左右に日華門《にっかもん》・月華門《げっか》を置いたことは道教思想そのものの表現である。

『続日本後紀』の天長十年（八三三）には、十一月十五日に仁明天皇の即位に際する大嘗会が行われ、その翌日、豊楽院《ぶらくいん》で催された宴楽には悠紀《ゆき》と主基《すき》の標が立てられ、前者には二羽の鳳凰をとまらせ、日輪と半月輪の形、天老と麒麟の像がしつらえられ、後者には西王母が舜に世界の地図を捧げる像、西王母秘蔵の仙桃を盗む童子の像および鳳凰、麒麟などの像が配されたということが記されている。

平安京で暮らす人々が、道教思想をどれほど身近に感じていたか、これ以上説明するのは蛇足というものだろう。平安京には赤山明神のような道教の神が迎えられる下地は十分にあったのである。

赤山法華院

赤山禅院の本尊は、中国・山東半島の赤山の土地神であったことは、円仁の記載から明らかである。円仁が求法の旅に出る前に、たいへんお世話になった赤山法華院にもまつられていた可能性は極めて高い。寺でないにしても、その周辺でまつっていたのではなかろうか。その赤山法華院はどんなところにあり、現状はどうなっているのか。それが知りたくて一九八七年夏、赤山に向かった。

円仁の『入唐求法巡礼行記』は、元駐日米大使ライシャワー博士によって、世界三大紀行文のひとつと評価され、欧米の学界に紹介されたことで関心が高い。円仁は在唐の許可が得られずむなしく帰国する途中、赤山法華院にたまたま寄っていなければ、同書が生まれなかったかもしれない。帰国の

第25図　最後の遣唐船がこの沖合に着いた。かつての赤山浦、赤山院は矢印付近。

さいにもわざわざ立ち寄るなど、円仁にとって極めて重要な場所のその赤山法華院の跡についての情報はいままで全くなかった。

それは、戦前にはだれも赤山法華院に興味をもたなかったたし、戦後は山東半島の先端部には、外国人の立ち入りが許可されなかったからである。一九八七年七月現在でも、まだ未開放地であった。

日本に伝わった道教思想を調べるには、中国の道教遺跡を訪ねる必要がある。古来、道教の聖地といわれるところはたくさんあるが、山東半島は神仙思想の誕生地として秦・始皇帝や漢・武帝以来多くの人々が、訪ね歩いている。一九八五年の江南の茅山《ぼうざん》に続く二回目の道教遺跡の旅として、私たちは山東半島の聖地巡りを考え、コースに赤山法華院跡も入れて旅行会社を通じて申し入れたところ簡単に入域許可がでた。

今回の旅の仲間は私たち以外は、旅行会社が公募で集めた人たちであった。その中には、中国仏教史の専門家の牧田諦亮・元京大教授もいた。牧田氏はこれまでも、赤山法華院跡を訪ねようとしたことがあったが、うまくいかなかったという。

現地を訪ねて驚いたことには、地元の郷土史家によって赤山法華院跡はちゃんと突き止められていたのである（第25図）。その場所は、南斥山とも呼ばれる今の栄成市であった。黄海に向かって開いた石島湾南端のすぐ西側に、赤山という標高三〇〇〜四〇〇メートルの山塊がいくつもそそり立ち、寺院跡は、その中の「紅門石」と呼ぶ山頂に巨石を置いた山の中腹にある谷間のナシ畑の中にあった。

当時をしのばす建物は残っていないが、唐代のものといわれる土器片や、厚手の布目瓦が無数に散乱していた。

赤山法華院跡を見つけたのは、栄成県（当時は煙台市栄成県）人民政府外事弁公室の田正祥さん。発見のきっかけは、上部機関の煙台市（当時）が市域内の歴史編纂事業に着手したことからだ。日中友好の時代を迎え、遣唐使の研究も進んでおり円仁の足跡の探究も始まったらしい。

円仁時代の「赤山」は、村の名としても使われていたことが分かっている。石島の北一〇キロほどのところに、中国語で赤山と同じ発音の斥山があり、栄成県人民政府の置かれた大きな集落がある。市史編纂担当者は、最初赤山法華院はその斥山周辺にあったのではないかと想定して探したが見付からず、郷土史にくわしい田さんに調査依頼があった。

田さんは『入唐求法巡礼行記』の記載から、寺院跡は石島にある赤山山塊のどこかと考え、探し始めた。そんな折、車脚河上流にある西車脚河地区（戸数百二十四戸）住民の王昭釣さんが、一九四四年に住宅を建てたさい、建築の基礎石材がゴロゴロと見つかり、その一部が今ものこっていることを知った。訪ねてみると、回転できるように穴の開いた扉の支石や、僧たちの墓所の石材もあった。そこで瓦や土器片の散乱数のもっとも多いナシ畑に立って四方を眺めると、『入唐求法巡礼行記』の次の記載と一致することを知った。

南北に厳岑（峰）あり、水は院庭を通して西より東に流る。東方は海を望みて遠く開け、南・西・北方は連峰壁を作《な》す。但《ただ》坤（西南）隅は斜に下るのみなり。

このほかいくつもの記載が一致するという。

首を後ろに曲げて見上げる北の峰にある紅門石は、古来の中国の思想では、神仙世界に通じる門をイメージして名づけられたことは明らかだ。それに目の前に、一年中絶えることのない清流がながれていることなどから古来の地理思想（後の風水思想）を背景にして選ばれた最高の立地であることが分かったという。

田さんの話によると、赤山法華院の跡地には、元や明の時代に小さな道教寺院や仏教寺院が建てられたらしい。車脚河の河口には今も唐代の面影を残す港がある。

村の人たちに土地神にまつわる信仰は残っていないのか聞いてみたが、ないという。中華人民共和国成立後は、神も仏もまつらなくなったと模範的な解答が寄せられた。しかし、漁師たちは今も竜女信仰をもっているとのことで、腰を落ち着けて調べれば、きっと何か分かるのではないかと思った。

円仁の持ち帰った赤山神が、当時この石島でどのようにまつられていたのか、その研究はこれから

第26図　復興した赤山法華院。

の課題である。

赤山法華院跡その後

私たち千田稔と高橋徹は、赤山法華院跡を訪ねたのをきっかけに、その場所が本当に赤山院跡で間違いないのかどうか、さらに学術的な調査をして確かめたいと考えた。そして小さなものでもいいけれども、記念碑的なものが建立できれば日本、中国、朝鮮半島の人々との交流に何かの役に立つのでないかと思った。それはこの地が、ただ単に日本の赤山神のふるさとだったからというだけではない。円仁の求法の旅は、赤山院の僧侶や信者たちの助力があってこそはじめて可能だったわけで、民間レベルでの交流が深まった場所、つまり東アジア文明の十字路だったからである。

幸い共感する仲間もあって、その年の秋に千田を代表にして赤山法花院研究会を組織、中国側に発掘調査と記念碑の建立が可能かどうかを打診した。詳しい経過は省くが、翌年の八八年に曲がりなりにも日中合同の調査らしいものを実施して、赤山院跡と断定できた。それで「赤山法華院址」と刻んだ石碑の建立を発注したところ、中国側は途方もなく大きなものを造り上げた。引き続き中国側は、赤山法華院の復興事業を開始して、九九年には立派な寺院を完成させ、その後も断続的に増築工事を続け、今では数多くの建物が立ち並んでいる。

赤山法華院が新羅人の寺であったことから、韓国との国交回復を前にして、寺院を復興したらしい。そのねらいは当たったようで、韓国の仁川と中国の威海の間にフェリーボートが通いはじめ、今では多数の韓国人観光客が訪れている。

赤山院の復興で、地元の仏教徒がどのていど増えたのかよくわからないが、道教信者は間違いなく文革以前の状態に戻っているはずである。なぜならば、八八年夏に調査に訪れたさいに「赤山の紅門石の向こうには、金銀財宝がいっぱいつまっている」「赤山には財神が暮らしている」「赤山の神は幸せをもたらす」など、道教の神々にまつわる話を聞いた。宗教を排斥した文化大革命の間でも、人々は紅門石の前で、紙銭を焚いて祈禱する人が少なからずあったとの話だった。

改革開放政策以後の中国では、文革で決定的に破壊された道教寺院が、あちこちで復興、人々の道教の神への信仰も、それ以前に戻っている。赤山神への信仰も間違いなく、戻っているようだ。

対魔戦士・安倍晴明の舞台

京都・晴明神社

現代に蘇る古代のヒーロー

平安時代の陰陽師・安倍晴明《あべのせいめい》の人気が高い。小説やコミックに登場、テレビや映画で映像化されている。都の闇に蠢《うごめ》く悪霊たちと闘うヒーロー、という設定である。そのどれにも、かなりのフィクションが加えられ、アメリカ映画のゴーストバスターなみの人物に描かれている。晴明自身は朝廷に仕えたれっきとした実在の人物であったが、学識や呪術力が飛び抜けて優れた陰陽師であったことから、

晴明神社は、京都市バスで堀川今出川、または一条戻橋下車。

さまざまな物語の主人公に選ばれたのである。古くは『今昔物語集』や『宇津保物語』から始まり、中世の絵巻物や縁起類、近世の黄表紙などさまざまな読み物に取り上げられ、今日再び古代のヒーローとして蘇っているらしい。

　陰陽道の大家とされる晴明の知識の基盤が道教思想であったことは、疑いもないことである。陰陽道はもともと中国で発生し、それが日本に伝わった後に特殊な発展をしたことはよく知られている。しかし、なぜか日本では、陰陽道と道教との直接の関係は、それほど強く考えないというのが大勢である。だが、私たちは修験道がそうであったように、陰陽道もまた日本版道教であると考えている。たとえ日本に道教は伝来しなかったと主張する人も、日本の陰陽道の呪術や儀礼の中に、道教の強い影響を認めなければならないだろう。

　諸説あるが、晴明の生まれが今の大阪であるという説は有力である。活躍した舞台はもちろん平安京。その邸宅は京都市中京区の堀川小路と一条通りの交差点の堀川に架かる、戻橋西側付近にあったといわれている。

　生年月日は定かではないが、死亡時の年齢から逆算して、延喜二十一（九二一）年と考えられている。亡くなったのは寛弘二年（一〇〇五）で、活躍したのは十世紀の中頃から後半である。

　当時の平安京は、晴明と同時代の漢学者である慶滋《よししげの》保胤《やすたね》（?〜一〇〇二）が残した『池《ち》亭《てい》記《き》』によると「右京はさびれて人家は少なく、左京に人々は集中的に住むようになっていた」とある。一条通りは当初の平安京のプランからいえば、京域と京外を分ける大通りで、本来なら都の東北部の町外れだが、晴明の時代には西北部の町はずれになったようだ。

第27図　安倍清明神社。

発掘調査で確認できたわけではないので、正確な場所は不明だが、晴明の邸宅跡地と推定される場所の一画にあたるとされる上京区堀川通一条上ル西側に、晴明神社が鎮座している。祭神はもちろん安倍晴明。「晴明は日本版道教をもっとも体現した人物といえるのでないか」。そんな思いを抱いて、新緑の季節に晴明神社に向かった。

晴明神社

晴明神社にはこれまでも何度か訪れたことがある。京都で有数の、南北の大通りの堀川通りに面しており、その前を通ったことは数え切れない。しかし、どちらかというと京都の中ではあまり印象の残らない小さな神社である。例えば、全国の神社を紹介した『日本の神々　神社と聖地』（白水社）という全十三巻の本では、京都の神社四十数社が紹介されているが、そこには晴明神社はない。目立たない神社というのが、私のこれまでの印象だった。

それが今回久しぶりに訪れて驚いてしまった。ちょうど雨の日だったが若者たちが入れ替わり立ち替わり、境内をにぎわしていた。平安神宮や北野天満宮を除くと、神社では見かけることの少ない修学旅行生の姿もあった。映画やコミックが産みだした晴明ブームのせいらしい。

堀川通りに面した境内の入り口に「晴明神社御鎮座千年祭」という大きな説明板があがっていた。二〇〇三年九月二十六日が晴明没後一千年に当たるそうだ。それに向けた準備は着々と進んでいるらしく、社務所なども増改築され、休憩所とグッズ販売所を兼ねた新しい建物も出来ていた。そこの壁には、現在の晴明ブームのきっかけをつくった荒俣宏氏、夢枕獏氏らの作家や映画に出演した野村萬斎さん、伊藤英明さんたちの有名人が書いた絵馬が飾られていた。

晴明神社の本殿は東向き、つまり堀川に向いていた。それにどういう意味があるのかは知らない。銅板葺きの拝殿と本殿は、前に見たときと変わらなかったが、どこも傷んだ場所もなく、隅々までよく手入れされていた。拝殿前にある唐破風《からはふ》の庇《ひさし》の部分につけられた、五芒星《ごぼうせい》という社紋に気づかなければ、どこにでもある神社と思うことだろう。

グッズ販売所で買い求めた同神社編『安倍晴明公』（講談社、二〇〇二）の中で、山口喜堂宮司がこの社紋について次のような説明をしていた。

晴明神社の社紋は全国唯一の星の紋であって世に晴明桔梗紋《ききようもん》と云われる特殊な形で、提灯、瓦、諸神具にもすべてこの紋が打たれている。陰陽道の根本は星の信仰で、北極星が中心となり属星に北斗七星が配される。この星が中天に輝き動かないところから、宇宙総ての中心を占め万物を守護する神と考えられ、又陰陽五行（木、火、土、金、水）の思想からもこの五行を一線に結んで星形とし、この星の霊力でもってあらゆる悪魔を退け除災招福の簡潔な印となる

陰陽道も道教のうちであることは、本書第二部「道教とは何か」の「陰陽道も道教のうち」の部分を読んでいただけると分かるが、山口宮司の書かれたこの説明を読めば、疑いもなく晴明桔梗紋は道教思想に基づいてデザインされたものであることは明白であることに気づくだろう。北極星や北斗信仰と道教については、本書の別項でも詳しく論じている（「大阪・妙見山」の項参照）。晴明が道教に深くかかわっていると見るのは、何もこの社紋だけのことではない。他にいくつかの例をあげておこう。

道教に通じていた晴明

まず、晴明がもっとも得意としたのは泰山府君祭《たいざんふくん》である。天皇をはじめとする貴族たちが延命益算、富貴栄達、消災度厄を祈願して、陰陽師に依頼して行ったものである。十世紀の中ごろから盛んになったといわれるが、京都の赤山禅院が深くかかわっていると考えられている。赤山禅院のもともとの祭神は、道教の神・泰山府君（東岳大帝）であることは『源平盛衰記』などにはっきり記載されている。また、創建のいきさつから、中国・山東半島の赤山神を祀ったことは本書の「赤山禅院」のところでも詳しく紹介しておいた。

泰山府君祭の祭儀の目的である延命益算、富貴栄達、消災度厄は、だれがみても現世利益の追求で

あり、祈願する神は泰山府君の他に、天地水官、司命、司禄、土地霊祇など道教の神である。詳しい説明は省くが、祭儀の式次第も道教そのものだ。「この泰山の神を陰陽師が祭るのは晴明以前において確かな記録がない」と、前述の『安倍晴明公』の中で、陰陽道研究の大家の村山修一氏が書いており、祭儀の創始者が晴明であったらしい。もちろん、泰山府君祭と呼ばれる祭儀が整っていく過程には、仏教の密教修法や修験道、神道などのさまざまな要素が取り込まれた可能性は高いが、祈願の主祭神や目的、儀礼をみる限り最も影響の強いのは道教であると言っても過言ではなく「泰山府君祭は日本版道教の祭儀」であった。

晴明と道教を結びつける資料をいま一つあげよう。晴明は晩年になると、しばしば宮中に召し出されて「反閇《へんばい》」を行ったがこれもそうである。これはすでに四世紀の道教教典『抱朴子《ほうぼくし》』に「禹歩法《うほほう》」として登場する邪気を払う呪術である。日本でも反閇（返閉《へんばい》）を禹歩とも言った。

また、晴明は式神《しきじん》を使い安寧を脅かす者と闘ったことが、『今昔物語集』を始めとして数々の物語に描かれている。式神は命令のままに動く鬼神のことだと説明されてきた。「対魔戦士」として晴明が、今の若者たちに関心を持たれるのは、式神を巧みに使って闘ったという部分が大きな要素のようである。もっとも、一般人には見えないといわれる式神が本当に存在して、晴明がそれを使役できたのかどうか、それについてはここではふれない。『続日本紀』に、修験道の創始者の役小角《えんのおづぬ》が「鬼神を使った」といううわさのあったことを紹介しているが、この呪術もまた道教のものと強いつながりがあるようだ。

晴明が道教に通じていたことを示す物証はまだまだ他にもいくらでもある。天徳四年（九六〇）に皇居が火災に遭って、天皇護身の宝剣三十四振りが焼失したことがあった。その中にかつて百済の王家から贈られていた破敵の剣と守護の剣があった。再鋳しようとしたが、銘文や文様が損傷してはっきりしなかったらしい。勅命を受けた晴明が復元にとりかかり、破敵の剣には、三皇五帝・南斗六星・青龍・西王母、北極五星・北斗七星・白虎・老子破敵の符、守護の剣には、日形・南斗六星・朱雀・青龍・月形・北斗七星・玄武・白虎などが描かれていることを突き止めた。剣に北斗や日月を刻むことの意味については、中国江南では遅くとも四世紀に始まっていることが、『抱朴子』に記載されている。いうまでもなく同書は江南道教の教典である。晴明がほとんど見えなくなっていた剣の銘文や文様を復元できたのは、彼が同書の紹介する北斗七星の思想を十分知っていたとしか思えない。そういえば、晴明が使った鎮宅霊符や人形《ひとがた》をはじめとする呪符は、その大半は道教起源のものである。

晴明と道教については、このくらいにしておこう。晴明が道教思想に深く精通していたのはもちろんだが、何も晴明だけが特異な存在だったわけではなく、平安貴族たちの共通した宗教思想であった。それを指導的役割を持った晴明が、ますます日本的な特殊な体系に組み立てていったのに違いない。

この世とあの世を繋ぐ――戻橋

晴明神社を出て堀川通りを横切り、一〇〇メートル余り南に向かうと戻橋に出た。「きもちが悪いので、自宅に入れないで」と晴明が奥方にいわれて、式神をその下に住まわしたという伝説の場所である。

延喜十八年（九一八）に、葬送途中の文章《もんじよう》博士《はかせ》・三善清行が、ここで息を吹き返したという伝説があり、この世とあの世を繋ぐ場所とされてきた。この戻橋は、都の西北にそびえる愛宕山《あたごさん》（九二四メートル）に通じる道でもある。当時、愛宕山は天狗や怨霊、鬼たちの住む場所という考え方が広まっていたそうである。山中には白雲寺という寺があり、修験者や巫術者たちの修行の場だったといわれる。一般には、白雲寺は真言密教の行者の道場とされてきたが、文献もほとんどなく正確なことは分からない。ただ、白雲寺の名称は、現在も北京や上海に道教寺院の白雲観があるように、どうも道教に関係がありそうな気がする。

中国の秦や漢代では遊牧民である夷狄《いてき》たちが都の西北からやってきた。そこから、民間では西北は邪悪なものが訪れるという信仰が生まれ、唐の玄宗皇帝は、「金甲神人」を設置して、都を守らせたといわれる。金甲神人は毘沙門天の第二子とも書かれているが、中国独自の神つまり道教の神である。玄宗はいうまでもなくあの楊貴妃とのラブロマンスの主だが、まだ真面目に政治をしていたころには、遣唐使も訪れて日本文化にもさまざまな影響を与えた人物である。その玄宗は、道教の僧でもあった道士皇帝で、北西に道教の神をおいたのは不思議でも何でもない。晴明は当然そういう知識は持っていたはずで、戻橋付近に居を構えたのは、唐代の北西信仰と深い関係がありそうである。

【メモ】
中世の絵図を基に、一九七二年に新しく造られた晴明の墓所が、京都市右京区嵯峨野天竜寺角倉町にある。京福電車嵐山線嵐山、または京都バス、京都市バス角倉町下車。

黄金伝説をはらむ修験の山
奈良・大峯山

修験道

修験道の山として知られる奈良県吉野郡の大峯山《おおみねさん》最高峰、山上《さんじょう》ヶ岳《だけ》（一七一九メートル）頂上の大峯山寺本堂の解体修理が、昭和六十一年（一九八六）に終わった。工事に関係して行われた発掘調査で、平安時代の黄金仏二体が見つかって話題となったことは耳新しい。

修験は荒行によって知られる。大峯山も山伏たちが白衣で金剛杖をつき、法螺《ほら》貝《がい》を鳴らし、山系を縦走する奥駆けや山頂の岩壁に身を託す行場の修行がある。この行場を巡ったことがあるが、まさに自分の肉体を捨てるような感じがした。修験道とは山岳において天地大自然の「道の教え」を検証し、その真理を自らの肉体に習得させる宗教であると思った。

山上ヶ岳への表登山口は、奈良県吉野郡天川村洞川。近鉄吉野線下市口から奈良交通バス。健脚で約三時間半。

この山岳信仰の中心となるものは、京都聖護院《しょうごいん》が統括する本山派や醍醐《だいご》三宝院を法頭とする当山派などの真言密教の教理である。室町時代ごろから現在のようなシステムになっていたが、修験道の起源を探ったり、作法を見ると、「真言（道教の真理の言葉）」が端的に示唆しているように、道教との関係が浮かび上がってくる。

修験道とは日本版道教であるということは戦前から指摘されていた。例えば小柳司気太（一八七〇〜一九四〇）は「修験道は密教及び道教を日本化したものにして、其の創立者は役小角なり」と、大正十三年（一九二四）に書いた論文「道教と真言密教との関係を論じて修験道に及ぶ」（『東洋思想の研究』森北書店、一九四二）に述べている。そして、道教に関係あるものとして、次の三点をあげる。

第一、祈禱所に鏡をかくること。抑《そもそ》も鏡は抱朴子等に記されたる如く、悪魔の本体を看破する力あるものなり。

第二、九字を切ること。此九字は抱朴子内篇第十七登渉に、臨兵闘者。皆陳列前行の九字なり。先づ空中に手を以て、横に四本の線を引き、次に縦に九本の線を引いて、三十六回歯を叩き、此の九字を念ずれば、あらゆる災害を免れ、危難を脱することを得といふ。此の九字より更に十字を切るなどといふこと、行はれたるは、貞丈雑記の十六を見よ。

第三、霊符を信ずること。鎮宅霊符縁起集説に、十二種の符を挙ぐ、之を帯ぶれば、長寿無病福禄を得といふ。是また抱朴子等の唱ふる所なり。

小柳氏は、以上のような論拠をあげて、修験道と道教の関係を論じている。もっとも、小柳氏の場合は、道教と密教は密接な関係があるという主張に論点をおいており、修験道への論及は付け足しなので、上述のように極めて簡単なものである。しかし、「修験道は、日本版道教」というこの指摘は、大きな影響を及ぼした。中国道教史の最もまとまった本として知られている傅勤家著『中国道教史』（上海書店、一九八四年刊＝一九三七年版の復刻）には、道教の海外伝播の一例として、「日本の山伏」として一節を割いている。そのよりどころとしているのは、小柳論文である。では、役小角《えんのおづぬ》が開祖であることが、道教とどうかかわりがあるのか、まずその点から考えてみよう。

役小角

修験道の開祖とされる役小角は七世紀代の実在の人物である。『続日本紀』の文武天皇三年（六九九）五月二十四日の条に、次のような記事がある。

役の君小角を伊豆の嶋に流す。初め小角、葛木山《かつらぎやま》に住して呪術をもつて称せらる。外従五位下韓《から》国連広足《くにのむらじひろたり》、これを師とす。後、その能を害して讒《ざん》するに妖惑を以てす。故に遠処に配せらる。世相伝へていはく。小角よく、鬼神を役使して、水をくみ、薪を採らしむ。もし、命を用ゐざれば、すなはち呪をもつて之を縛す、と。

小角に師事した韓国連広足が、小角は妖言をもって衆を惑わすと告げ口をしたために、伊豆の島に流された。小角は大和の葛城山に住み、呪術を用いて鬼神を使い、水をくみ、薪を採らせたが、命に背けば呪をもって縛ったという世評があるという内容である。

平安時代初頭に成立した最古の仏教説話集『日本霊異記』（上巻）にも、役小角のことが紹介されている。それによると「五色の雲に挂《カカ》リテ、沖虚の外に飛び、仙宮の賓と携《タヅサハ》リ、億載の庭に遊び、蘂《ずい》蓋《がい》の苑に臥伏《ふ》し、養性の気を吸ヒ噉《くら》ふことをねがふ」とある。つまり、五色の雲にのって、天空を自在に飛び、仙人の宮殿に住む客人と共に、花でおおわれ、一億年たっても変わらず仙界の花園で遊び、かすみを食っているというのである。この内容といい、表現された「五色の雲」や「仙宮」「億載の庭」「蘂蓋の苑」など仙人の世界を示すことばは、すべて道教の用法である。その役小角が四十歳になって、真言密教の「孔雀王の呪術」を学んで、鬼神を使役し、金峯山と葛木（城）山に橋をかけさせたとある。

孔雀王の秘法というのは、菩薩形で孔雀に乗った孔雀明王を本尊として、その真言を呪えることでもろもろの害毒を除き、大きな安楽を得ることができるとされるものである。孔雀が蛇を食べることから、毒虫・毒蛇の毒などをのぞいてくれる菩薩として誕生、やがてもろもろの苦患を除くものとして信仰されだしたらしい。しかし、その誕生の経過もあって、毒虫や毒蛇に遭遇しやすい山林修行の多い、密教の護持仏として信仰を集めたのでないかと考えられる。右にみたように役小角が孔雀明王の呪を修したと伝わることから、修験道でもこの明王の信仰がとりいれられている。その経典は『大孔雀呪王経』とよばれ、雑密《ぞうみつ》（初期密教）の代表的なものである。

『続日本紀』と『日本霊異記』が共に伝えて「鬼神を使役した」とあるのは、道教的呪術そのものといえよう。『史記』封禅書《ほうぜん》や『後漢書』の方術（道教の呪術仙術）伝、四世紀の葛洪《かっこう》の著書とされる『神仙伝』など道教関係の文献は、鬼神の使役のことがしばしば出てくる。また同じ葛洪の道教教典『抱朴子《ほうぼくし》』（論仙篇）には「仙道の書物の中には、鬼神を呼び出し、悪鬼を調伏する法が書いてある」「術を使えば、鬼神に姿を現させることができる」などとある。やはり役小角と道教の関わりは深い。

上田正昭・京大名誉教授は、養老令の解釈書『令集解《りょうのしゅうげ》』に引く「古記」に「道術符禁、道士法を謂ふなり、今辛国連是を行なふ」とあることなどをもとに、小角の弟子韓国連＝辛国連は、道教の呪術に関係したことを論証している（『吉野地域における文化的価値の再点検と振興のための調査報告』環境文化研究所、一九八四）。こうしたことから考えると役小角を開祖とする修験道の成立に道教が関与したことは疑いなさそうだ。大峯山は女人禁制の山として知られてきたが、近年女性の登山を求める声があがっている。

ここにも仙女の伝説がある。これもまた神仙思想とこの峯が結びつくことを暗示している。その仙女の名は都藍尼《とらんに》という。吉野の麓にいた都藍尼は、仙術を会得していたが、女人禁制の山であるのでどうして登ろうかと苦行の道を歩むが、雷のために行く道を失ってしまう。持っていた杖を捨てるが、その杖は大木となり、呪をとなえて竜をよび、竜に乗って飛行したが、ついには竜も進めなくなってしまう。都藍尼は仕方なく岩を踏むと、その岩はくぼんでしまい、蹴ると微塵となり、竜は池に入ってしまい、仙女は雲に乗って、どこかに去っていった、という。

役小角と同様、この都藍尼の伝承も大峯山が神仙の地として語りつがれてきたことを示すものとして興味深い。

改めて神仙の「仙」について考えてみると、もともと「仙」は「仚」と書かれたことからも、「仙」の思想は山岳信仰と結びつくといわれる。このことからも大峯山が神仙思想に関わっていったことは想像に難くない。

黄金仏

役小角が、道教的呪術を身につけた人物であったことは、以上のことで明らかになったと思う。その役小角を開祖とする大峯信仰が道教に関係があることは、いうまでもないだろう。実は、大峯信仰と道教をつなぐ証拠は他にもある。その一つは、大峯は古くから「御金の嶽」「金の御嶽」と呼ばれていることである。

『万葉集』に次のような歌がある。

み吉野の　御金《みかね》の嶽《たけ》に　間《ま》無くぞ　雨は降るとふ　時じくぞ　雪は降るとふ　その雨の　間《ま》無きが如《ごと》　その雪の　時じきが如　間もおちず　われはそ恋ふる　妹が正香《ただか》に

（巻十三―三二九三）

反歌

み雪降る吉野の嶽にゐる雲の外《よそ》に見し子に恋ひ渡るかも

（同―三二九四）

二つの歌の大意は、妹その人をいつも恋しく思うというだけのことで、たとえとして吉野の岳の雨や雪、雲が引かれている。その吉野の岳のことを「御金の嶽」と呼んでいるのが注目される。実は平安末の歌謡集『梁塵秘抄《りょうじんひしょう》』にも「金の御嶽は一天下」「金の御嶽は四十九院の地なり」「金の御嶽にある巫女の打鼓」などという表現がでてくる。これらの「御金の嶽」、「金の御嶽」とは、どの山を指すのかについては諸説あるが、平安時代には、現在の吉野・金峯山寺《きんぷせん》から大峯山寺にいたる大峯山系をさしているというのが定説である。吉野の金峯山寺付近を、大峯山と呼ぶことは少ないが、大峯山寺付近を金峯山と表現したものは多い。金峯山とは、金の御嶽、御金の嶽の別の表記である。

この山が黄金と深い関わりをもったことは、昭和五十九年秋に、大峯山寺の床下から、黄金の仏像二体が見つかったことでも明らかだ。

山上ヶ岳の頂上にある大峯山寺付近（第28図）は、昔から、経塚《きょうづか》遺品が出土することで知られる。正式には大峯山という山名はなく、山脈の名前。しかし、通称として大峯山寺近くにある山上ヶ岳（一七一九メートル）を指すことがある。大峯山脈は、北は奈良県吉野郡の吉野山から南は和歌山県本宮町の熊野大社に至る連山。近畿の最高峰八経ヶ岳（一九一五メートル）を頂点にして名前の付いた一二〇〇メートル以上の山だけでも五十座もある。平安時代から修験道の行場として開発された場所で、山上ヶ岳付近は今でも女人禁制を守っている。

江戸時代には、藤原道長の経筒も発見され、金峯山経塚と名づけられている。今回もおびただしい経塚遺品が見つかり、その中に二つの黄金仏があった。一つは像高二・八センチ、重さ三二グラムの阿弥陀如来坐像で、それよりややスリムなほうは像高三・一二センチ、重さ二五グラムの菩薩像だった。阿弥陀如来は、上品下生《じょうぼんげしょう》の弥陀定印を結んでいたのですぐそれとわかったが、もう一体の方は顔や印相の部分がややつぶれており、菩薩の種類はわからない。当時発掘を担当した橿原考古学研究所の菅谷文則氏（現滋賀県立大学教授）によると、宇多天皇が寄進したものである可能性が一番高いという。

室町時代の『金峯山創草記』によると、宇多天皇は寛平二年（八九〇）に、三寸（約九センチ）の黄金の薬師仏を大峯山に奉納させ、また上皇となって後の昌泰三年（九〇〇）と延喜五年（九〇五）には、自ら登山している。その後、一世紀ほどした寛弘四年（一〇〇七）には、権勢を誇った御堂関《みどうかん》白《ぱく》藤原道長が、山頂へ参拝するなど、平安貴族たちの信仰も篤かった。もちろんほかに無名の貴族たちが、続々と登山したらしいことは、当時の貴族たちしか持つことができなかったであろうすぐれた美術工芸品が経塚遺品として出土していることからもわかる。それはさておき、なぜ、黄金仏が奉納されていたのかといえば、大峯山がもともと「金の御嶽」と呼ばれていたことと、決して無関係ではないだろう。

では、なぜ大峯山が「金の御嶽」という名称をもっていたのか。それについては、よくわからない。山に光る物があった。それは、祖先の霊魂であるとか、黄金であるとか、いろんな説がある。いずれも確証はないが、黄金、つまり採金や冶金と関係があると考えた方がいいのではないか。金峯山寺近くの金峯神社は金山毘古神《かなやまびこ》（金精明神）といい、金山彦、金山姫をまつる。現在、採掘されてはいないが、金・銀・銅・亜鉛・マンガンなどの鉱脈が大峯山にあることは知られている。大昔においては、採金や冶金が行われ、それが「金の御嶽」の由来になったことは十分考えられる。採金や冶金術に道教が深くかかわっていることは、『抱朴子』内篇にもくわしく記している。

中世になって金峯山の金にまつわる説話が語られる。例えば『拾介抄《しゅうがいしょう》』には、聖武天皇が、東大寺大仏の鋳造に良弁《ろうべん》を金峯山に遣わし黄金を求めさせたこと、京都七条の箔打ちは金峯山の金くずを盗み帰り、造仏の金箔に使ったがためにその罪が発覚した、という話を載せている。

仙薬である不老不死の薬の金丹（黄金の液）をつくるには、名山に入って百日間斎戒し、五辛（ニラ・ラッキョウ・ネギ・ニンニク・ハジカミ）や生魚を絶ち、俗人と顔を合わせぬようにしてつくるとある。他の仙薬をつくるにも、やはり、同じように名山に入る必要があると、『抱朴子』は説く。

金峯山が黄金に対する信仰の対象となっていたことは、十世紀後半に成立したとみられている『宇津保物語』に、藤原実忠が大願をたてた金峯詣での話の中で「死ぬる身を惜しみかねてぞ君にやる千々の黄金は命のぶとか」という歌をのせている。この歌から、黄金が延命に関係することが知られるのであって、やはり道教の仙薬金丹の思想に通じることが暗示されている。

大峯山の開祖が、道術を使う役小角であることを思えば、「金の御嶽」が、仙薬金丹と関係があると断言してもいいのではないか。今も吉野でつくられている胃腸薬「陀羅尼助《だらにすけ》丸」も仙薬の一つであろう。

大峯山系をはじめとして吉野の山地に薬草があったことは、時代は新しくなるが、江戸時代の末期に紀州の医家・畔田《くろだ》伴存《ともあり》が著した『吉野名山図志』に詳しい。陀羅尼助丸については次のような記述がある。

この地にて陀羅助《だらすけ》として、黄皮《きはだ》を濃く煎じ、膏のごとくなし、竹皮にのべて諸方に出し売る。黄皮は、上方より多く来り、天の川にても剝ぎて洞川に出す。また北山の者、この皮を背負ひて小篠に登り山上嶽を経て昼八つ時頃洞川に来商ふ。この薬は往古、役行者《えんのぎょうじゃ》百草を取り煎じ薬となし、世を渡るべしと、後鬼の者（洞川にあり）教へ置きたまひし薬方なりと云ふ。

このように、陀羅尼助丸にまつわる伝承も役小角にさかのぼるようである。

金丹などの仙薬と関係して、道教の仙薬と思われていた水銀の鉱脈が吉野の山地にあることも見落とすことができない。やはり『抱朴子』金丹篇に、草根木皮は焼けばすぐ灰になるが、丹砂（硫化水銀）は焼けば水銀になり、さらに何度か変化させればまた丹砂にもどるのであって、人を長生きさせる力があると述べている。また丹砂は、さまざまな金丹をつくる原料ともなることも『抱朴子』に記されている。このように水銀の存在も金峯山信仰と密接な関係があるようである。

鏡像

黄金仏ばかりが話題になったが、実は大峯山寺本堂の下からは、銅鏡の裏面に「蔵王権現《ざおうごんげん》」と毛彫りした鏡像も見つかっている。この鏡像もまた、道教とのつながりを思わせる。

銅鏡というのは文字通り鏡である。ガラスの鏡が普及するまで使われた。考えてみるとこの鏡像というものは、大変不思議なものである。鏡の表面に毛彫りしてしまうと、顔の写りが悪く、鏡としての機能を失ってしまう。神仏を刻むことに意味があるのなら、なにも裏面に装飾のある銅鏡でなく、

上：第28図　修験道の根本道場として知られる山上ヶ岳頂上の大峯山寺本堂。
下：第29図　金峯山寺で出しているお守りの五岳真形鏡（左）と中国・山東省泰山のふもとの泰廟にある元代の五嶽真形図の拓本（右）。

単なる銅板を選べばいい。銅鏡の装飾は、使用しない時は表面が汚れないようにと、裏面を上にして置いたために発達したものである。鏡像の場合は壁にかけて拝んだ他の懸け仏の例から推測すると、毛彫りした神仏像はいつでも見えるようにしていたはずだ。つまり、鏡を使う時のように拝むさいにひっくり返したとは思えない。そう考えると、大変奇妙なものであることがわかる。つまり、裏に模様のある鏡をなぜ使うのかということである。このことは、その鏡像も、大峯山の神であり仏である「蔵王権現」の表現方法として、発達したことを考えればその謎は解けてくる。

蔵王権現は、神も仏も同じものであるとした本地垂迹説《ほんじすいじゃくせつ》によって生まれた珍しい仏像である。右手に武器の三鈷《さんこ》を握りかざし、忿怒《ふんぬ》の相というおそろしい姿をしている。釈迦や弥勒の化身でもある。『太平記』をはじめとする文献には、役小角が衆生救済のため姿を見せて欲しいと祈願して現れたと書かれており、平安時代以降のものらしい。

ここで思い起こして欲しいのは、小柳司気太氏が、修験道が道教と関係があるとしてあげた理由の一つ「祈禱所に鏡をかくること」である。鏡は悪鬼の本性を見抜くものとして、道教では、非常に重要視されていることは前述した。大峯山では、数多くの鏡が飾られたのではないだろうか。だからそれに、御本尊を刻むという発想は、別に抵抗もなかったのであろう。蔵王権現の鏡像こそは、大峯信仰の姿をよく表しているのである。

実際、今回の発掘調査では、瑞花八稜鏡など二十点以上の鏡が出土している。『抱朴子』(雑応篇)には、七夕の晩に直径九寸以上の鏡に見入ると、神仙が鏡の中に現れる。鏡は一面でもよいが、二面、四面と用いることがある。それぞれ日月鏡・四規とよび、四規は前後左右におくとある。このような呪具としての鏡の思想が、大峯山寺の発掘調査によって検出された鏡とおそらく結びつくものと想像してもよいであろう。

金峯山と蔵王権現は、遠く中国にまで知れわたっていたらしく、後周（九五一～九六〇）の時代に著された『義楚六帖《ぎそろくじょう》』に「日本国都の南五百余里に金峯山有り。頂上に金剛蔵王菩薩有り、第一の霊異なり。山に松檜名花軟草有り。大小の寺数百、節行高道の者ここに居す」と記している。

金峯山には、南と北の二つの拠点がある。南にあるのが、奥の院ともいうべき大峯山寺で、北にあるのが里の院にあたる金峯山寺。山中にあるため、里の院の表現は正確ではないが、この金峯山寺は、金峯山修験本宗の本山である。昭和六十年（一九八五）十月に昭和大修理の落慶法要がおこなわれた本堂の蔵王堂が威容を誇っていた。執事の梶野順葆さんから修験道の作法をいろいろとうかがったが、ここでもやはり、道教との関係を思わざるを得なかった。

例えば、護摩をたいたり、滝行の時になされる「九字」を切る作法には、小柳氏も述べているように「臨兵闘者皆陳烈在前」という呪文が唱えられるが、これは『抱朴子』にある山に入る時の呪文「臨兵闘者皆陳列前行」と極めて類似している。修験道ではこの九字は護身のまじないであり、これを唱えた後に「急々如律令」と結ぶ。これもまた、道教の呪文であることは前にもふれた。また『抱朴子』に山川の百鬼や虎・狼を避ける法の一つとして持つお守りであるという「老君入山符」の図柄に似たものは、今日でも産婦の腹帯に「急々如律令」の文字とともに書き、授けているということである。

まだ、ほかにもある。『抱朴子』には「五嶽真形図」を携えれば山の神を召し出すことができるとも述べているが、金峯山寺には「五嶽真形鏡」（第29図）がいつごろからか伝わっていて、同寺関係者が峯入りや奥駆けする際には持参するという。実物は見ることはできなかったが、ミニチュアはお守りとして求めることができた。五嶽とは紀元前一世紀ごろ、神仙の往来する名山とされた中国にある泰山（東岳）・衡山（南岳）・華山（西岳）・恒山（北岳）・嵩山（中岳）の五つの山のことである。護摩供養には、五穀を絶つ修行がなされるとのことだが、これも、『抱朴子』の長生の法と同じであった。

神道の聖地で道教の鬼やらい

京都・吉田神社

大元宮

京都市左京区に、南北に延びた神楽岡という小高い丘陵がある。標高一〇三メートル。あの三高寮歌「逍遥歌」で「紅萌ゆる丘の花」と歌われた丘である。別名吉田山《よしだやま》。すぐ北側と西側には京都大学構内が広がる。そのやや南西寄りの林の中に「斎場所大元宮《だいげんぐう》」という神社がある。節分祭で知られる吉田神社の境内で、末社の一つ。この大元宮は本宮と並び同神社の中で重要な祭祀の場である。祭神は「天神地祇八百万神」。天照大神や豊受比売《とようけひめ》それに『延喜式』に記載された三千百三十二座の式内

吉田神社の所在地は京都市左京区吉田上大路町。大元宮はその東側の神楽岡を登った場所に鎮座する。京都市バス東一条下車。

第30図　棟に独特の飾りをもつ茅葺き入り母屋造りの吉田神社八角堂。

社も鎮座する。ここに参拝すると、全国の神々にお参りするのと同じ霊験が得られるという信仰がある。

節分をひかえて準備に忙しい吉田神社を訪れた。東大路通りの東一条でバスを降りて、東を向くとすぐ正面に吉田山が横たわる。参道をはさんで左側は時計台のある京都大学本部、右側はかつての教養部、現在は総合人間学部。全寮制だった第三高等学校の寮は、かつてこの構内の一角にあり、吉田山は三高生たちの散策の場で、それが「紅萌ゆる」の愛唱歌を残したのである。大元宮は、教養部側に寄った場所から、だらだらと丘を登る南参道を上ったところにあった。昭和五十五年（一九八〇）に、修理が終わったばかりだとかで、建物の朱が鮮やかだった。

よくよく見ると、普通の神社とは違った構造をしていることに気付く。周辺は築地塀で囲まれ、中央に入り母屋造りの八角形の本殿（第30図）、左側に全国の式内社をまつる社殿、その後方に天照大神や豊受比売の伊勢の二神をまつる二つの社殿がある。その後方はいまは空き地になっているが、明治四年（一八七二）までは八神殿があった。平安時代には宮中でまつった神で、天正十八年（一五九〇）に豊臣秀吉の聚楽第《じゅらくだい》の造営によりこの地に遷したが、明治五年からは再び宮中の神殿へ戻ったという。

説明板によると、八角堂ともいい、「日本最上日高日宮」の額がかかった本殿には、六角形の後房がついている。壁はしっくいで、屋根は、八角部分はかやぶき、六角部分は銅板。木組みは朱というより、やや紫色がかった色に塗られていた。八角の屋根の上にある千木《ちぎ》は、南側は内削《うちそぎ》、北側は外削になっているそうだが、それは下からよく見えなかった。棟の上に並んだ勝男木《かつおぎ》は不思議な構造をしていた。南側の三カ所には、丸材を三つ重ねたものが置かれ、北側二カ所には角材二つを並べたものがあった。中央部に、一般に「露盤宝珠」というものが取りつけられているが、それは七角の台に、八《や》咫璽《たのみたま》（鏡）が置かれ、それに七本の火炎型金具がついているそうだ。神道こそ仏教や儒教の根元という「吉田神道」を創唱した室町中期の吉田兼倶《かねとも》（一四三五～一五一一）がその理想を形に表したものといわれている。

大元宮が吉田神社境内に移ったのは室町時代だが、もともとは同社の社家である吉田家邸内にあったものを移したと社伝はいう。その吉田邸は、現在の京大総合人間学部構内であり、その跡地にはかつて二本松がはえていたという。大正年間の落雷と、昭和九年の台風でそれぞれ倒れ、現在は町名としてのみ残っている。そこには十世紀ごろには、大元宮という斎場所があったらしく、「天神地祇八百万神」は、吉田家の守護神であったのだ。

兼倶は『唯一神道名法要集《ゆいいつしんとうみょうぼうようしゅう》』を著し、吉田神道の教義を体系づけようとした。「唯一神道」とは、吉田神道は開闢以来純一無雑の神道として唯一のものであるというもので、また元本宗源神道とも称された。元本宗源神道とは、儒教・仏教の宗で万法の源であるとするものである。

『唯一神道名法要集』には、「宗源とは何か」という問いに対して「宗とは、万物が生成する前の状態、つまり一気未分の元神を明らかにするものである。故に一切の存在の純粋（万法純一）の元初に帰る。これを宗という」とあり、元神は根源の神とみなされている。この元神の思想が「天神地祇八百万神」を祭ることになったと思われる。

元神はその作者を九世紀の天台座主慈覚大師（円仁）に仮託されている『仙宮秘文』によると「一気玄玄の元神、之を名づけて皇神と号する也」とある。この元神は道教教典『中黄真経』や『二十四神回元経』に登場する神なのだ。

中国の古典哲学では万物生成の根元とされるのが「元気」であるが、これを神格化したのが「元神」である。元神が道教教典で重視されるのは、五、六世紀の南北朝の頃からである。

斎場所大元宮を日本最古の神道霊場にしようと考えた兼倶は、八百万神の代表に自家でまつる道教の神を据えたのであった。そうとわかれば、本殿が八角形をしていることも、棟の上に八咫の鏡に似せた露盤のあることもよくわかる。八角は道教の最高神・元始《げんし》天尊《てんそん》が支配する全宇宙空間で、鏡は道教では神の「形しろ」であり、また、それを露盤として置いたのは天尊を迎える「よりしろ」なのであった。

卜部氏

吉田家になぜ大元宮がまつられていたのか。その理由は容易に見当がつく。吉田氏は、もともと神祇官の宮主《みやじ》として朝廷につかえていた卜部《うらべ》氏という古い家柄であった。永延年間（九八七〜九八九）に卜部兼延が吉田神社の社務をつかさどることになる。

この吉田神社、貞観元年（八五九）に、中納言・藤原山蔭《やまかげ》が、奈良・春日神社の神を勧請してつくられたものである。春日の神は藤原氏の氏神であった。祭神はタケミカズチ、イワイヌシ、アメノコヤネ、ヒメガミの四神である。やがて藤原氏の繁栄とともにこの神社も朝野の信仰を集めていく。しかし兼延がなぜ、この神社の社務をつかさどるようになるのか、もう一つよくわからない。ただ一条天皇の母・東三条院が吉田神社を信仰し、永延元年に、朝廷から初めて幣《へい》が奉られた時期と、兼延が吉田神社の社務をつかさどり始めたのが一致していることが、それを考える参考になりそうだ。兼延は一条天皇、または、東三条院の覚えめでたかったことは疑いない。卜部氏はその後吉田氏と称し、鎌倉時代以降になると、一族から学者・文化人が輩出する。『徒然草』を書いた兼好、『釈日本紀』の兼方などはなかでも有名だ。

吉田氏の先祖である卜部氏は、宮主として神祇官に属していた。宮中に鎮座していた二十三座の神をまつることと、祭事の際の占いをするのが役目であった。『延喜式』巻三、臨時祭に、次のような記載がある。「凡そ宮主は卜部の事に堪ふる者を取りて、之を任ぜよ。其の卜部は三国の卜術《ぼくじゅつ》優長なるものを取れ（伊豆五人・壱岐五人・対馬十人）」。伊豆、壱岐、対馬から集めた卜占《ぼくせん》の上手な人たちの集団であったのだ。吉田氏の先祖の卜部氏は、伊豆の出身といわれている。

このト占は、亀甲を焼いてひび割れを見て判断するもので、中国から伝来した占いの方法である。

伊豆・壱岐・対馬になぜト占の上手な人がいたのだろうか。それには対馬や壱岐が大陸に近いことがあげられる。伊豆もまた、渡来人によって伝えられたのではないだろうか。昔から朝廷が、渡来人をここに住まわせたケースもあったかもしれないが、大陸から文物を運ぶ黒潮の流れも考慮に入れなければならないだろう。伊豆に近い三浦半島の間口洞穴では、古墳時代後期ごろのものと見られるト甲三点がみつかっている。また、付近では、弥生時代の鹿のト骨もたくさん出土しており、占いの技術が何度となく同地に伝わったのではないか。

亀トが中国古来の神——その中の多くのものは道教にとりこまれているが——と密接な関係をもつことはいうまでもない。ト部氏が渡来の神に通じ、それを守護神としていたとしても少しも不思議ではないのである。

後にも触れるが、儺《な》の祭（追儺《ついな》）のときに鬼を追い払うためにとなえられる詞に「大宮の内に、神祇官の宮主の、いはひまつり敬《いやま》ひまつる天地の諸の御神たちは、平らけくおだひにいまさふべし」という表現がある。その大意は、宮中で神祇官の宮主がお祭りしている天地のもろもろの神々は安らかに、おだやかにおいでなさい、ということであるが、宮主のまつっていた天地のもろもろの神は、後述するように、この詞の前段にある二十四君、千二百官などの道教系の神とみなすことができる。したがって宮主であったト部氏にとって、道教的な思想はなじみ深いものであったことは十分推定できる。

『日本三代実録』貞観十四年（八七二）四月二十四日の条に、壱岐出身のト部是雄が「日者《にっしゃ》」であると記している。「日者」とはト筮《ぼくぜい》をする者をいうが『史記』日者列伝には、それが道術であると述べているし、『後漢書』方術伝にも遁甲(姿を隠す術)・元気(陰陽の自然哲学)とともに日者の名があげられていることからみて、伊豆出身の卜部氏らも、道教系の神と関わりがあった道術にたくみな人たちではないかと思われる。

吉田兼倶

吉田神社は室町中期になって、吉田兼倶が出たことで、全国的にその名が知られるようになる。永享七年(一四三五)に生まれ、初め兼敏といっていたが、文正元年(一四六六)に正四位上に叙せられたとき兼倶と改名した。さきにも述べたように、吉田一族には、学者・文人が輩出しただけあって、吉田家には和漢の古典がそろっていた。儒・仏や陰陽五行の研究を深めた上で、神道が一番すぐれているという理論をつくりあげた。そして、日本の神道を「本迹縁起神道」「両部習合神道」「元本宗源神道」の三つに分類し、先に述べたように元本宗源神道である吉田神道こそが日本固有のものと唱えた。

この兼倶という人物は、博識多才でまた政治力もなかなかあったらしい。公卿や武士の中に信奉者を集め、朝廷や足利将軍家にとり入った。自ら「神祇《じんぎ》管領長上《かんれいちょうじょう》」と称して、地方の神社に神位を授ける私的な権限を得た。つまり、吉田神社を全国の神社の総元締めとして位置づけたのである。そのために根本殿堂として創設したのが「斎場所大元宮」であった。もっとも、兼倶のやり方はかなり強引で、伊勢の神霊は吉田山に移ったなどと主張したこともあって、伊勢神宮側の猛烈な反発にあい兼倶の目的は達成できなかったが、吉田神社は京都を代表する神社となった。

吉田神社は、大元宮と同様、昔は、現在の京大総合人間学部のキャンパス内にあったが、文明年間（一四六九～八七）に、神楽岡を登った。『山城名勝志』には、次のような記載がある。「社家説いて云ふ、当社は元吉田山西に坐す。文明中、神楽岡の麓に遷る。旧趾に今二株の松有り」。二本松は卜部邸のあったところでもある。

神楽岡のいわれは「カミクラの岡」だろうというのが定説で、神の集まるところだった。『延喜式』（巻二）によると、山城国愛宕郡神楽岡の西北に霹靂神《へきれき》（雷神）をまつるとある。雷神は道教の神であり、雷師・雷公ともよばれる。兼倶が大元宮をつくるにあたって、社地を遷移させたさい、地主神《じしゅしん》が霹靂神であることは十分考慮に入れたのではなかろうか。実際、『延喜式』には、この霹靂神の祭は卜部がおこなうことを定めているのであって、卜部とこの道教系の神、そして神楽岡が密接な関係にあることがわかる。現在も摂社神楽岡社にまつられる大雷神《おおいかずちのかみ》が右のことに由来するものとされ、神楽岡地主の神、また雷除けの神として信仰されている。

節分祭

兼倶の活躍とともに吉田神社は信仰を集め、なかでも悪疫を払う節分祭は、室町時代以来京洛の一大行事となった。本宮と大元宮において節分の当日を中心に前後三日間行われる。現在、主な祭儀は疫神祭《えきじんさい》・追儺式・火炉祭《かろさい》である。疫神祭は大元宮門外で疫神をまつる行事で、火炉祭は本宮二ノ鳥居前に八角形の火炉を掘り込み、その上に古い神札を積み上げて焼いて悪神を払う。火炉が八角形というのも、やはり、八角をもって全宇宙空間とみなす思想とかかわりがありそうだ。これらの神事は、古くからあったらしいが、吉田神社の節分祭を最も有名にしている「鬼やらい＝追儺」は、意外に新しい。大正八年（一九一九）から行われだした。しかし、それは新しく創案したのではなく、平安時代に宮中で行われていたものを、そっくり再興したものだ。追儺式は、他の社寺でも行われるが、同神社のものが、最も古式に忠実だといわれる。

この追儺は『周礼』（夏官・方相氏《ほうそう》）に書かれた中国の古い儀式である。日本でも、忠実に中国の制度を見習っている。『延喜式』や『江家次第《ごうけしだい》』によると大舎人寮《おおとねりりょう》の舎人が鬼の役をつとめ、大舎人長が方相氏になって行ったとある。方相氏というのは、周代に鬼を追う役職を定められた人のことで、後に疫病を払う神となった。その方相氏は四つの黄金の目玉をもつ仮面をかぶり、黒の衣に、赤のはかまをつけ、右手に戈を振りかざし、左手に盾をもっている。『江家次第』によれば、宮中の儀式は次のようになっている。

大晦日の夜に群臣が内裏の中庭に立ち、亥の刻に陰陽寮が儺の祭を行う。終わって方相氏が大声を出して、戈で盾を三度打つ。群臣はこれに呼応して桃の弓・葦の矢・桃の杖をもって鬼を追う。鬼は内裏の四方の門である宣陽《せんよう》・承明《しょうめい》・陰明《いんめい》・玄輝《げんき》の各門を回り、清涼殿《せいりょうでん》東北の滝口《たきぐち》の戸から逃げ出すが、方相氏は終始先頭になって追う。葦の矢や桃の杖を使うのは、道教で悪鬼を追い払う植物だとされることに由来する。桃については、先年奈良県広陵町の牧野古墳や平城京の羅城門近くの土壙から桃の種子がみつかっていて、いずれも魔除けのためのものという解釈がなされている。『古事記』には、イザナギノミコトが黄泉《よみ》国から脱出するときに、桃の種子を投げつけたことが書かれているが、その目的はやはり悪霊を追い払うためであるとみてよい。

大正八年に再興した吉田神社の追儺式ではそっくり古制にならったのである。吉田神社の節分は、有名だったこともあって、この追儺式も大昔から行われていたように、すっかり定着している。

方相氏については、中国の四世紀半ば、晋の時代に干宝《かんぽう》が著した説話集『捜神記《そうしんき》』の中にも語られている。その中から二例を紹介しておこう（平凡社、東洋文庫）。

庾亮《ゆりよう》という人が都督として荊州にいたとき、便所へいくと方相のようなものが目についた。目はまっかで、体から光が発し、少しずつ地中から出てくるので、亮はなぐりつけた。手ごたえがあって、体を縮めて地中にもぐりこんでしまった。このことがあってから、亮は病の床に臥すようになった。道士の戴洋は、ある事変のとき祠に祈願し、願がかなえば手をそなえると約束したのに、それを果さなかったためだといい、翌年庾亮は亡くなってしまった。

もう一つの説話は追儺と直接結びつく。

昔、顓頊《せんぎよく》氏には三人の息子があったが、三人とも死んで疫病神になった。そこで正月には方相氏に命じて追儺の儀式を行わせ、疫病神を追い払うことにした。

これらは、いずれも方相が民間信仰の中にあらわれたものであるが、墓室の壁画に方相の画像が描かれている事例もある。この場合は墓の中に入って死者の遺体を荒らそうとする邪鬼を追い出すためである。前漢中期のものとされる洛陽卜千秋墓主室の後壁壁画や、前漢後期の洛陽壁画墓（M16）主室後壁壁画の怪獣の図は、いずれも方相氏という解釈がなされている。

節分祭といえば、今では豆まき神事と思われがちだが、本来は疫病や災禍をもたらす悪鬼を払う行事で、豆はそのための小道具である。なぜ、豆をまくのかといえば、道教教典『神農本草経』などによれば「鬼毒を殺す」のに効果があるという。儒教の教典『周礼』などにしるす方相氏の追儺には豆まきの行事がないので、後に道教の「逐鬼」の呪術と習合してから加えられたものらしい。

悪疫の駆除は儒教・道教が共に重視した宗教行事だが、日本に伝わったのは道教系の呪術と一体になってからのものであった。『延喜式』に載せられた「儺祭料《なのまつりりょう》」「追儺料」や「祭文《さいもん》」には「五色の宝物」「二十四君」「千二百官」などの道教用語が続々と出てくる。二十四君は道教が説く二十四節気を神格化した自然界の二十四の主宰者、千二百官も道教教典『朝真儀』に出てくる「千二百官君」という神名である。

後に「北斗信仰」で紹介するが、宮廷の元旦儀式「四方拝《しほうはい》」が、道教の教義に基づくものであることを思えば、それに先立って大晦日に行われた追儺式も、道教ゆかりのものであることも不思議はない。元神を大元宮でまつる吉田神社が、最も力を入れた神事が節分祭であることもまた、容易に想像がつく。

武運長久の神、密教と融合——北斗信仰

大阪・妙見山

能勢妙見堂の所在地は、大阪府能勢町野間中。妙見山頂は同町と同豊能町、兵庫県川西市との境界にある。能勢電鉄川西能勢口から妙見口に向かい、バスでケーブル前停留所で下車、黒川からケーブルやリフトを乗り継ぐと山頂近くまで行ける。

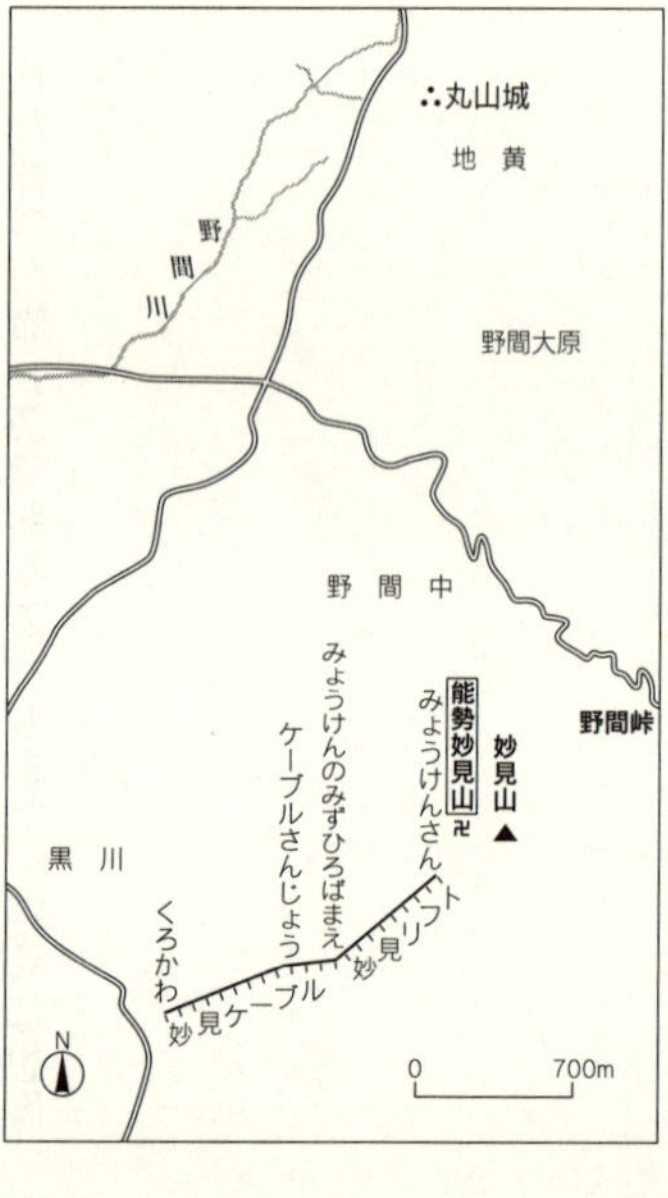

多田満仲の守護神

大阪北部の北摂連山の中にある妙見山（六六二メートル）へ登った。山頂は「能勢《のせ》の妙見さん」の名前で親しまれる霊場である。妙見大菩薩を本尊とし、日蓮宗に所属する。線香の煙が立ち上り、読経の声が深い木立の中を流れていた。仏教の聖地なのに、よく見ると本尊をまつる開運殿の前には、一対の狛犬が鎮座していた。頂上近くに造成された広大な駐車場から本殿に向かう参道では、僧形の銅像や御題目を刻んだ石碑をながめながら何度も鳥居をくぐったことを思い出す。神と仏がまさに一体となっている。

妙見大菩薩はもともと付近一帯を治めていた能勢一族の守護神である。かつては鎮宅《ちんたく》霊符《れいふ》神《じん》といわ

れていた。鎮宅霊符神とは、道教の神で、家宅の長久、住む人の安全を司る。つまり家内安全の神ということになる。この鎮宅霊符神については項を改めてとりあげる。

能勢氏は清和源氏の流れをくむ。初代の源（多田《ただ》）満仲《みつなか》（九一二〜九九七）は、清和天皇の曾孫で、鎌倉幕府を開いた源頼朝らの先祖でもある。能勢氏はその満仲の長子で、あの大江山の鬼退治で有名な頼光《よりみつ》の子孫。ちなみに頼朝は四男の頼信の子孫。その満仲は平安京から摂津国多田（川西市多田院）に本拠を移し、天禄元年（九七〇）に一族の繁栄を祈って同神をまつったといわれる。この神は道教教典『太上秘宝鎮宅霊符』に記載があり、北斗七星を中心とした天上の星々を神格化した道教の神であった。

満仲が鎮宅霊符神をまつったのは、七十五歳で出家した寛和二年（九八六）という説もあるが、はっきりしたことはわからない。この神の霊験から考えれば、満仲が信仰しはじめたのはもっと若いころであった可能性の方が強い気もする。

生死禍福を支配

中国では、北斗（七星）は天帝の乗り物で、人々の生死禍福を支配するとされた。四世紀の道教教典『抱朴子《ほうぼくし》』（雑応篇）には「北斗と日月の字を朱書した護符を身につけるだけで、白刃をおそれず、先頭を切って突撃しても負傷しなかった」ということが書かれている。このことから考えると台頭しつつあった武士集団の頭目であった源満仲が、北斗などの星々を神格化したこの鎮宅霊符神をなぜまつったのか、わかる気がする。清和源氏はその後大和源氏、河内源氏などに分かれ、河内源氏が、八幡大菩薩を信仰したことはよく知られる。しかし、摂津に残った源氏は、三代目頼国の時代に能勢氏を名乗り、満仲以来の鎮宅霊符神を家鎮として祭祀してきたらしい。

日本での北斗信仰は、もちろん満仲が初めてとり入れたものではない。実は古くから伝わっていた。昭和四十七年（一九七二）に発見された極彩色の壁画古墳、奈良県高市郡明日香村のあの高松塚の天井には北斗七星の図が描かれている。四十九年四月には石川県羽咋郡志雄町寺山にある寺山古墳群の横山古墳でも、天井に点描されているのが見つかった。平成十三年（二〇〇一）にデジタルカメラが撮影した明日香村のキトラ古墳の天井石にも金箔の星座が描かれていた。

『続日本紀』の霊亀元年（七一五）八月の条によると、左京の人で大初位下の高田首久比麻呂《たかだのおびとくいまろ》が霊亀を献上した。その亀は、左目は白く、右目は赤い。頸に三公（に相当する星文。三公とは北極星の左右にある三つの星）、背に北斗七星の文様があったとある。この年の九月から年号は和銅から霊亀に変わるが、それにはこの献上された亀が関係あるらしい。目の色や頸の星文よりも、北斗七星の文様が、とりわけ注目されたのではなかろうか。奈良・正倉院宝物の一つに、スッポンをかたどった容器「青斑石《せいはんせき》 鼈合子《べつごうす》」というものがあり、その背に北斗七星が金泥や銀泥で描かれていたことが、近年の科学調査で明らかにされており、この献上した亀と何か関係がありそうだといわれ、当時の北斗信仰を考える手がかりとなる。

古墳や正倉院宝物の北斗を、古代人たちがどんな思いで描いたのか、実のところいまひとつよくわからないが、北斗と日月の字を朱書した護符を身につけるだけで、白刃もおそれなくなると『抱朴子』（雑応篇）が紹介するような理由で描いたものもある。大阪・四天王寺の七星剣、法隆寺金堂の持国天指物《じこくてんさしもの》の七星文銅大刀、正倉院宝物の呉竹鞘《くれたけのさや》護杖刀《ごじょうとう》には、やはり北斗七星がある。七星を刀に刻んだ剣は、敵を打ち破れると信じる信仰が伝わっていたことの証であろう。

また、中御門右大臣藤原宗忠の日記『中右記』の寛治八年（一〇九四）十一月二日の条には、堀河天皇の皇居・堀河院が火災にあい、焼け跡から探し出された節刀十柄《つか》のうち二柄は霊剣かとされるが、その一つには北斗の銘があったことを記している。『中右記』の同日の記事の裏書きに引く『長徳三年（九九七）五月廿四日蔵人信経私記』には、天徳四年（九六〇）九月に内裏が炎上したが、このときも焼失した宝剣の中に二柄の霊剣があったが、一つは破敵の剣、他は守護の剣とよばれていたと述べられている。この二つの霊剣について、文永～弘安（一二六四～八八）のころの作といわれる『塵袋』（作者不詳）に、次のように記している。

大刀ノ中ニ霊剣二アリ。百済国ヨリタテマツル所也。一ヲハ三公戦闘ノ剣ト名ク。又将軍ノ剣トモ破敵ノ剣トモ云フ。護身ノ剣ハ疫病邪気ヲノソク。剣ノ左ニハ日形・南斗ノ六星・朱雀ノ形・青竜ノ形ヲ図ス。右ニハ月形・北斗七星・玄武形・白虎ノ形ヲ図ス。破敵ノ剣ニハ、左ニハ三皇五帝ノ形・南斗ノ六星・青竜ノ形チ・西王母カ兵刃符ヲ図ス。右ニハ北極ノ五星・北斗七星・白虎ノ形・老子破敵ノ符ヲ図ス。又護身ノ剣ノ銘アリ。カノ銘ニ云ク。

歳在庚申正月、百済所造、三七練刀、南斗北斗、左青竜、右白虎、前朱雀、後玄武、避涂不祥、百福会就、年齢延長、万歳無極。

北斗七星以外にも、南斗や朱雀をはじめとする四神などの銘が刻まれていたことが知られるが、おそらく最も意味をもったのは北斗であろう。

四方拝

繰り返すまでもないことだが、北斗信仰は戦に勝つためだけの信仰ではない。北斗は人々の生死を司る神であり、その神に祈れば百邪を除き、災厄を免れて福が来て、長生きが出来るという信仰である。北斗に祈れば、幸せで、いつまでも生きたいという、だれもがもつ願いを聞きとどけてくれると信じられていたのだ。その信仰方法にはいろんなものがあったわけで、北斗の字を朱書することや、剣に七星を描くこともその一つであったろう。なかでも、最もオーソドックスな信仰方法は「四方《しほう》拝《はい》」であり、それは、道教教典『北斗本命延生経』などに記載されている。この四方拝を飛鳥時代の皇極天皇が、今の明日香村稲淵で行ったことを『日本書紀』が皇極元年（六四二）八月の条に記録している。それ以後、飛鳥から奈良、平安時代にかけて、四方拝は行われつづけたように思われるが、史料では確認できない。平安時代の宮廷儀式を詳細に記録する大江《おおえ》匡房《まさふさ》の『江家次第《ごうけしだい》』（巻一）には、京都の宮廷で元旦に行われた四方拝の儀式は寛平二年（八九〇）の『御記』に初めて見えると記している。

四方拝は次のようにして行われた。

清涼殿の東の庭に屏風を八帳立て三つの座を設ける。北斗七星を拝む座、天地を拝む座、そして山陵（父母の陵）を拝む座の三つである。まず北斗七星を拝む座で天皇の生年にあたる星の名が七遍と

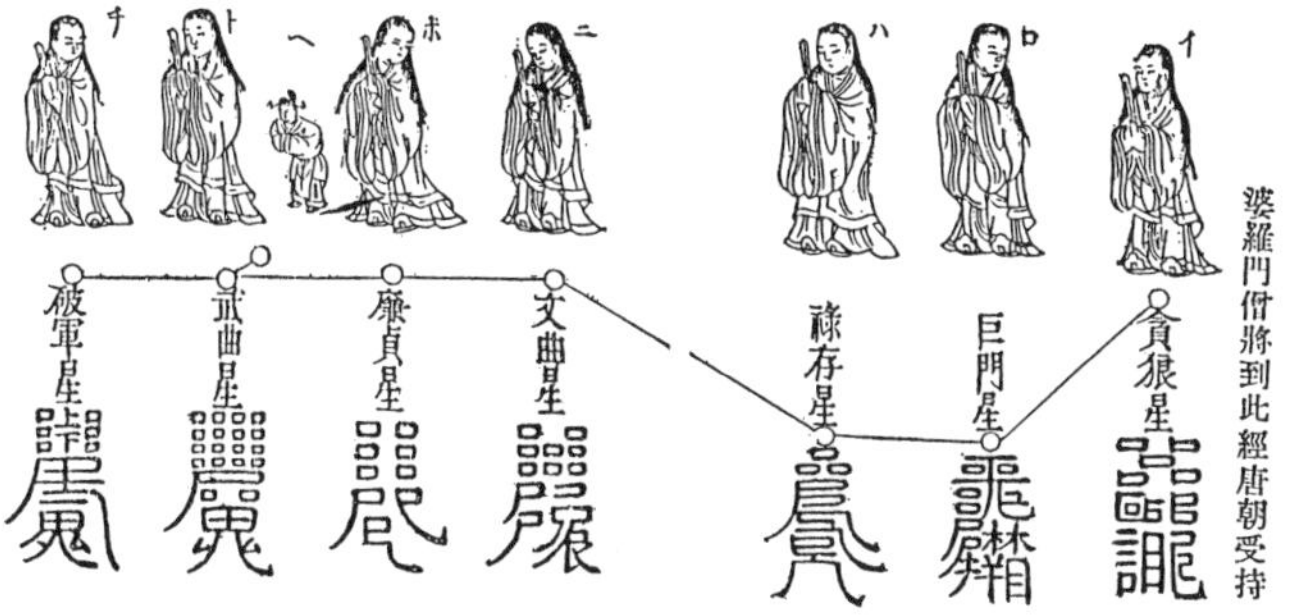

第31図　仏教と習合した北斗信仰。

なえられる。その星の名は次の通りである。

子年貪狼星　丑亥巨門星
寅戌禄存星　卯酉文曲星
辰申廉貞星　巳未武曲星
午年破軍星
（それぞれの星の位置については第31図参照）

さらに再拝して、次のような呪文がとなえられる。

賊寇之中　過度我身
毒魔之中　過度我身
毒気之中　過度我身
危厄之中　過度我身
五鬼六害之中　過度我身
五兵口舌之中　過度我身
厭魅呪咀之中　過度我身
万病除愈　所欲随心　急々如律令

ここにいう過度とは、救うという意味で、さまざまな災いから自分の身をお救いくださいという内容の呪文である。

次に天地を拝む座において、北に向いて天を拝み、西北に向いて地を再拝。

このあと、南の座において山陵に向かって再拝する。

「急々如律令」で終わることでもわかるように、これが道教に基づく呪文であることはだれが見ても明らかであろう。

こうした四方拝の儀式一つを例にあげてもわかるように、古代社会の中央貴族たちの間で北斗信仰が根強く受け継がれたことは十分考えられる。源満仲は、村上・冷泉・円融・花山の四天皇に仕えたうえ、もともと清和天皇の曾孫。こうした中央貴族の教養は十分身につけていたと思われる。満仲がわが身とわが一族の守りに、北斗を偶像化した鎮宅霊符神をまつったのは、京都の宗教文化の産物だったといえそうである。

妙見大菩薩

妙見さんの本尊は秘仏とかで拝観できなかったが、その写しというお札に描かれた尊像は、甲冑《かっちゅう》をまとい、右手に受け太刀を持ち、左手に金剛不動の印を結んでいた（第33図）。菩薩のイメージからはほど遠い武神であった。おそらく鎮宅霊符神としてまつられた当時の姿を残しているのであろう。

この武神がその後、妙見大菩薩と呼ばれだしたいきさつは、かなりはっきりしている。妙見山には、

第32図　妙見大菩薩を祀る本殿（開運殿）垂れ幕や石灯籠にみえる妙見山独特の矢筈の紋はもともとは武に関係した信仰であることをしのばせる。

第33図　妙見さんのお札に描かれた北斗信仰をもとにした鎮宅神。

もともと僧・行基が天平勝宝年間（七四九～七五七）に開いたと伝えられる為楽山大空寺という真言宗の寺があった。それがいつのころかに廃寺となり、能勢氏二十三代の頼次が天正八年（一五八〇）に居城を築き、そこに鎮宅霊符神をまつった。能勢氏は、頼次の兄で二十二代の頼道の時代までは能勢町地黄《じおう》の丸山城を本城としていたが、織田信長の部将によって攻められて落城、後を継いだ頼次が妙見山にこもって城を築いたのである。本能寺の変では明智光秀と結んだことで、豊臣の時代は、ついに父祖伝来の地を捨てて逃げのびなければならなかった。その後、家康に接近して、関ヶ原の戦いで戦功をあげて、再び能勢の旧領を取り戻した。頼次にとって、天正八年以後の二十年間というものは、有為転変の時代であった。その頼次を支えたのは、鎮宅霊符神である。頼次はその後、慶長十年（一六〇五）頃から元和年間（一六一五～一六二四）頃にかけて日蓮宗に帰依する。当時の能勢では、法華信仰が盛んで、頼次もその影響を受けたわけで、やがて身延山久遠寺二十一世の日乾上人を招いて、領内の寺院を日蓮宗に改宗する。そのさい鎮宅霊符神は、妙見大菩薩と名付けられたのである。

道教の北斗信仰が仏教、とくに密教と習合した事例は、例えば『仏説北斗七星延命経』にかかげる図（第31図）からも明らかである。十二世紀から十三世紀頃の成立とされる、真言宗の修法を集成した『覚禅抄』の北斗法をみると、勧請頌として、「太（泰）山府君」や「司命司禄」の名がみえ、道教と深い関わりがあることが知られる。

また、終南山曼荼羅とよばれるものが、舞鶴市郊外の松尾寺と香川県多度津町の道隆寺にある。これは北斗法を修するときに用いられる北斗曼荼羅の一種であるが、十二宮、二十八宿、北極紫微《しび》大帝のいる妙見殿伺候の天宮、北斗七星の居所の七星閣にいる本命元辰、三尸・三魂・七魄・五臓や、後漢明帝が長安の南の終南山で北斗にあった説話や太山府君、司命、司禄などが描写されている。

日乾は、なぜ、鎮宅霊符神を妙見大菩薩と名付けたのだろうか。それを書いたものは残されていないながら、知る手がかりはある。現在「一切経」の密教部に収められている仏典『七仏所説神呪経《しちぶつしょせつしんじゅきょう》』をもとにしたことは、まず間違いないようだ。同経によると、「北辰菩薩は諸国土を擁護し、作り成すところ、はなはだ奇特であるので名付けて『妙見』という」とある。つまり、妙見菩薩の別名をもつ。この菩薩は、「菩薩の大将であり、敵を退け、国土を守る」功徳をもつと書かれている。このお経は、奈良時代には伝えられていたらしく、正倉院文書に書写されたという記録も残っている。『続日本紀』宝亀八年（七七七）八月条や『日本後紀』大同三年（八〇八）九月条には「妙見寺」という寺の名前がでてくる。この寺は今の大阪府南河内郡太子町春日の妙見寺のことらしい。また、比叡山八部院は、別名妙見堂ともいわれ、延暦九年（七九〇）の草創で、最澄自作の妙見菩薩、つまり北辰菩薩が安置されている。北辰とは北極星を神格化した道教の神（大道北辰元君）だったのが、仏教と習合、菩薩の一人に組み込まれたのである。『七仏所説神呪経』には、北辰菩薩のことを「神仙中之仙」と明記している。

北斗と北辰

さて、ここで北斗信仰と北辰信仰の関係について述べておかなければならない。道教では、北辰は宇宙の最高神であり、個々の願いはその配下の神々が聞き入れるとされた。例えば、人間の生死や禍福をつかさどるのが北斗（七星）だったのである。もう少しわかりやすく説明すれば、総理大臣を北辰とすれば、大蔵大臣や文部大臣は北斗の関係にあるという図式である。ところが、隋唐代になると、もともとの北斗信仰に合わせて、北辰信仰が盛んになっていく。教育のことやお金のことを、文部大臣や大蔵大臣を抜きにして、総理大臣に直訴するという構図である。その方がより効果的と考えはじめたせいだろう。道教では『北極神呪妙経』で、北斗信仰同様の鎮宅の功徳が説かれる。仏教でも『七仏所説神呪経』に北辰（妙見）菩薩が「死を除き生をさだめ、罪を減じ福を増し、算を益し寿を延べん。諸天曹に申し、諸善神一千七百をつかはして、国界を邏衛《らえい》し国土を守護し、その災患を除き、その姦悪を滅し、風雨時にしたがひ、穀米豊熟し、疫気消除し諸強敵なく、人民安楽にして王の徳をたたへん」と、道教の教理に通じる現世利益の功徳がたたえられだす。

北辰をあがめるという風潮は間もなく、日本にも伝わる。しかし、当初伝わった北辰信仰はどういうものなのかよくわからない。どうやら、妙見菩薩を拝むというようなものでないことだけは確かである。北辰信仰について、次のような記録がある。

①勅して北辰を祭ることを禁ず。朝制すでに久し、しかるに所司侮慢、禁止を事とせず。今、京畿の吏民、春秋□月に至る毎に職を棄て、業を忘れ、その場に相集り、男女混殽、事潔清し難し。□祐、かへつてその殃《わざわひ》を招く。自今以後、殊に禁断を加へよ。若しやむを得ざれば、人毎に日を異にし、会集せしむるなかれ。若しこの制にそむけば、法師は名を綱所に送り、俗人は違勅の罪に処せ。（『類聚国史』延暦十五年）

②京畿の百姓《ひやくせい》の北辰に燈火を奉るを禁ず。斎内親王伊勢の斎宮に入るを以てなり。

③今月北辰を祭り、挙哀改葬等の事を禁ず。斎内親王伊勢に入るを以てなり。

（『日本後紀』延暦十八年九月）

④京畿の内、来月北辰に火を供へることを禁ず。斎内親王伊勢に入るべきを以てなり。

（『日本後紀』弘仁二年九月一日）

（『続日本後紀』承和二年八月二日）

⑤凡《およ》そ、斎王まさに太神宮に入らんとする時に、九月一日より三十日まで、京畿内・伊勢・近江等の国、北辰に奉燈し、哀を挙げ、葬を改むるを得ず。

（『延喜式』巻五、神祇五、斎宮）

①によると、法師が関係しているらしいことはわかるが、どうも仏教行事そのものでもなさそうである。朝廷は禁令を出して久しいのに、一向にそれが聞きとどけられずに、盛んに信仰されていることがわかる。②〜⑤によると、どうやら全面的禁止はやめて、斎王が伊勢に行く時はやめるようにいっている。その理由は詳しくはわからないが、もしこの頃伊勢神宮に太一との習合がなされていたならば、それに仕える斎王が斎宮に入るときは、庶民がみだりに北辰（太一）を祭ると斎王の行為を汚すものと思われたのかもしれない。いずれにしろ、北辰信仰は、日本でも広まっていった。それには道教的なものも、仏教的なものもあったのだろう。しかし、一方では同じ星信仰ということから、北斗信仰とも混ざり合っている。それは何も日本だけの特異な信仰のあり方ではなく、中国でも混同されてきた。

こうした北辰信仰が日本にもあったからこそ日乾は、鎮宅霊符神を妙見菩薩と名付けたのではなかろうか。決して、単なる思いつきではなく、妙見菩薩の性格を十分知っていたのである。日乾は、命名するとともに、その尊像を自ら創案して、頼次の長男頼重に与えたという。そして頼重は、それを大空寺跡に安置したことが、能勢妙見堂の誕生となったと寺伝は伝えている。ところで、満仲から頼次までの間に祀ったとされる鎮宅霊符神はどういうものか。それと日乾の創案したという妙見菩薩との関係はどうなのかなど、まだ謎は多い。それに妙見堂もしばらくは、荒れた時代もあったらしい。やがて、明和三年（一七六六）頃から、荒廃していた堂宇を改修して、女人禁制を解いてから、一般にも信仰されるようになり、今日のように隆盛を迎えるのである。それに歩調をあわせて、本来の仏教寺院で信仰されていた北辰菩薩も、妙見菩薩の別名の方で呼ばれることが多くなっていったのである。

陰陽師が朱書きした除災招福のお札
――鎮宅霊符

京都・革堂行願寺など

呪文瓦

奈良県下を歩くと、「喼（急）急如律令」「十種神宝」などの呪文を浮き彫りにした鬼瓦をあげる民家が、時折目につく。この呪文瓦を調べた奥野義雄氏（奈良県立民俗博物館）によると、家・屋敷の安全、つまり「鎮宅」のためのもので「鎮宅霊符神《ちんたくれいふじん》信仰」と関係があるという。「天円地方六律九障符神至所万鬼滅亡喼急如律令」などの具体的な内容を書いたものもあれば、「〓〓〓〓〓」というわけのわからないものもあるそうだ。現在残っているのは、大正年間（一九一二〜二六）に造られたも

一条革堂の所在地は京都市中京区行願寺門前町。寺の本尊は千手観音。境内には鎮宅霊符神堂の他に、不動明王をまつる五輪塔があるが、古くは加茂大明神と呼ばれていた。京都市バス河原町丸太町停留所または京阪丸太町駅下車。

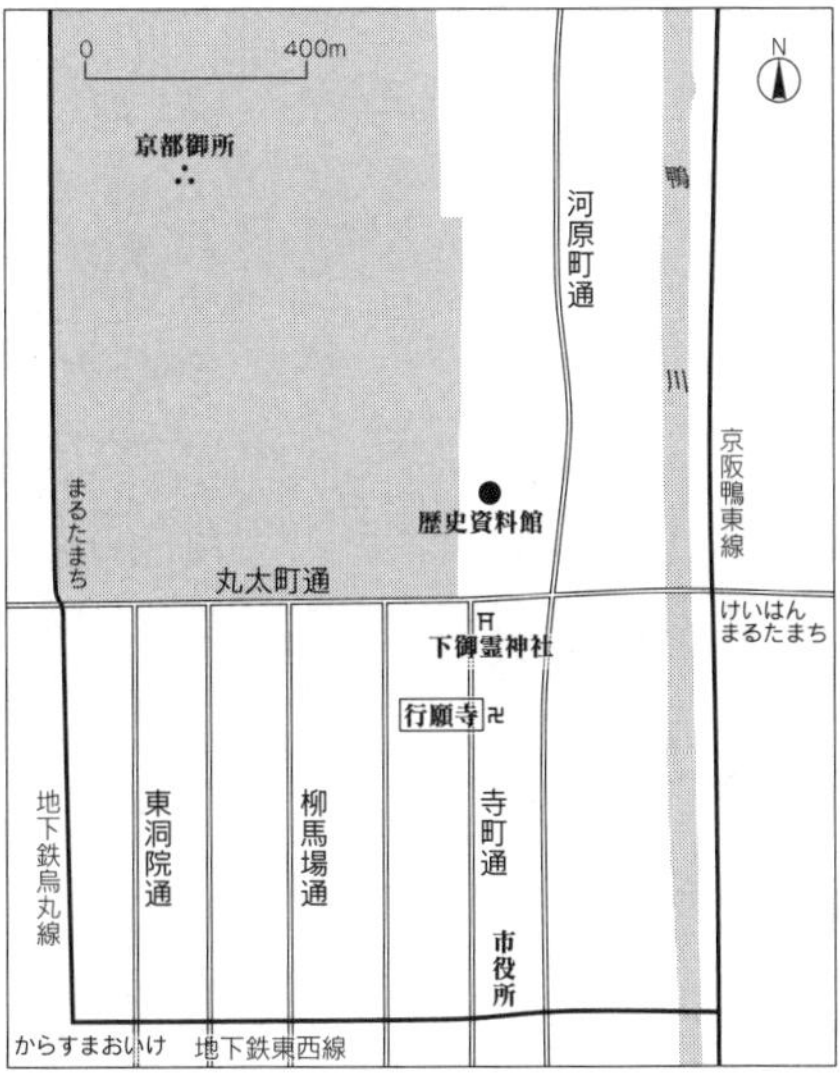

のがほとんどだが、奥野さんは、明治初期か幕末にはすでに出現していたと推測している。というのは、この呪文瓦をのせている家の主人の一人は、後述する奈良市陰陽町の鎮宅霊符神や交野市の妙見さんの信仰をしていたからである。

鎮宅霊符神は華やかさこそないが、各地で信仰され「鎮宅さん」の愛称もある。新築の際の鎮宅祭ばかりでなく、家・屋敷の安泰は家族の幸せであることから、災禍を除き、福運を呼ぶ神として古来から信仰されてきた。

後に述べるように、鎮宅信仰は道教に由来するが、中国での古くからの習俗としてあることは、六朝時代の民間行事を記録した『荊楚歳時記《けいそさいじき》』からも知ることができる。それによると、十二月の暮れに、住宅の四隅を掘り、各々に大きな石を埋めることによって鎮宅となすという。わが国でも家を新築するときに、敷地の四隅に砂をおき、これをたがいに混ぜ合わせるという風習があったが、いずれにしても、宅地に邪鬼の入るのを防ぐ呪法であった。

天御中主と妙見菩薩

鎮宅さんは、神とも仏ともつかぬ不思議な存在だ。例えば伝承上の記録の残る最も古い鎮宅さんである奈良市陰陽町・鎮宅霊符神社（第34図）の祭神は天御中主《あめのみなかぬし》。この天御中主の神は、『古事記』では冒頭に天地が初めておこった時に、高天原に生まれたとある神。同神社は、「奈良町」と通称される元興寺《がんごうじ》極楽坊《ごくらくぼう》周辺の古い町家の並ぶ一角にある。氏神のように共同体の神ではなく、個人の持ちものだ。所在地の陰陽町の名が語るように、陰陽師たちが住んだところで、近年までその末裔たちが維持していたが、最近、所有権が移されたといわれる。

『元要記』という鎌倉時代に書かれたと考えられている史書（大和文華館所蔵）に鳥羽院御宇永久五年（一一一七）正月に興福寺行疫神の社壇が建立され、南都四家の陰陽師がこれをまつったとある。うち、一軒の吉川家は、近世は暦師として活躍、おびただしい数の近世文書や暦が残っており、奈良市史編纂室に寄贈された。

右にみたように、『元要記』にいう興福寺行疫神そのものが不明であり、また吉川家文書にも何も書いてないことから、同神社の鎮宅さんが、いつから天御中主といわれているのかよくわからない。また、大阪市北区の天満天神社境内北東隅に、霊符社があるが、これも祭神は天御中主と信じられている。


京都市中京区寺町竹屋町上ルに、革堂行願寺《こうどうぎょうがんじ》というお寺がある。西国三十三カ所のうち十九番札所で「一条革堂」の名前で知られる。その一角に文化十年（一八一三）建立の鎮宅霊符神堂があり、本尊は「北辰妙見菩薩、一名、鎮宅霊符神」とある。この鎮宅さんは、寺伝によると豊臣秀吉ゆかりのものらしい。一五センチほどの青磁製といわれるが、秘仏であるため、どのような姿をしているのかよくわからない。ただし、大変面白いことに、その秘仏の前に「鎮宅霊符神御前立尊像」というものがまつられているが、それはだれが見ても、道教寺院にある神とそっくりだ。同寺の発行した『革堂行願寺　その歴史と信仰』でも「道士風の宰神」と書いている。そのことから考えると、青磁の秘仏の姿もなんとなく想像できる。それはともかく、「大阪・妙見山」の項でも述べたように、大阪・能

第34図　中世の史書『元要記』によると永久５年（1117）の建立とあり、記録に残る最も古い霊符社（奈良市陰陽町で）。

第35図　北斗と八卦の文様を描いた星田妙見の幕。参拝者の講組織はその名もずばり「神仙講」。

勢の妙見堂では、もともと鎮宅霊符神をまつっていたのが、中世になって、妙見菩薩と名付けられたことはよく知られている。

鎮宅霊符の信仰では、熊本県八代市の鎮宅霊符社もよく知られている。ここもまた、元来、妙見宮と呼ばれた。『肥後国誌』に、

霊符ハ妙見宮の別当神宮寺ノ出ストコロ、上ニ太上神仏鎮宅霊符ト題シ、中央ニ本尊妙見ノ像、亀蛇ニ駕スルヲ図シ、ソノ上ニ北斗七星、左右ニ七十二ノ秘符ヲ書シ、下ニ霊符ノ釈ヲ記シ、漢孝文帝信仰シテ符ヲ伝ヘ天下ニ施ス。コレソノ始ナリ。ソノ全文ハ略シテ載セズ。

とある。これからもわかるように、本尊は妙見であるがそれがのっている亀蛇とは、玄武のことで、北を示しているとみられる。つまり北辰あるいは北斗を意味している。

星田妙見

各地の霊符神を調べると、寺でまつるのは妙見菩薩、神社では天御中主に習合している場合が多い。つまり、鎮宅さんは神でもあり、仏でもあるようだ。その典型例の一つが大阪・交野市星田の「星田妙見」。享和元年（一八〇一）に刊行された『河内名所図会』には「神道家には天御中主尊と称じ、陰陽家には北辰星といひ、日蓮宗徒には妙見と仰て近年大いに尊信す」とある。鎮宅さんを妙見菩薩と仰ぐのは、日蓮宗徒だけではない。例えば先の革堂行願寺は天台宗。また、奈良・西ノ京の薬師寺

の八幡院にも鎮宅霊符神がまつられており、妙見菩薩の信仰はとくに宗派にこだわっていないと考えた方がいい。ただし、「妙見さん」の本家本元とされる大阪・能勢妙見《のせのみようけん》は日蓮宗であることから、『河内名所図会』ではこうした表現となったのであろう。さて、その星田妙見を訪ねてみた。

京都三条と大阪淀屋橋を結ぶ京阪電鉄の支線、枚方市からでる交野線に乗って、終点の私市《きさいち》で降りる。そこから歩いて三十分、その星田妙見は、生駒山系から北西にぐんと張り出した尾根の山頂、妙見山（一六二メートル）近くにあった。妙見山は旧名を三宅山といい、付近一帯は平安時代に石清水《いわしみず》八幡《はちまん》の荘園であった。現在は境内地のすぐ下まで宅地化されてしまっているが、かつては山中の静かな聖地であったことがしのばれる。「南無妙法蓮華経」と書いた無数のミニチュアののぼりが参道の両わきに並ぶ。石段を登りつめると、拝殿の向こうにご神体の巨石がそそり立っていた。『妙見山影向《ようごう》石略縁起』によると、弘法大師の修した秘法によって天から七曜の星が降り、付近の村の三カ所に落下したと伝え、それによって、この巨石は北斗七星の影向石として信仰を集めるようになったとある。拝殿にかけられた幕には、北斗七星を中心に、八卦の八つの図形をあしらった文様が描かれていた（第35図）。拝殿を囲む境界に建てられた石柱には「大阪神仙講」という文字が刻まれている。いただいたお札の一つには「太上神仙鎮宅霊符御守護」の墨書があった。神仙信仰と陰陽道が一体となった聖地であることが、予備知識もなく訪れた人にも理解できる。『河内名所図会』に記されたことは、今も昔も変わっていないからだ。

鎮宅霊符神は道教教典『太上秘法鎮宅霊符《たいじょうひほうちんたくれいふ》』に記載があり、北斗七星を中心とした天上の星々を神格化した道教の神であった。北斗（七星）は天帝（北辰＝北極星）の乗り物で、人々の生死禍福を支配するとされた。この北辰・北斗の役割は、その後混合されたり一体化されたりしていく。北辰と北斗の関係は、既に述べたようにいわば総理大臣と各省大臣のようなもの。北斗は総理大臣である北辰に、生死禍福を支配する権限をゆだねられている神である。ところが、北斗にお願いするより、その上に立つ北辰にお願いした方が効果が大きいということで、北辰を直接祈願することが始まり、それが北辰・北斗信仰を複雑化していった。それゆえ、時代によって北辰信仰と北斗信仰は区別して考えなければならないが、中国では南北朝後半期、隋唐代から北辰信仰と北斗信仰が重なりだしている。それはともかく、霊符は、北辰・北斗そのものであるとともに、人の交流を図る手段と考えられてきた。

江南道教の聖地・江蘇省句容県の茅山《ぼうざん》を訪れた時、参拝者たちは「宝蔵庫」とよばれる石の炉の中で、願いを託した紙を燃やしていた。また、道士による天の神のまつりにも、氏名などを書いた紙を焼くとのことだった。煙が天の神との橋渡しをつとめてくれると信じられているからである。霊符の信仰が形を変えて残っているとみることができる。日本の七夕飾りにも、願いごとを書いた短冊を下げるが、これもまた、霊符の一種ではなかろうか。

この霊符（神符）を用いて祈願する方法を書いた古い文献は、四世紀初めの道教教典、『抱朴子《ほうぼくし》』である。登渉篇は山に登り河を渉《わた》る心得を記すが「七十二精鎮符を立てて、百邪を制するの章及び朱官印、包元十二印を以て、住する所の四方を封ずれば、また百邪敢て之に近づかざるなり」とある。朱書した鎮符というものが、魔よけの効果があると説かれ、いくつかの霊符が図示されている。その後五、六世紀頃に書かれた道教教典『洞淵神呪経《どうえんしんじゅきょう》』（安鎮墓宅品）に、「国府鎮宅を鎮護する鎮宅竜王」の記述が見え、同じく『太上秘法鎮宅霊符』には、『抱朴子』の七十二精鎮符をうけて、七十二道鎮宅霊符が符図とともにひとつひとつ列挙され、その霊験が具体的に解説されている。北辰・北斗に鎮宅霊符神という新しい性格が与えられたのである。霊符は、その後もさまざまなものが生まれたらしく、日本に伝わって残るものは七十二精鎮符以外に、西晋の武帝が愛用した霊符、二十八宿曜の霊符、五岳鎮宅符、十二支象の霊符など多種多様に及ぶ。文様状の図だけでなく、文字や具象図を描いたものもある。共通しているのは、図を朱書していることであり、これは『抱朴子』の符が朱書したものであり、また同書に「北斗の字を朱書した護符を身につけると白刃も恐れなくなる」とある信仰と関係がありそうだ。

霊符は星信仰に起源をもち、本来道教系の信仰であった。ところが中国仏教でもこの星信仰が取り入れられ、鎮宅の役割をもつ北辰菩薩というものが誕生する。これについても先にみたが、五、六世紀頃に書かれたとされる『七仏所説神呪経《しちぶつしょせつしんじゅきょう》』（巻二）に初めて、その名が登場し、「今、神呪を説いて、諸国土を擁護せんと欲す。作《な》す所はなはだ奇特なり、ゆゑに名づけて妙見といふ」と、妙見菩薩に別名のあることを記している。奇妙なことに、この妙見菩薩には「衆星中の最勝、神仙中の仙」と道教の神につけるのを間違えたのではないかと思えるほど、道教用語の形容詞がついている。妙見菩薩は誕生当時から、道教と完全に習合したものだったといえそうである。

鎮宅さんの霊験・功徳の内容は時代とともに変化、多方面に及ぶが、道教・仏教ともにいつも除災招福が中心だった。その除災招福の一つとして武運長久・出陣勝利などが祈願された。革堂行願寺の鎮宅さんが、秀吉ゆかりのものとされるのも、それに関係があるのではなかろうか。加藤清正も熱烈な信者で、戦場にはいつも護持していたといわれている。
初期の道教では最高神に、太一神《たいいつしん》という神がいる。北辰・北極星のことでもある。鎮宅霊符はその太一神への祈願符でもあり、太一神そのものでもある。鎌倉時代に書かれた神道書『神号麗気記《しんごうれいきき》』によると、太一神と天御中主尊は同一神とある。星田妙見が、北辰・天御中主・妙見菩薩の三つの顔をもつのはこれでうなずけよう。

お札《ふだ》信仰

鎮宅霊符信仰は、その起源からも明らかなように、本来、霊符を使った呪法である。わが国で、その呪法が行われた最古の記録としては『日本三代実録』元慶元年（八七七）二月二十九日条に次のような記載がある。

是の日申《さる》の時、天皇東宮より遷りて仁寿殿《じじゆでん》に御す。童女四人、一人燎火を乗《と》り、一人盥《たらい》手器を持ち、二人黄牛《あめうし》二頭を牽し、御輿の前に在りて、陰陽家の新居を鎮めるの法を用ゐる。公卿内裏に宿侍して三日出ず。

この場合は陰陽師が主宰したとある。黄牛とは飴色の牛のこと。
その後、建久二年（一一九一）二月十七日に、内裏に魔縁が乱入するという夢告があったので、清涼殿と藤壺で仁王講を修法するようにと、御下命があり、その法会に行幸するに際して鎮宅祭をした

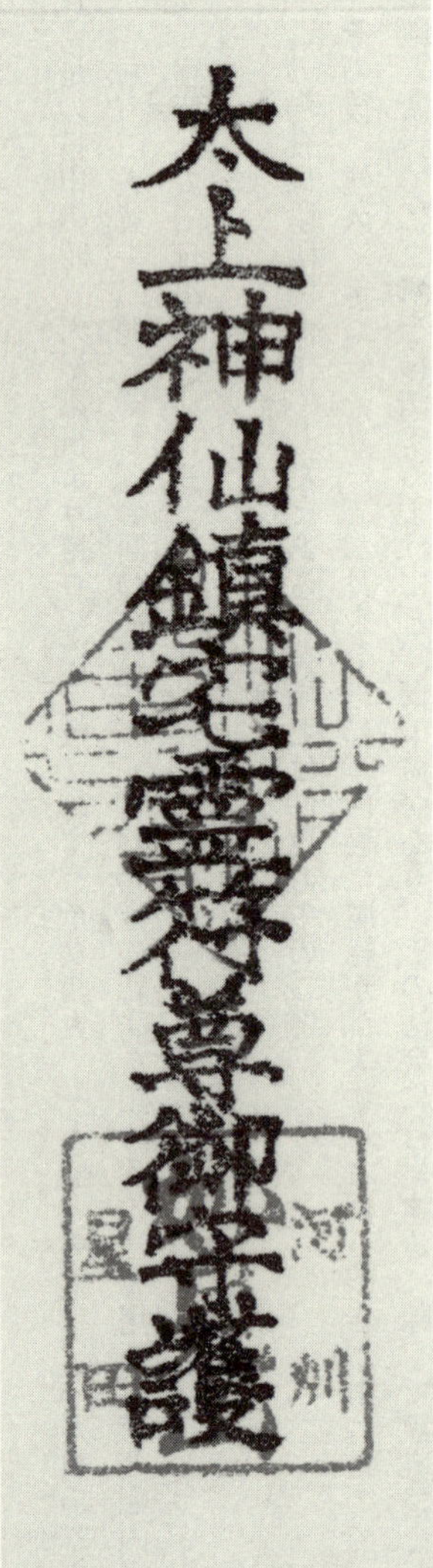

第36図　星田妙見の鎮宅符

（『玉葉』）。また同四年十一月九日には、鎌倉幕府の新造御所で鶴岡別当新僧正正隆によって鎮宅法が行われた（『吾妻鏡』）とある。これらのものは、僧侶が中心となったことがわかる。

陰陽師の呪法は、道教系のものであることはよく知られており、以上の三つの文献で調べると、道教・仏教両系統の信仰が、すでに平安時代末までに渡来していたことがしのばれる。

陰陽師が鎮宅の祭りをしたことは、養老職員令に、陰陽師の職掌として、「占筮《せむぜい》して地《ぢ》相《み》むこと」とあることや、同営繕令には「宮内に営造し及び修理すること有らむは、皆陰陽寮をして日択《え》らしめよ」とあって、陰陽師が建物の造営に関する祭儀をあずかっていたことと関係があるとみられる。

一方、仏教系の鎮宅法としては、天台・真言の両宗に鎮宅不動法、あるいは不動鎮宅法とよばれるものがある。これは、不動明王を本尊として、邸宅を鎮護するために修される秘法である。

鎮宅霊符信仰は、わが国では口伝による秘法の部分が多く、よくわからない点がある。御神体・御本尊は秘神・秘仏であるケースがほとんど。御開帳する時も、日時を決めて、それも夜だけというようなものもある。鎮宅の修法がどういうものかよくわからないが、鎮宅祭に使った地鎮具《じちんぐ》が平安宮跡紫宸殿《ししんでん》前面の承明門《しょうめいもん》跡から出土した。

鎮宅霊符信仰を調べていて気付いたことは、神社やお堂にまつられたものを、おおっぴらに参拝するよりも、信仰の基本は朱書した呪符をもち、ひそかに願いを託したようだ。道教系の呪符は、かつては陰陽師が書いて渡しており、今でも、その陰陽師に代わる人が民間にいるらしいことも聞いた。

大阪市東成区の妙法寺住職の山岸乾順師が鎮宅霊符神の由来・祭祀修法・符図などをまとめて、昭和四年（一九二九）『鎮宅霊符神』という本を刊行した。研究書というよりも、実用書に近いものである。ところが、同書は、戦後になって二回も復刻しており、着実な売れ行きがあるという。最近版は九千円もするが、刊行した京都・三密堂書店によると、呪法を学ぶために購入している人が多いという。鎮宅霊符の信仰は根強いものがあるようだ。「お札信仰」というものは、日本になじみ深いものので、その本家本元の信仰だからだろう。

【メモ】

星田妙見宮の所在地は大阪府交野市星田九丁目。正式名称は小松神社だが、今ではその名前はほとんど使われない。ご神体は二つの巨石。京阪交野線私市駅下車。

身中の虫を封じる行——庚申

大阪・四天王寺庚申堂など

四天王寺庚申堂の所在地は大阪市天王寺区堀越町。JR・地下鉄天王寺駅、近鉄阿倍野橋《あべのばし》駅下車。

四天王寺庚申堂

大阪と和歌山を結ぶ阪和線の起点・天王寺《てんのうじ》駅から北に歩いて五分。建ち並んだ民家の中に「四天王寺庚申堂」という御堂がある（第37図）。大昔はこの周辺も、四天王寺境内だったといわれている。六十日に一回、日ごろは静かなこの庚申堂境内に、小屋がけの店が軒を連ね、参拝者が続々と訪れる。例えば昭和六十二年（一九八七）は一月十一日、三月十二日、五月十一日、七月十日、九月八日、十一月七日で、庚申会式の日と前庚申の日がにぎわった。御堂内では終日、祈禱が行われていた。「庚申さんは、どんな願いごとでも聞いてくれます。今度は子どもの合格祈願を祈りました」。三月に訪れた時会った中年の女性は、そういいながら線香に火をつけていた。

日本人は、中国固有の宗教・道教を受け入れなかった——。それは長い間の定説であった。その例外として、これだけは道教の影響があると一般にも認められだしたものに庚申信仰がある。年に六、七回、六十日ごとに来る「庚申」の日に、招福を祈願する行事である。

この信仰については、宗教史、日本史、民俗学などによる研究が進んでいる。それによると、日本全国に分布し、祈願の方法や内容は実にさまざまだ。例えば、日本で一番古いといわれる四天王寺庚申堂の由来は、寺伝によると次のようなものである。

飛鳥時代の末、疫病がはやったことがあった。天王寺の毫範《ごうはん》僧都が、人々を助けようと「天」に祈っていると、正月七日の庚申の刻に、年のころ十六歳位の童子（青面金剛童子《しょうめんこんごうどうじ》）が現れた。天の命によって、除災無病の方便をあたえると告げた。それで、庚申の日に青面金剛童子に祈れば必ず願いがかなえられる。

四天王寺庚申堂は、帝釈天の使者・青面金剛をまつるので、明らかに仏教系の信仰だが、青面金剛童子が「天」に祈ったら現れたとか、「天」の命令で人々を助けるとか、後述するが、道教系の信仰が入っていることにお気付きだろう。庚申信仰は、もともと御堂にお参りするだけのものではなく、一カ所に集まって、祈願するのが特色である。例えば、奈良県内の平野部では、この青面金剛像を庚

右上：第37図　飛鳥時代末に起源をもつという大阪・四天王寺庚申堂。
右下：第38図　極楽坊境内にあったという庚申堂では、ぬいぐるみの身替わりザルが魔除けとして信仰を集める。
左：第39図　奈良盆地で「庚申さん」として祀られている青面金剛の掛け軸。

申さんと呼び、当番となった家の壁に掛け軸（第39図）をかけて、その前でごちそうを食べながら、夜遅くまで語り合うという習俗が残っている。青面金剛の代わりに、青森や新潟などでは神道の猿田《さるた》彦《ひこ》神を掛けるところがあるといわれる。江戸時代になって、庚申さんを、猿田彦にあてたという説もある。また、「見ざる聞かざる言わざる」の三猿図を掛けるところもある。青面金剛と三猿が一緒に描かれた庚申図も多い。

庚申さんと呼ばれるものは、実にバラエティがあるが、ほぼ共通しているのは庚申の日は、夜遅くまで起きているということぐらいである。それも現在では必ずしも守られているわけではない。先の四天王寺庚申堂は、講をつくってここから尊像の分身を勧請して、それを囲んで人々が集まり、夜を徹しておまつりしていた。各地の庚申講の本家本元であった。だから、かつての参拝者の多くは講のメンバーだったが、今では「一見さん」のお参りの方が多いようだ。

三尸

庚申信仰は、日本独自のものではないかという主張が、これまで、民俗学の父・柳田國男らによって主張されていた。それを否定して「道教ゆかりの信仰」であることを証明したのは、窪徳忠・東京大学名誉教授らの研究であり、それが広く知られるようになった。

窪氏らによると、庚申信仰には「三尸説《さんしせつ》」の影響が強いという。三尸については、四世紀初めの道教教典『抱朴子《ほうぼくし》』（微旨篇）に次のような記載がある。

人間の身中には、三尸という虫がいる。三尸とは形がなく霊魂・鬼神のたぐい。この虫はその宿主を早く死なせたいと思っている。人が死ぬとその虫は思いのままに浮かれ歩き、死者に供えたものを食べることができるからだ。それで、庚申の夜になると、いつも天に昇って、人の命を司る司命神に、その人の犯した過失を報告する。（中略）罪の大きな者に対しては、紀を奪う。紀とは三百日である。罪の小さな者に対しては、算を奪う。算とは三日である。

三尸が宿主を抜け出すのは、人が眠った時であると考えられた。だから、庚申の夜は、寝ないでいて、三尸が抜け出すのを防ぐことにしたのである。「待ち庚申」「庚申待ち」といわれるものである。平安時代初期の僧・円仁の『入唐求法巡礼行記《にっとうぐほうじゅんれいこうき》』の承和五年（八三八）十一月二十六日の条に「夜人みな睡らず。本国（日本）正月庚申の夜と同じなり」という記載があり、すでにそのころ待ち庚申の習俗があったらしい。また、待ち庚申をするだけでなく三尸駆除の符を書いて身体にかけたり、庚申の日に、薄い白紙か竹紙に朱書した符をのむといいということが道教教理書の『雲笈七籤《うんきゅうしちせん》』にあり、その習俗も伝わっていた可能性がある。奈良時代に庚申の意味が知られていたらしいことは、『続日本紀』養老五年（七二一）二月の条の次のような内容から推定できる。但しこの場合は、庚申の日ではなく、庚申の年のことである。

天皇はつぎのような詔をした。世の諺では、申年には常に事故があるという。これは、そのとおりである。去る庚申の年（養老四年＝七二〇）には、天のとがめの徴《しるし》がしばしば現れ、洪水と旱魅がおこり、人々は没落して、収穫は悪く、国家は騒然として、多くのものが苦労した。ついには、朝廷の模範であった右大臣の藤原不比等がにわかになくなって、朕は嘆き悲しんだ。

奈良時代に待ち庚申のような風習があったかどうかは不明であるが、右の記事から庚申というものに対する恐れがあったことは確かである。

やはり庚申の年がよくない年とみられていた事例を『続日本後紀』の承和七年（八四〇）三月の記事にみることができる。この年も庚申にあたっていたのであるが、陸奥で兵役に徴発された人々が庚申と称して逃げていったというのである。

庚申の年を凶年とする意識が、江戸時代では逆にめでたい年とみなされていくのは、後に述べるように大衆の娯楽と結びつくからであろう。

時間と空間の哲学

早くからわが国に庚申信仰が伝わっていたのは、信仰のもとになる「庚申」というものが、中国古来の時間と空間を定めた宗教哲学に密接な関係があり、時刻や方位の考え方とともに伝わったと考えられるからだ。

中国では時刻や方角を、十干十二支をそのまま使ったり組み合わせて表したことはよく知られる。『淮南子《えなんじ》』天文訓によれば、甲・乙・寅・卯は木であり、丙・丁・巳・午は火であり、戊・己は土であり、庚・辛・申・酉は金であり、壬・癸・亥・子は水である。例えば「丙午」は「火」であって、勢いが盛んな火であることから刀剣を鍛えるといいというような呪術も付随した。銅鏡などに「丙午之日作鏡」とある銘文はこれを物語っている。

さて、問題の「庚申」であるが、これは「金」であって刑を意味し、天帝の裁きを待つ時間であるといわれる。決定が下されるのは辛酉である。それで辛酉の前日である庚申には、天帝が三尸の報告を受けて、裁くための資料にすると考えられた。「尸」とは、形代《かたしろ》（祭りの時の神霊のシンボル）である。なぜ、二尸でも四尸でもなく三尸なのかについての考証はまだない。しかし、道教で人間の生命を形成するとされる「陰気」「陽気」「和気」の三気と関係があるのかもしれない。

刀剣をつくるのに丙午の日が選ばれたことは先に記したが、また庚申と辛酉の日にもなされたことは、中国や日本の事例で知られている。このことも、庚申と辛酉がともに「金」で刀剣に結びつくからである。したがって、この場合刀剣の製作と庚申信仰とは直接関係があるものではない。

この十干十二支の組み合わせによる時間と空間の宗教哲学を古代人が認識していたことを裏付けるのは、既にみたように、天武・持統陵が藤原京の真南（丙午の方角）に造られたことでもわかる（「八角墳」参照）。そこはよみがえりの地であった。また、持統天皇は、わが草壁皇子のライバル大津皇子を刑死させ二上山に葬ったことは有名だが、二上山は持統天皇の住む藤原京から「庚」の方角、つまり「かね」（金）＝刑死」を意味する場所だったのである（第40図）。

庚申信仰は中国でも古くから密教と習合しており、日本にも仏教とともに伝わったことは考えられる。しかし、平安貴族たちの庚申信仰は、道教そのものであったことが記録に残っている。「三尸を守る。老子の影を懸け、老子経を講ず」。これは保元《ほうげん》の乱（一一五六）の中心人物となったことで知

第40図　二上山東中腹にある古い石棺のふたを組み合わせて石槨をつくった鳥谷口古墳。発掘した橿原考古学研究所では大津皇子の墓ではないかという。

られる左大臣藤原頼長《よりなが》の日記『台記《たいき》』の天養二年（一一四五）正月庚申の条の記載である。『老子経』とは、道教教典の『老子道徳経』のこととみられる。老子は「太上老君《たいじょうろうくん》」として道教の始祖とされており、道教とは縁が深い。その老子の神影を飾って、待ち庚申をするというのであるから、道教思想に直接に基づく信仰とみてまちがいがない。

醍醐天皇の子供で、源姓をもらい、後に左大臣となった源　高明《みなもとのたかあきら》は、有職故実《ゆうそくこじつ》を書いたその著『西宮記《さいきゅうき》』の中に「御庚申御遊」という項目を設けて、庚申の夜は遊んだと記している。清少納言の『枕草子』にも、次のような記載がある。

「いまは、歌のこと思ひかけじ」などいひてある頃、庚申せさせ給ふとて、内の大殿、いみじう心まうけせさせ給へり。夜うちふくる程に、題出《だいいだ》して、女房にも歌よませ給ふ……。

（九十九段）

庚申の夜については、物語などにも多数の資料があるが、いずれも歌よみをしたりして、楽しく過ごしたらしい様子がうかがえる。『源氏物語』のあの有名な「雨夜の品定め」も、庚申の夜の語り合いだろうという説があるが、なかなか説得的である。

庚申信仰は中世から近世にかけて、庶民の中に広まっていく。ひな祭りや端午の節句がそうであったように、宮中行事として受け入れられ、やがて大衆のものとなったのである。その間に、猿田彦神や、見ざる聞かざる言わざるの三猿も「庚申さん」の本体に加わった。それは「申」が動物のサルに当てられることから日本でこじつけられたことも、最近の研究でわかっている。「三尸」については、中国では、ミミズのような虫や牛頭に人間の一本足がくっついたような奇妙なものを想像しているが、日本人の感覚ではついていけなかったらしい。しかし、庚申さんが命の長短を決める権限をもつという信仰だけは、変質せず、オールマイティの神として重宝がられたようだ。そのうえ、この庚申の日は、おおっぴらにごちそうを食べながら夜ふかしができる。いや、それが行事の目玉とあっては、盛んになるのは無理もない。庶民の暮らしが厳しくなればなるほど、「諸願成就」を祈願する庚申信仰が広まった。それも六十日に一回やってくるとあれば、骨休みの日としても、農民の生活サイクルの中で重要な意味あいをもったことと思われる。

毎日が庚申の日のようになった現代では、信仰が薄れて、講が消滅するのも無理がないといえよう。

第二部

道教について

福永　光司

聞き手
千田　稔
高橋　徹

道教とは何か

――同じ宗教といいながら、他の分野に比べると、道教は研究者も少なく、研究はおくれているといわれています。それでも、最近道教について書かれたものが、かなり刊行されるようになりました。ところが、学者によって、道教とは何かについて、意見の違いがかなりあるようです。日本古代文化と道教について考えるとき、道教とはどういったものかという理解の差によって、「だから、日本には伝わらなかった」「庶民の間にしか伝わらなかった」というように、結論も違ってくるわけです。福永先生の場合は、道教は古代日本国家の中枢部、つまり皇族や貴族たちにも思想・信仰として大きな影響力を持ったと考えられているわけですが、ではその道教とはどういうものかお聞かせください。

道教とは何かについて、これまでいろいろな学者がさまざまに答えを出しています。しかし、これまでの学者の答えと私のそれの違う点は、大きく分けて三つあります。その第一点は、道教を儒教や仏教と横〔平面的〕に並べて対立させ、儒・仏・道の三教を縦割りにして、三教の相違点の究明に重点をおくこれまでの研究の仕方を改めることです。そして、中国古代の巫術《ふじゅつ》〔鬼道〕の上に儒教〔葬祭の典礼〕が乗っかり、その巫術・儒教の上にさらにインド、シルクロードから伝来した仏教が乗っかり、最後にそれらを総合し集大成する形で道教がその上に乗っかるという中国宗教思想史の展開の事実に基づいて、そこで儒教と仏教と道教が縦〔立体的〕に積みあげられ、幾重にも重層的な構造を持つ複合の宗教であることに刮目《かつもく》し、このような複合の宗教である道教を構造的・立体的〔思想史的〕に研究し、道教とは何であるのかを明らかにしてゆこうとしていることです。

その第二点は、道教を立体的〔思想史的〕に研究することと関連して、道教の思想・神学がその黄金時代を迎え、思想・神学としての一応の完結を見せる隋唐五代の時期——それはまた古代日本から多数の政府留学生が次々に中国に送りこまれ、中国の宗教文化が幅広く積極的に持ち帰られ受容された時期でもあります——に、道教が本場の中国でどのような宗教として理解され認識されていたかということを明らかにしていこうというのです。それにはこの時期にすぐ接続する十一世紀、北宋の初めに、熱烈な道教の信奉護持者・真宗皇帝の勅命を受けて、当時の第一級の道教学者・張君房が責任編集した一種の道教教理百科全書『雲笈七籤《うんきゅうしちせん》』百二十巻の具体的な記述内容によって検討考察し、その成果を基準としてゆこうとしていることです。『雲笈七籤』の具体的な記述内容には、隋唐時代の五経〔易・書・詩・礼・春秋〕を中心とする儒教経典解釈学や、中国仏教学〔天台・華厳・浄土・禅〕の教義を導入した道教の神学教理、思想・宗教哲学が多く指摘されますが、このような儒教や仏教をも広く包みこむ『雲笈七籤』の記述内容によって、道教とは何であるのかを明らかにしようとすることは、これまでにほとんど試みられなかったことです。

その第三点は、道教を十二世紀、南宋以後に成立した河北新道教〔全真教など〕に基づいて民衆宗教として特質づけ、道教の民衆的・民間信仰的な性格を全面的に強調するこれまでの学者の考え方を訂正して、河北新道教の成立する以前、すなわち北魏ないし唐代の道教によって典型的に代表されるような国教としての道教、もしくは皇帝・貴族・高級官僚などを強力な牽引車〔推進者〕とする国家的・王権擁護的な性格を顕著にもつ宗教としてとらえなおすことです。そしてまたそのことによって古代日本の天皇家ないしは宮廷を中心にして道教の思想信仰が重要な関心事となり、積極的に受け入れられてゆく経緯と事情も、新しく明らかにされてゆくことが十分に期待されます。

これまでの学者たちの道教研究では、先にも述べましたように儒・仏・道の三教を横〔平面的〕に並べて対立的にとらえ、三教相互の相違点の究明に研究の重点がおかれたため、道教の中に持ちこまれている儒教的・仏教的なものはすべて贋物《にせもの》・不純物として取り除かれ、純粋な道教の祖型として二、三世紀、漢魏の時代のいわゆる三張道教が注目重視され、道教とは何かを考える上の学問的な基準とされてきました。

——「五斗米道《ごとべいどう》」という教団を興した張陵《ちょうりょう》、張衡《ちょうこう》、張魯《ちょうろ》の三人の張さんの教えですね。

そうです。初代の張陵〔張道陵〕が、後漢の順帝の漢安元年（一四二）、四川省成都の郊外、鵠《こく》〔鶴〕鳴山《めいざん》の上で、神になった老子——これを老君、太上老君《たいじょうろうくん》といいますけれども——そのお告げ〔神勅〕を受けるわけです。つまりキリスト教でいえば、いわゆる山上の垂訓です。その垂訓が「正一盟威の道」の教えと呼ばれています。ところで「正一」というのは、『老子』第三十九章の「侯王は一を得て天下の正となる」という言葉と『易経』繋辞伝《けいじでん》の「貞勝」の韓康伯《かんこうはく》の注、「貞とは正なり、一なり。老子曰く、一を得て以て天下の正となる……」とある言葉をコンビネートしてできています。また、「盟威」というのも『書経』湯誥篇《とうこうへん》に「天命の明〔盟〕威」とあり、上帝の威光・威力のことだと解釈されています。

――そうすると、古来からある上帝信仰と『老子』の無為自然の「道」の哲学、『易経』の吉凶を判断する占いの哲学などが一体となったと考えていいわけですね。

「正一盟威の道」とは具体的にどういうものか、簡単に説明することは困難ですが、おおざっぱにいうと、『老子』と『易経』のコンビネーションで上帝信仰を哲学的に理論化したものと見ることができます。その正一盟威の道の教えの祖型（五斗米道）を奉戴する三張道教が、昔の蜀《しょく》の国、現在の四川省を根拠地にして道教を説き、たくさんの信者を獲得しました。その信者たちを教団に組織して、全体を三十六（一年の日の整数三百六十を陰陽の二で割り、その百八十をさらに五行の五で割った数）の教会区に分けましたが、この教団は強大な軍事力を持ちました。中世の大坂の石山本願寺を中心にした一向宗一揆はこれをモデルにしているのではないかと思います。一向宗の最も重んずる経典『仏説無量寿経《ぶつせつむりようじゆきよう》』は、三張最後の張魯教団の教義解説書とされる『老子想爾注《ろうしそうじちゆう》』と用語・思想表現とも全く共通の基盤の上に立っています。

張陵とその子の張衡、そして孫の張魯の三代にわたって、勢力を広げ、中でも張魯は政治的・社会的・軍事的にもすぐれた能力をもち、宗教的な独立の王国をつくるわけです。それで魏の曹操に攻められ、降参することになりますが、それは建安二十年（二一五）のことです。石山本願寺が信長に攻められますが、それとよく似ています。その後、張氏は政治的・軍事的活動は禁じられ、江西の竜虎山に移って宗教教団の統率者＝天師としてのみ存続します。

――張魯のお母さんが美人であったので、そのお母さんに助けられて蜀の地方に大きな勢力を築くことができたともいわれていますね。

そういうことも史書〔『三国志』蜀書劉焉伝〕に記録されています。はじめは五斗米道、後に天師道とよばれるようになったこの教団は、リーダーを張天師と呼び、いまは七十六代目の張天師が台湾におられるようです。それはともかく、この三張道教は中国古来の巫術を中心として祈福や治病などを行い、当初は儒教・仏教の影響を受けることも少なく、大規模な宗教一揆を起こして、いわゆる民衆宗教的な性格を強く持っていたのですが、しかし六朝時代の後半期には完全に体制内宗教に転身して、カトリックのキリスト教がローマの皇帝権力と結合し、ギリシャ・ローマの古典哲学によって教義を整備したのと同じく、太上老君から正一盟威の道を授けられたというように、その教義が『老子』や『易経』などの中国の古典哲学でモディファイされてゆくことになります。

四重構造の道教

——各地の中国寺院を訪れて、いつも思うのですが、仏教と道教をそう単純に分離できるのでしょうか。

実は、そこのところが問題です。六朝時代の仏教学者たちが、攻撃すべき対象として考えている道教が、仏教と関係ないものとして厳しく分離されているのも当然でしょう。また近現代の欧米の中国学者たちが、彼らの学問分類の通念に従って儒・仏・道三教を縦割りにし、道教を儒教・仏教と全く分離して三教それぞれの相違点を重く見るのもまたやむを得ないと思います。しかし、先にも述べましたように、中国における宗教思想史の展開の事実は、それとは大きく様相を異にしており、三教が横に並んで平面的に対立し、三者の明確な縦割りを可能にするというよりも、むしろ縦に重ねられた形で立体的に積みあげられ、全体として重層構造をなしていて、段階ごとの輪切りは可能であると見るほうが妥当であるように考えられます。そういうことで最近の私は、道教四重構造論というものを唱えております。すなわち、古く殷王朝の時代に源流をもつ第一段階の「鬼道」〔巫術〕の教えから、前三～後二世紀、秦漢時代にその成立が推定される第二段階の「神道」の教えへ、さらにまた三～四世紀、魏晋の頃に成立する第三段階の「真道」の教えから五～六世紀、斉梁の頃に成立する第四段階の「聖道」の教えへというように、輪切りにした形で四つの段階〔四つの重なりの層〕に分け、その全体を総合して道教とは何かの問題に答えようとするものです。詳しいことは、私の著書『道教思想史研究』〔岩波書店、一九八七〕に収載する「道教について」「道教とは何か」「鬼道と神道と真道と聖道」などの論文を見て頂ければと思います。

要するに道教と儒教・仏教との関係は、複雑に入り組んでいて、いつの時代、どの段階であるかによって道教は何であるのかの答えが相違し、後の段階になるほど三教相互に密接する度合いを強くし、最終段階の唐五代の時期には、儒教も仏教も必要な部分はすべて「聖道」の教えとしての道教の中に大きく取りこまれているということになります。

——先生の場合は、唐代の道教に重きを置かれているわけですね。

そうです。教団のシステムとか儀礼とか政治的・社会的役割などではなく、道教の神学教理＝思想哲学を問題にして考えると、それが一応完成するのは、唐五代の時期です。もともと同根である儒教だけでなく、外来の仏教やイスラム教などからも神学教理を取り入れて完成します。唐の皇室が率先してこの道教を信奉し国の教えとして、皇帝以下、貴族・高級官僚が熱烈に護持した、いわば道教の黄金時代です。

基準教典は『雲笈七籤』百二十巻

──古代日本が積極的に大陸文化を取り入れはじめたのは、隋唐時代だったわけで、日本文化に与えた影響を考えるうえでも、唐の道教が、大切だということはよくわかりますが……。

ただしかし、残念ながらこの唐や五代の時期の道教の神学教理書を全体として網羅した仏教の『大蔵経』のようなものは現存しません。それがつくられたことは確かな記録があるのですが、戦乱のために亡佚しています。ただ、五代の滅亡（九六〇年）の後ちょうど六十年、十一世紀の初め一〇一九年、北宋の真宗という皇帝の時代ですけれども──これは日本でいうと藤原道長が出家入道した年ですね。紫式部の『源氏物語』の書かれるのとほぼ同じころです──その時に皇帝の勅撰で出来上がった『雲笈七籤』百二十巻という道教の大部な書物があります。これがいうならば唐代道教の神学教理のエッセンスを集めた一種の思想百科全書です。この『雲笈七籤』を読むことによって、その『雲笈七籤』の中で道教がどのような宗教として考えられているのかを、また、どのような思想・宗教哲学を整備しているのかを明らかにして、道教とは何かの答えにしたいというのが、私の道教研究の基準であります。

このように『雲笈七籤』によって道教とは何であるのかを考える限り、『雲笈七籤』の中には中国仏教が大幅に持ち込まれてきているわけですから、したがって仏教を全く排除して道教とは何かを考えるというのはナンセンスということになります。

――だいたい日本の学界では仏教と道教を横に並べて縦割りにし、はっきりと分けるわけですね。これは近代ヨーロッパの学問の研究方法の影響です。しかし現実の中国、とくに六朝隋唐時代の中国の学術思想は、近代ヨーロッパ流の縦割り方式の考え方とは違うんですね。

中国では新しいものが出てきても、古いものはそのまま残しておいて、その上に新しいものを次々に積み上げてゆくというやり方です。人間の生き死にの問題に関しても、仏教であれ、イスラム教であれ、キリスト教であれ、役に立つと見れば大胆に取り入れ活用してゆく。初めは反対し排斥する動きがあっても本当に役立つと見きわめれば、次第に折衷習合して相手の長所をこだわらずに取り入れてゆき、ついには自家薬籠中のものにしてしまう。インドの仏教が伝来してきた時もまた同様で、仏教は道〔菩提〕の教えであり、中国伝統の「神道」の教えもしくは「真道」の教えと同じく道教（漢訳『無量寿経』には仏教を意味してこの言葉が四回も使われている）であるという考え方で受け入れてゆき、古いものの上に次々に積み上げてゆく。二者択一的に考えて古いものは捨ててしまうのではなく、『荘子』（斉物論篇）にいわゆる「両行」――ふたつながらおこなわれる――の原理で処理してゆくのです。六世紀、六朝梁の時代に茅山《ぼうざん》道教の確立者としてその神学教理を『法華経』の仏教哲学の大幅な導入によって整備・集大成した陶弘景《とうこうけい》（四五六〜五三六）などが、その典型としてあげられましょう。彼の道教神学から仏教的なものを取り除いてゆくと、その道教神学はもはや道教神学とは呼べなくなるほど、仏教の影響を強く深く受けております。といいますのが、陶弘景において『法華経』の仏教哲学とは、「理は一乗の致《むね》に会《かな》ふ」ものであり、「義は玄任の境を窮める仙書の『荘子』（内篇）」や「事は高真の業を極める上清上品の道経（道教教典）」と、「万象を包括し幽明を体具する」宗教哲学として同列一体のものと認識されています（陶弘景『真誥《しんこう》』叙録）。そして茅山におけるこのような陶弘景の仏教を大きく包みこむ道教の神学教理＝思想・宗教哲学こそ、黄金時代の唐五代数百年間を通じる道教の神学教理の根幹部分を形成しているのです。『雲笈七籤』の具体的に記述する道教の神学教理は、この黄金時代、唐五代のそれにほかなりません。

『墨子』や『韓非子』も道教の教典

――道教の教理百科全書を『雲笈七籤』と呼ぶのは、なぜでしょうか、どういう意味があるのですか。

「雲」は道教の神の世界のシンボルです。「笈」というのは書物などを入れて背中に負う箱ですから書庫を意味します。雲の上は神仙世界ですから天上の神の世界に保管されている図書、すなわち道教の文献のことを雲笈と呼ぶのです。「七籤」というのは『俳諧七部集』の七部と同じ意味です。「籤」というのは「くじ」であり、人間の吉凶の運命を分類するものですね。大吉・吉・大凶・凶などに部類わけをしますから「部」と同じ意味で使われます。七籤は七部の分類、すなわちすべての道教の文献を七つのパートに分けるわけですね。

七つのパートとは、三洞四輔《さんどうしほ》をいいます。その詳細は説明を省きますが、三洞（洞は貫通すること。深く広い根本の真理）とは洞神《どうしん》・洞玄《どうげん》・洞真《どうしん》で、四輔（輔は助けること。三洞を助ける四部の書）とは、太清《たいせい》部・太平《たいへい》部・太玄《たいげん》部・正一《しょういつ》部です。例えば、正一部には、陰陽道関係のものが多く入っています。また太清部には一般的な古典文献とされている『墨子《ぼくし》』や『韓非子《かんぴし》』なども入れられています。『韓非子』などは、ほとんど道教と関係がないように一般には考えられていますが、道教の神の世界の官僚システムは、法家の地上の世界の官僚システムをそのままモデルにしているわけですから、無関係ではありません。道教の功過格《こうかかく》の功過というのも法家が使っていた言葉ですね。報応という言葉も『漢書』刑法志などに古く見えていて、やはり法家が使っています。

地上の現実世界の律法が神の世界の律法にもなるということであり、法家の文献である『韓非子』が三洞の道教の教義を輔《たす》けるという意味で四輔の中に入れられているわけです。『墨子』は上帝の「義」と「不義」を説き、鬼神の実在を強調し、祭祀を重視しますから、同じく三洞の道教の教義を輔けるということで四輔の中に加えられることになります。なお、墨子は六朝時代には道教の仙人の一人とされ、道教という言葉それ自体を中国の思想史で最初に使っているのも『墨子』（非儒篇・耕柱篇）です。

三洞の思想史的整理

――三洞四輔の全部が、同じレベルで重要と考えられているのですか。

いえ、四輔は三洞を輔ける文献ということであり、道教の教典の実質的中心は三洞です。『雲笈七籤』によって洞神・洞玄・洞真の三洞の道教文献を読んでいって、これを思想史として整理しますと、次のように時代を追って時間の経過と共に道教の神学教理が展開していったということを跡づけることができます。私のいわゆる三洞の道教教理の思想史的整理です。そして、この三洞の道教教理の思想史的整理はまた上に述べました道教の四重構造論とも密接に対応し、第一の「洞神」は四重構造論の鬼道と神道とに、第二の「洞玄」は同じく真道に、第三の「洞真」は同じく聖道にそれぞれあらまし対応すると見ることができます。したがって、この「洞神」「洞玄」「洞真」の三洞を順番に解説することによって道教が四重構造を持つ複合の宗教であることも、さらにはまた道教がどのような神学教理を持つ中国民族の土着宗教であるのか、すなわち道教とは一体何であるのかの問題に対しても一応の答えが与えられることになると思います。

洞神――僊の時代

——三洞の第一である「洞神」について具体的に説明して下さい。

前に述べましたように道教の思想史は大きく分けて三つの時代となりますが、いちばん古いのは「僊」の時代ですね。「仙」と書かずに「僊」と書きます。この僊の時代は『雲笈七籤』の三洞の分類でいえば、ほぼ「洞神」に相当し、お祭り中心の時代です。神僊をお祭りすることによって、神僊の持っている不死の薬をもらう。それを飲むことによって自分も不老不死を実現する。要するに、お祭りが、求僊の中心です。そのために最高の権力の座にある秦の始皇帝とか、漢の武帝とかは盛んに祭祀を行う。全国を旅行して神僊が降りてくるという山や川があれば、すぐに山祭り、川祭りをやるわけです。『日本書紀』の記述する推古や皇極、皇極の重祚《ちょうそ》された斉明天皇のころの神僊信仰は、この第一期のお祭り中心の「僊」の時代の道教が入ってきたと見ることができます。

不死の薬をもらえば僊人になるというので秦の始皇帝の命令をうけ、その薬をもらうために探し回った一人が九州福岡・八女市の童男山《どうなんざん》古墳に祭られている徐福《じょふく》です。その徐福の墓は八女市のほか紀伊の熊野だという説、丹後だという説、いや島根だという説などがあり、要するに中国の宗教文化が日本にやってくる要《かなめ》の場所には必ず徐福が祭られているといってもいい過ぎではありません。

この徐福を派遣した秦の始皇帝や太一神を熱心に祭ったという漢の武帝(『史記』封禅書《ほうぜん》)に代表されるように、漢代までの神仙信仰は祭祀中心の「僊」の時代です。この時代の「僊」の祭りの遺跡を具体的に記録しているのは『漢書』地理志で、左馮翊《さひょうよく》・谷口県《こくこう》の僊人祠、河南郡・猴氏《こうし》県の延寿城僊人祠、琅邪《ろうや》郡・不其《ふき》県の太一・僊人祠九所など克明に記録されています。その場合、祭りを担当するのは巫祝《ふしゆく》ですが、この当時、巫祝は医薬と組み合わされて「巫医」とよばれています。道教の究極的な目的は、病気や災害を避けて天から与えられた寿命を全うすること、『荘子』の哲学でいわゆる「全真」すなわち「真を全うする」ことですが、大昔の中国で「真を全う」するためには、もっぱら神に祈りを捧げるしかなかった。その後、医術薬学が次第に発達して、前六世紀、孔子の時代には信頼すべきものとして「巫医」の存在が語られています(『論語』子路篇「子曰く、南人、言へること有り。曰く、人にして恒《つね》無くんば、以て巫医と作《な》すべからず」)。このように医(医術薬学)と組み合わされた巫(巫祝)は祭祀を司って祈禱・禁呪・符水(お札《ふだ》とお水《みず》)・霊媒・使鬼・治病などを行いますが、わが国で八世紀の初め、元正天皇の養老二年(七一八)に成った「養老令」(職員令)によりますと、典薬寮には医師十人、医博士一人、薬園師二人などと共に呪禁師《じゆごん》二人、呪禁博士一人、呪禁生六人などが定員化されており、古代中国の巫医の術がほとんど直訳的に導入されていることが確認されます。一方また呪禁の巫術の本場である中国でも儒教の開祖とされる孔子が「神を祭れば、神在《いま》すが如くす」(『論語』八佾《はちいつ》篇)とか「丘《われ》の禱《いの》るや久しいかな」(『論語』述而篇)など、巫祝と密接な関連を持つ祭祀・祈禱のいわゆる「鬼神の事」を行ったことが記録されており、儒教と道教(孔子と巫祝)を縦に割り切って、両者が全く無関係のものであると決めつける考え方が思想史の事実に大きく反することを有力に裏づけています。

儒教・道教の重なり合う部分

――そうすると儒教の学術・思想も唐代では道教の教典・教理の中に大きく取り入れられるということになるわけでしょうか。

というよりも儒教と道教とは本来的にはっきりと分けられない部分を多く持ち、卑俗な言葉でいえば、もともと〝同じ穴の貉《むじな》〟であるという一面を持っています。その証拠に三世紀、魏晋の頃までは儒教もまた道教と呼ばれることがありました。例えば儒教の根本経典である『書経』の湯誥《とうこう》篇「恒有るの性に若《したが》ひて克《よ》く厥《そ》の猷《みち》を綏《やす》んずれば、惟《こ》れ后《きみ》たり」の孔安国伝に「人に恒有るの性に順いて能く其の道教を安立すれば、則ち惟れ君たるの道なり」とあるのがそれであり、また『三国志』呉書の陸《りく》遜《そん》伝に、陸遜（一八三～二四五）の上疏文の言葉として「光武（皇帝）中興して群俊ことごとく至れり。いやしくも以て道教を熙《ひろ》め隆《さか》んにすべきものは、未だ必ずしも遠近とせず」とあるのなどがそれです。

それからまた『書経』金縢《きんとう》篇にも次のような話が載せられています。周の武王という天子が病気になった時に、弟の周公旦《しゅうこうたん》が、私を身代わりにして兄を助けてくださいという祝詞《しゅくし》〔冊祝〕を神に捧げるという話です。その祝詞を金属の箱に入れて鎖でくくって、土に埋める。金縢というのは金属製の縄でしばるという意味です。祝詞は神に捧げる言葉で、この場合は周王朝の天子と関係しますから『書経』の中に取り入れられているわけです。

道教文献で神に捧げる祈願文――これを「章」もしくは「章奏」とよびます――を集めたものとしては、『道蔵』洞玄部表奏類に収める『赤松子章暦《せきしょうしょうれき》』六巻と、同じく表奏類に収める唐の杜《と》光庭《こうてい》の

『広成集』十七巻、『太上宣慈助化章』五巻などが有名ですが、『書経』金縢篇に載せる周公旦の祝詞〔冊祝〕は、これら道教の祈願文〔章奏〕の祖型をなすものと見ることができます。儒教と道教とはこの点でもまた連続的であり、ひとつに重ね合わされる面を持っているといえましょう。

――儒教と道教が連続的であり、重ね合わされる面を持っているということをもう少し具体的に説明してください。

儒教の根本経典「十三経《じゅうさんぎょう》」の一つに周王朝の時代の官職制度を具体的に述べたとされる『周礼《しゅらい》』という書物があります。この書物に載せる官職の数は全部で三百六十。これを天官・地官・春官・夏官・秋官・冬官の六部それぞれ六十官に分けていますが、このうち春官とよばれる六十の官職すなわち大宗伯職・小宗伯職・典祀職・大祝職・司巫職・馮相氏職などが宗教関係の職掌を分担し、最初の大宗伯の職掌を述べるところでは、祭礼の対象となる天地八百万の神を天神・地祇・人鬼の三大部に分けています。このうち天神というのは天上世界に住む神々のことで、その最高神は昊天上帝〔太一神〕と呼ばれます。地祇というのは土地神である社稷《しゃしょく》の神、山林や川沢を鎮める神々であり、このうち山林を代表するのは五岳〔泰山・衡山・華山・恒山・嵩山〕、川沢を代表するのは四瀆《しとく》〔崑崙山を水源とする黄河・岷山《みんざん》を水源とする長江・桐柏山《どうはくさん》を水源とする淮《わい》水・玉屋山を水源とする済水〕です。五岳の神、四瀆の神の祭りは、『周礼』では国君〔国家の主権者〕しか行うことができないとされています。

祭礼の基底は土俗

——『周礼』に記す山や川の祭礼は、もともとその地域に古くから土俗としてあった祭りを基底に置いているのではないでしょうか。

その通りだと思います。古くからの土俗的なものを国家レベルで吸い上げて整理粉飾し、それに格づけをして権威づけるわけです。いわゆる〝政治〈国家権力〉による宗教〈祭祀〉の調整〟です。『周礼』に記す国家レベルの祭祀も、もともとは村々で土俗的に行われていたものです。それを民間レベルから国家レベルに切り替えて、祭祀権を政治権力と結びつけ、これは国君だけしか行うことができないなどと想定したわけです。そして民間の土俗的な祭りの仕方を参考にしながら、大勢の学者がデスクワークで整理粉飾したもの、これが『周礼』であり、儒教の礼典といわれるものです。

古代日本や東アジアの諸国で礼典とよばれている国家的な宗教儀式は、みなここから来ているといえましょう。

——山祭り〈山岳宗教〉の代表的なものといいますか、祖型をなすものは、秦の始皇帝が始めたという泰山《たいざん》での封禅の祭祀といわれますが、その祭祀は日本では儒教の祭りと考えられていますね。

封禅の祭祀については、私の若い時に書いた「封禅説の形成」という長編の論文がありますが〈前掲拙著『道教思想史研究』に収載〉、これも民間レベルの土俗的な山岳信仰を基底に置いて、帝王のみが行いうるという国家祭祀につくりかえたもので、「方士《ほうし》」と呼ばれる一群の宗教ブローカーたちが、皇帝に売り込むためにでっちあげたものです。しかし、この皇帝のみが祭祀権を持つとされる封禅の山祭りを、漢代において儒教一尊体制を確立した武帝が採用して実施したため、日本だけでなく中国でも古くから儒教の礼典のトップを飾る最重要の行事とされています。しかし、その基底にあるものは、私の論文「封禅説の形成」で詳細に考証してありますように、民間レベルの土俗的なものです。

儒教の宗教的性格

――漢の武帝に仕え、武帝の儒教一尊体制の確立に最も重要な役割を果たしている董仲舒《とうちゅうじょ》は、いわゆる儒者ではないのですか。

董仲舒（前一七九頃～前一〇四頃）は確かに儒者といわれていますが、武帝に仕える以前は、華北で巫祝のような仕事をしていたと推定されます。彼の主著とされる『春秋繁露』に符瑞・止雨・求雨などの諸篇があり、全体として巫術と関連する記述が多く見えていること、また漢の武帝の、どのようにしたら「天の祐《さいわい》を受け、鬼神の霊を享けて」「天下太平」を実現することができるかの諮問に答えて「対策三首」を献上し、武帝の称賛と抜擢を受けていることなども、私の推定を裏づけるでありましょう。

董仲舒において「天とは百神の大君」（『春秋繁露』郊語篇）、すなわち天地八百万の神を統率する最高の神格でありましたが、その「天の祜を受け、鬼神の霊を享けて」「天下太平」を実現するという漢の武帝の諮問と董仲舒の対策に見られる顕著な宗教的性格は、『史記』孔子世家が記述する「孔子の母が尼丘に禱つて孔子を生み」、幼児期の孔子が「嬉戯するとき常に俎豆《そとう》〔祭具〕を陳《つら》ねた」という家庭環境もしくは宗教的資質と無関係ではないといえましょう。「丘《われ》の禱《いの》るや久しいかな」（『論語』述而篇）、「罪を天に獲れば禱る所無きなり」（『論語』八佾篇）などという敬虔な上帝信仰の持ち主・孔子を開祖とする儒教は、その根本経典である『礼記《らいき》』祭統篇にも「凡そ人を治むるの道は礼より急なるは莫《な》し。礼に五経〔吉・凶・賓・軍・嘉〕有り、祭より重きはなし」というように、礼を教学の根底中枢に据えるかぎり、必然的に宗教と結びつく宿命を持つといえましょう。

道教と官僚システム

――話を戻しますが、『周礼』の大宗伯職の「天神・地祇・人鬼」で判断するかぎり、儒教は天・地・人を祭ったと考えてもいいわけですね。

そうです。もともと民間レベルで土俗的に行われていた天と地と人〔祖先〕の祭りを秦漢世界帝国の成立と共に国家レベルで整理とランクづけをし、それまでの祭りの担《にな》い手・巫祝もまた国家公務員として体制の中に組みこまれ、さらに儒教がこれらを礼学として教学体系の中に位置づけ、制度化し理論化します。そして制度化し理論化された儒教の礼学が、こんどは逆に三世紀、魏晋の頃から整備され形成され始める道教の制度儀礼、神学教理の中に大きく取り入れられていく。その典型的な例を一、二あげてみますと、先ず道教の神の世界の官僚システムです。

道教の神の世界の官僚システムについて最も古く解説しているのは、『抱朴子《ほうぼくし》』微旨《びし》篇の「百二十官、曹府相因《あいよ》る」です。

「百二十官」といえば、日本古代の『筑後国風土記』（逸文）に述べる「上妻《かみつやめ》の県《あがた》〔福岡県八女市〕……筑紫君磐井《いわい》の墓《はか》墳……墓田は南と北と各《おのおの》六十丈、……石人と石盾と各六十枚」の「石人〔冥界の官僚〕石盾」の合計百二十も『抱朴子』の「百二十官」と関連を持つと思いますが（この古墳のすぐ近くにある童男山古墳に〝求僊の使者〟徐福が祭られているのも注目されます――上述）、この『抱朴子』の「百二十官」は、さらにまた儒教の礼学の経典『礼記』王制篇の、地上世界の官僚システムの枠組みを解説する記述の中の「天子・三公九卿・二十七大夫・八十一元士」の三と九と二十七と八十一の総計百二十に基づきます。

儒教の礼学が道教の神学教理の中に取り込まれていく今ひとつの例をあげますと、道教の病魔の悪鬼を解説する「五気・五色」の理論があります。すなわち五世紀の初め、東晋末・宋初に書かれたものと推定されます『洞淵神呪経《どうえんしんじゅきょう》』誓魔品に、魔鬼のもたらす疫病を説明して、「鬼おのおの赤棒を持し、世間に遊歴して専ら生人を取り、日に月に之を候《うかが》ふ。青気なるものは卒死〔急死〕し、赤気なるものは腫病あり、黄気なるものは下痢し、白気なるものは霍乱《かくらん》〔コレラ〕となり、黒気なるものは官事〔訴訟事件〕あり。此の鬼ら此の気を持して天下に布《し》き行ひ、其の愚人を殺す」とありますが、この記述は儒教の礼学の経典『周礼』天官「疾医」職に「五気五色を以て其の死生を眠《み》る」とあり、その鄭玄の注に「五色とは面貌の青赤黄白黒なり。……五気とは五臓出だす所の気なり。肺気は熱、心気これに次ぎ、肝気は涼、脾気は温、腎気は寒」とあるのなどに基づきます。以上は一、二の例をあげたにすぎませんが、これらによっても道教の神学教理が儒教の礼学に多くを負うていること、道教と儒教とが宗教文化の面では多くの場合、共通の基盤の上に立っていることが確認されましょう。

天・地・水――とくに水を重視する道教

――儒教の世界観は「天・地・人」を基軸としますが、道教では「天・地・水」だといわれますね。

そうです。儒教では天と地の「両儀」に人間が加わって「参」となるといわれますが、道教では天と地と水に対して人間がおのれを虚《むな》しくして、ただひたすらに随順するということになります。二～三世紀、漢魏の時代の三張道教〔五斗米道ないし天師道の教え――上述〕の神学教理を解説した『三国志』魏書の張魯伝の注に引く『典略』によりますと、「その請禱の法は、病人の姓名を書き、罪に服するの意を説く。〔首過の書〕三通を作り、その一は之を天に上《たてま》つりて山上に著《つ》け、その一は之を地に埋め、其の一は之を水に沈む。之を三官手書と謂ふ」とあり、ここでは天と地と水がそれぞれ神格化されて「三官」――わが国長崎の道教の海の守護神・天妃〔竜女〕を祀る唐人寺では「三官大帝」――と呼ばれ、この三官〔三官大帝〕に対する「首過」――おのれの罪過の自首――の文書を三官手書と呼んでいます（「手書」という言葉も『史記』封禅書に「鬼神の方〈術〉」を以て漢の武帝に仕えた斉国出身の少翁の「手書」――自筆の文書――とあるのに基づきます）。

道教の神学教理では、人間は天と地と水に対して罪を重ねることなしには、この世に生きられないとします。人間はこの世に生きて天の道理をふみにじり、大地を損ない傷つけ、河川の水を汚染するという天地大自然の世界に対する犯罪行為を意識的・無意識的に重ねている。その犯罪行為は絶えず天地水の三官（三官大神）によって取り調べを受け裁かれている。だから人間はその三官大神におのれの罪過を自首し、罪の赦しを請うことによって初めて精神の安らぎを得、身体の健康を得て天授の寿命を全うすることができる。『典略』の記述する三張道教のこのような「首過」の宗教儀礼は、同じ頃の中国仏教では「懺悔」と呼ばれています。道教の「首過」と仏教の「懺悔」のどちらが先で、どちらがどちらに影響を与えたのかの問題は、まだ明らかにされておりません。これからの研究課題です。

――道教が儒教に比べて水を重視する宗教であることはよく分かりましたが、海についてはどのように考えていたのでしょうか。

海、もしくは海の神も道教の神学教理でたいへん重要な位置づけを持ちます。『史記』封禅書によりますと、「斉の威王・宣王、燕《えん》の昭王の頃より、人をして海に入りて蓬萊《ほうらい》・方丈《ほうじょう》・瀛洲《えいしゅう》を求めしむ。この三神山は其の伝《いいつた》へに勃〔渤〕海の中に在り……」とあり、さらにつづけて「諸僊人および不死の薬、皆そこに在り……黄金と銀もて宮闕と為す」というその三神山の話を聞いた秦の始皇帝は、「人

〔徐福〕をして乃ち童男女を齎《もた》らして海に入りて之を求めしむ」などと記されており、中国古代の神僊信仰は海を舞台として展開したことが知られます。

そして蓬萊・方丈・瀛洲の三神山があるという渤海の海神を海若《かいじゃく》と呼んで、この海若に「天下の水は海より大なるはなし。万川これに帰《き》していづれの時か止むことを知らずして盈《み》たず……春秋にも変らず、水旱をも知らず」と語らせ、その果てしなくたゆとう広大無辺さを世界と人生の根源的な真理「道《ダオ》」に譬えたのは、八世紀、唐の玄宗の時代に新しく『南華真経《なんげしんぎょう》』と名づけられて道教の根本教典とされた『荘子』（秋水篇）であります。そしてまた『荘子』に見える海神の「海若」を「海童」と呼びかえ、『文選《もんぜん》』（巻十二）に収める『江賦《こうのふ》』の中で「（長江の下流は）海童の巡遊する所」と歌ったのは、四世紀の初め、晋の郭璞《かくはく》（二七六～三二四）であり、海童をさらに東海小〔少〕童と呼んで、その著『抱朴子』登渉篇で「東海小〔少〕童符および制水符、蓬萊札を佩《お》ぶれば、皆水中の百害を卻《しりぞ》く」と述べているのは、郭璞にやや後れる晋の葛洪《かっこう》（二八四頃～三六三頃）です。

『史記』の記述する蓬萊・方丈・瀛洲の三神山に関しては『日本書紀』雄略天皇二十二年の秋七月に「丹波国の余社郡《よさのこほり》の管川《つつ》の人、瑞江浦嶋子《みずのえのうらしまのこ》……蓬萊山に到りて仙衆を歴《めぐ》り観《み》る」とあり、また天武天皇の諡《おくりな》「天渟中原瀛真人《あまのぬなはらおきのまひと》」にも「瀛真人」として、三神山の一である「瀛洲」が道教の神仙世界の高級官僚である「真人」と組み合わされて用いられています。さらにまた「海童」の語は、同じく『日本書紀』神武紀の冒頭に「神日本磐余《かむやまといわれ》彦《ひこ》天皇……母をば玉依姫と曰ふ、海童の少女なり」とあり、小〔少〕童の語も『日本書紀』神代の巻上に「一書に曰く、伊奘諾尊《いざなぎのみこと》……生める海神等を少童命《わたつみのみこと》と号す」などとあります。日本の古代神話ないし古代史のなかに道教の海中三神山、もしくは海神の思想・信仰が早くから持ち込まれていたことは確実です。

洞玄――『抱朴子』の仙道の時代

――第二の時期の「洞玄」について説明してください。

この時期は、後漢の終わりころから始まります。西暦三世紀の初めあたりから始まって、四世紀の前半で全盛期に入るのです。これは第一の時期の祭り中心の求僊を否定的に批判して、「祭禱の事は〔求僊に〕益無きなり。当《まさ》に我の侵すべからざるを恃むべきなり」（道意《どうい》篇）といい、「もし金丹ひとたび成らば、則ち此輩《これら》〔雑多の道術〕は一切用ゐざるなり」（遐覧《からん》篇）という抱朴子・葛洪《かっこう》の「仙道」が中心ですね。日本との関係でいえば、近江・奈良朝の古代宗教文化にいろいろな形で大きな影響を与えています。第一の「僊」の時代には孔子のいわゆる「巫医」すなわち巫術と医薬のコンビネーションがありましたが、この「巫」と「医」のコンビネーションの中で巫術よりも医薬、とくに薬〔丹薬〕に重点を置く道教が盛んになっていきます。

――抱朴子というのは、人の名前であり、またその著書の名前でもあるわけですね。山上憶良の『万葉集』巻五に載せる漢文の文章「沈痾《ちんあ》自哀の文」が、この『抱朴子』を下敷きにして書かれていることはよく知られていますが、空海・弘法大師の著作『三教指帰《さんごうしいき》』の中の道教に関する記述の大部分もまたこの『抱朴子』の文章を使っておりますね。『抱朴子』という書物は、近江・奈良朝時代の日本知識人が中国語の文章、いわゆる漢文を書く場合のハンドブックの役割を果たしていたと見てもよいのでしょうか。

そうだと思いますね。「抱朴」というのは、道教の開祖とされる老子〔太上老君〕の著書『道徳経』第十九章に「素《しろぎぬ》を見て朴《あらき》を抱く」とあるのから採った言葉であり、「抱朴子」――「朴を抱く子《ひと》」というのは、晋の時代の江南の道教学者・葛洪の別名です。『抱朴子』外篇の末尾に付する葛洪の「自叙」の文章によれば、この書物が完成したのは東晋の「建武中」、西暦三一七年ころのことです。

この葛洪は『抱朴子』外篇詰鮑篇の中で「三（皇）五（帝）迭《たがい》に興りて、道教遂に隆《さか》んなり」というように、「道教」という言葉は一応使っておりますが、これは既に述べたように（二五九頁を参照）『書経』湯誥篇の孔安国伝や『三国志』呉書の陸遜伝にみえる「道教」と同じで、『墨子』（非儒篇・耕柱篇）のいわゆる「先王の道の教」としての「道教」、もしくは「儒者の道教」を意味していて、中華の民族宗教としての道教を呼ぶ言葉とは異なります。民族宗教を呼ぶ言葉としての「道教」は、葛洪ではまだ使われていなくて、葛洪はそれに相当するものを「神仙の道」「仙経長生の道」「仙道」などと呼んでいます。葛洪の当時、「道教」という言葉を宗教的な意味で使っていたのは、むしろ仏教の方です。たとえば、三世紀の半ば、三国魏の時代に洛陽の白馬寺で漢訳された『仏説無量寿経』の中では、仏教〔無量寿仏の教え〕を意味して「道教」という言葉が四回も使われておりますから（「諸仏の国に遊んで普《あまね》く道教を現ず」「無量寿仏は……広く道教を宣べたまふ」など）。

それならば、葛洪の「仙道」（「神仙の道」「仙経長生の道」）というのは、具体的には、どのような「教」（「道教」）であったのか。彼の著書『抱朴子』によりますと、「仙道」の教は大きく四つに分類されています。その第一は呼吸調整法で「吐故納新《とこのうしん》の術」と呼ばれているものです。これは「吐故」すなわち体内の故《ふる》い空気を吐き出して、「納新」すなわち新しい空気を納《い》れるという道教独特の呼吸調整法で、古く『荘子』（刻意篇）などにも見えている長生術です。

第二は導引《どういん》の術。これは道教の体操です。一九七三年に中国の湖南省・長沙の馬王堆《まおうたい》漢墓から帛《きぬ》に描かれたこの種の導引図が出てきました（第41図）。これを見ますと、現在の香港テレビ映画などで見る少林寺拳法と共通する図柄が多く見られます。日本の相撲の四十八手の型と似たものも幾つか見られます。柔道や唐手《からて》の型とよく似たものも描かれています。日本古来の格闘技・武闘術の源流は、中国の道教の導引術にあるという見方も十分に可能でしょう。

第三は服薬。肉体を鍛えることによって、なるべく薬は飲まないようにし、やむを得ない時だけ薬

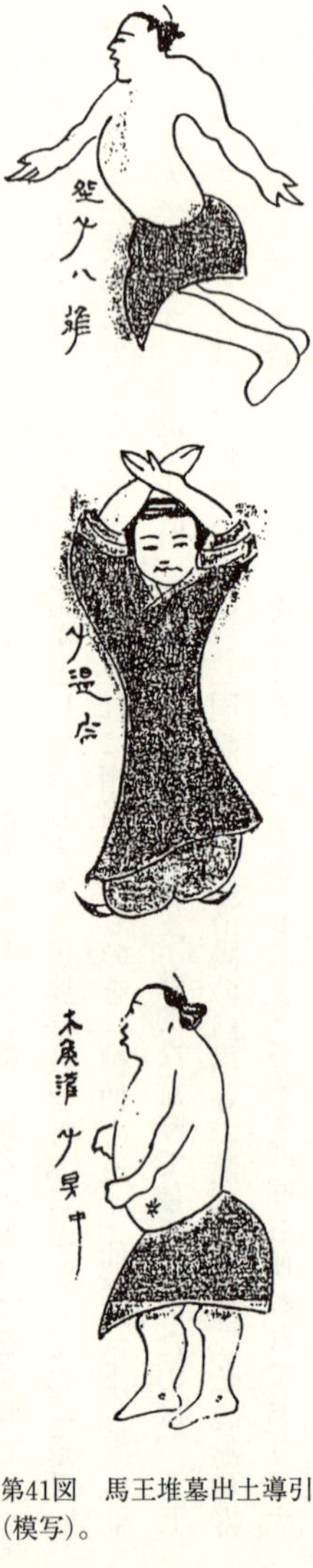

第41図　馬王堆墓出土導引図（模写）。

を服用する。これは古くから道教の医術薬学で強調されることですが、抱朴子はそれとは異なり、むしろ薬＝「丹薬」＝「金丹の薬」を不老長生術の最高至上のものとして重視します（『抱朴子』遐覧篇の「仙薬の大なるものは金丹に先《まさ》るは莫し」「もし金丹ひとたび成らば、則ち此輩《これら》〔雑多の道術〕は一切用ゐざるなり」、同じく極言篇の「金丹を得ずして但《た》だ草木の薬を服する、及び小術を修むるのみの者は、ただ以て年を延ばし死を遅らすべきのみ。仙を得ざるなり」などの語がそのことを最もよく示します）。

一般的にいって、道教の薬は大きく二つに分けられますが、その一つは本草薬。上に引いた極言篇にいわゆる「草木の薬」で植物性の仙薬です。わが国の『古事記』神話で大国主の神が和邇《わに》に皮を剝がれた稲羽《いなば》（因幡）の素兎《しろうさぎ》に「その水門《みなと》の蒲黄《がまのはな》を取りて、敷き散らして、其の上に輾転《こいまろ》べば、汝が身、もとの膚《はだ》のごと、必ず差《い》えむ」と教えた蒲黄《ほこう》――ガマノハナ――というのも、道教のこの本草薬の一つです。また『元亨釈書』（神仙の部）に記す「久米の仙人が深山に入って薜茘《まさきのかずら》を服していた」という薜茘《へいれい》――マサキノカズラ――も同様です。

その二つは石薬。これは鉱物質の仙薬。古代日本との関係でいえば、奈良朝時代に書かれた『豊前国風土記』（逸文）に、「（鹿春《かはる》の）郷《さと》の北に峯あり。頂に沼あり。黄楊樹《つげのき》生ひ兼《また》、竜骨《たつのほね》あり」とある竜骨《りゅうこつ》――タツノホネ――が道教の石薬の一つです。そしてこの道教の石薬のチャンピオンが葛洪の『抱朴子』の中の最高に重視する「金丹」ですね（「金丹」については『抱朴子』の中に特に「金丹」と題する一篇が加えられています）。そして、この金丹の製法・効能などを書いたのが、『抱朴子』金丹篇にも引用されている『金丹仙経』『太清丹経』『太清神丹経』『金液丹経』などです。このうち

『太清神丹経』『金液丹経』は藤原佐世《ふじわらのすけよ》の『日本国見在書目録《にほんこくげんざいしよもくろく》』にも著録されており、清和天皇の貞観十一年（八六九）、藤原良房らが撰録上進した『続日本後紀』嘉祥三年（八五〇）三月の条の記述によりますと、「金液丹ならびに白石英を服せんと欲」された淳和天皇は、「衆医の之を禁じて許さなかった」にもかかわらず、「強ひて服して、遂に疾《やま》ひ愈《い》ゆるを得」たとあります。

第四は房中術。葛洪（『抱朴子』至理篇）は「服薬は長生の本たりと雖も……又た宜しく房中の術を知るべし。爾《しか》る所以の者は、陰陽の術を知らざれば、屢《しば》しば労損を為す」と言っておりますが、この『抱朴子』の房中術は、わが国では丹波康頼《たんばのやすより》の編著である一種の医学百科全書『医心方』の巻二十八に「房内」三十章として掲げられています。三十章の第一が『抱朴子』至理篇の「至理」、あと「養陽」「養陰」「還精」「施写」「求子」「好女」「悪女」「禁忌」「断鬼交」などと続きますが、要するに葛洪のいわゆる「労損」――スタミナの消耗――を如何にして防ぎ、如何にして不老長寿を全うするかということが最大の関心事です。いわゆる〝色好みの文化〟の担い手であったわが国・平安の王朝貴族たちも、この「房内」の秘訣を熱心に、また積極的に学習したことが推測されます。

以上、第一の吐故納新、第二の導引、さらに第三の服薬、第四の房中術の四つに分類される『抱朴子』の仙道（仙経長生の道）のうち、葛洪が最高のものとして重視したのは、既に述べましたように、第三の「服薬」の中の「石薬」、その「石薬」の中のチャンピオンとも呼ぶべき「金丹」であります。そして金丹の製法や効能を『太清神丹経』や『金液丹経』などによって研究しながら一篇の文章としてまとめられたものが現存する『抱朴子』金丹篇です。

『抱朴子』以前の「求僊」は、祭祀祈禱を中心とした呪術宗教的方法で行われたのですが、この『抱朴子』の仙道は、俗界を離れた山中で「六一神炉」と呼ばれる一種の熔鉱炉を用いて金丹を製造する錬金術に重点が指向されるようになります。これまでのように宗教的な神頼みの方法ではなくて、人間が自分で努力して神仙になるのだという自力開発の方向に変化してゆきます。それと共に天上世界への引っ越し（昇天・登遐《とうか》）を意味する「僊」の字が、ここで山中の修道者を意味する「仙」の字に変わってきます。この「仙」という字が最も古く見えている中国の辞書は、後漢の劉熙《りゅうき》の編纂した『釈名《しゃくみょう》』釈長幼篇ですが、この頃から「金丹の小豆の如きを服すれば、以て名山大川に入りて地仙と為るべし」（『抱朴子』金丹篇）というように、「地仙」という言葉が道教の教理学の中で定着するようになります。一方また、金丹を製造する錬金術の理論書の現存する最古のものは、抱朴子・葛洪の著書とされている『神仙伝』巻一に「魏伯陽は呉の人なり。……山に入りて神丹を作る。……『参同契』『五行相類』凡そ三巻を作る。其の説は是れ『周易』なるも、その実は（『周易』の）爻象《こうしょう》に仮借して以て丹を作るの意を論ず」とある魏伯陽の『周易参同契』です（五代の彭暁『周易参同契分章通真義』序によれば、魏伯陽は後漢の桓帝時代、会稽上虞の人とされています）。

この魏伯陽の『周易参同契』や葛洪の『抱朴子』（金丹篇）などに説く錬金術の理論と実践は、私の解釈によれば、古代日本に極めて早くから持ちこまれてきていて、『古事記』の神生み神話、「国稚《わか》く浮きし脂《あぶら》の如くして、久羅下《くらげ》なすただよへる時、葦牙《あしかび》の如く萌《も》え騰《あが》る物に因りて成れる神」や、奈良の石上《いそのかみ》神宮に宝蔵されている七支《しちし》刀《とう》の〝鉾《ほこ》の形をした刀身の左右に互い違いに三本ずつ枝刀が突き出ており、鉾の部分の刃と合わせて七本の刃（七支）を持つ形状〟もまたこれらの錬金術理論と密接な関連を持つと考えられます。詳細は私の近著『道教と古代日本』（人文書院、一九八七）に収める「『古事記』の天地開闢神話」「石上神宮の七支刀」などの論文を見て頂ければと思います。

洞真——仙道から道教へ

——第三の時期の「洞真」とは、『抱朴子』に説かれている「仙道」がさらに道教としての神学教理を整備し始める四世紀、東晋の時代を含めて、その整備が一応できあがる五～六世紀、斉梁の時代以後といわれていますが、「洞玄」から「洞真」への展開をもう少し具体的に説明してください。

洞玄の「仙道」（「仙経長生の道」）を代表するのが抱朴子・葛洪であったように、洞真の道教を代表してその神学教理を整備し確立したのは、江南の茅山に拠点を置いた陶弘景です。陶弘景の道教の特徴は、インド伝来の仏教を排撃せず、道教の神学教理の中に漢訳『法華経』を中心とする仏教の宗教哲学を大幅に導入している点にあります。たとえば、これは既に申し上げたことですが、陶弘景は仏教の『法華経』を仙書の『荘子』内篇や上清上品の『道経』（『大洞真経』）と同列一体のものとして絶賛し、また「仙」（天上の神仙世界）と「人」（現実の人間世界）と「鬼」（死者死霊の世界）の三部世界を説いて、仏教の業報輪廻《ごうほうりんね》や死者供養の教義を導入し、死者死霊の世界における「鬼官」の官僚システムを神学として整備したり、「鬼」の世界から「人」の世界への修善による昇進、逆に「仙」の世界から「人」の世界への罪謫による転落などを説いているのがそれです。そして、これもまた既に申し上げたことですが、陶弘景の道教神学から仏教的なものを取り除くと、その道教神学はもはや道教神学とは呼べなくなるほど仏教を積極的に取り入れ、その影響を強く受けております。道教は陶弘景に至って、それまでの宗教としての性格を一変したといっても言い過ぎではないと思います（陶弘景が梁の武帝の革命に際して国号の「梁」を、『讖記《しんき》』によって定め、茅山に隠棲してからも武帝の政治顧問を務めて「山中の宰相」などと呼ばれているのも――『梁書』本伝――、これを大規模な宗教一揆を起こして国家権力と武力で闘争した初期道教――三張道教――と比較すれば、反体制と体制擁護と、その変化は思い半ばにすぎるものがありましょう）。

陶弘景の道教は仏教を敵視しませんでしたが、彼以前の道教は、それとは大きく異なっていました。といいますのが、道教は華夏〔中国〕の民族宗教として胡夷《えびす》の宗教とされる仏教とは対立的にとらえられ、南斉の顧歓《こかん》（四二〇？～四八三？）の『夷夏論』によって典型的に代表されますように、両者の宗教としての違いをそのまま民族としての優劣に置きかえ、仏教に対する対抗の敵意をむき出しにした論著がいろいろと書かれました。道教のこのような態度に対して、仏教の方も負けてはおりません。道教を激しく非難攻撃して、道教は自利の救済のみを考える独善の宗教であるとか、道士は愚鈍で論理的な思考ができないとか、要するに道教は仏教でいわゆる阿羅漢《アルハット》（真人）の小乗の教えでしかないと言い争いました。

陶弘景は、このような状況を見て、「道は通じて一と為す」という『荘子』の「斉物」の哲学に基づき、仏教と道教とが「通じて一と為る」ところ、仏教も道教も本来的には共に「道」の教えであるという真際〔究極的な真実〕の境地を諦観して、震旦《しんたん》の国・中華の民族の修善と大覚と救苦と済度のために両者を折衷融合し、道教と仏教を「道」の教えとして一体化しようとしました。かくて陶弘景より後、南北朝後半期、隋唐五代の時代にかけて、中華の民族宗教としての道教は、みずからが修善と大覚と救苦と済度の大乗の聖教であることを実証するために『度人経』（『霊宝無量度人上品妙経』）や『一乗海空智蔵経』などを造作し、『証果経』『金光明経』『業報因縁経』『往生救苦経』等々の擬似教典を大量に造作して、道教と仏教の教学を折衷一体化する「仙籍理論要記」三巻――その中には仏教教義学的色彩の濃厚な「道性論」「三相論」「真相論」ないし「法性虚妄」「道性因縁」「本性淳善」「有為無為法」「観四大相」「色身煩悩」「桄喩」「散花喩」「論種子」「真仮」「空法」などの諸論文が多数加えられている――を収載せざるを得ないまでに立ち至るのであります。

役に立つものはすべて――複合の宗教

――一九八五年に茅山を訪ねた際（第42図・43図）、頂上の道観に観音さまが祠られていたり、続々とやってくる参拝客が朱印をもらう布袋に「阿弥陀仏」と書いてあったりで、びっくりしましたが、このような道教と仏教の混合一体化の現象は、すでに陶弘景の頃から始まっていたのですね。

道教がどのような宗教であるかということを、基本的に反体制宗教であった三張の五斗米道（天師道）や民衆宗教としての性格を強く持つ河北新道教（全真教など）だけで研究し理解しようとしても分からないことが多いのです。とくに古代日本の宗教思想文化との関係を考えてゆく場合には、その実態を見当違いし、真相から大きくくずれてしまう危険性が高い。前にも述べましたように、道教は

右：第42図　江南道教の聖地の茅山。
左：第43図　茅山頂上にある道観九雷石福宮の宝蔵庫で、祈願文を焼く人々。

「正一明威の道」の教えとしての「道教」の教理形成の過程において、儒教・仏教〔漢訳仏教〕の教学をも徐々に取り入れてゆき、反体制の宗教から体制内宗教に大きく変移し、さらにはまた積極的に皇帝の権威ないし国家の権力を擁護しようとする北魏ないし大唐の〝国教〟としての道教を生んでいくわけであります。そして古代の日本国家が大量の政府留学生を継続的に送りこみ、その留学生たちが中国の現地で接触し学習し、それを故国の日本に持ち帰って、天皇支配の祭政一致体制の理念構築に大きく寄与したのも、この大唐世界帝国が国教とした「正一明威の道」の教えとしての道教でありました。

　とはいえ、この「正一明威」の道教は大唐世界帝国の国教たるにふさわしく、広く儒教と仏教の教学をも必要な限りに取り入れて、「道の教」として共通する儒教と仏教〔漢訳仏教〕とをおおらかに自己の内部に包摂するものでした。したがって「詩聖」すなわち儒教の大詩人と呼ばれている杜甫といえども、彼の作品『太清宮に朝献する賦』や『紫微仙閣に画ける太一天尊図の文』などの作品が如実に示しているように、道教の神学教理に深く豊かな知識教養を持ち、また「書聖」すなわち儒教書芸術の巨匠と呼ばれている顔真卿《がんしんけい》の場合も、その「真卿」という名は道教の神学教理から取られており、したがって己れの名の真卿にふさわしく、道教の『麻姑仙壇記』や『玄真子張志和碑』などを執筆し、茅山道教の天師の李玄靖に対しても、「まさに心を小嶺〔茅山〕に宅し、長く高蹤《みあと》に庇《よ》らんとす」（『玄靖先生李君碑銘』）などと告白する熱烈な道教の信奉者でした。

このように、唐代においては道教と儒教と仏教とは、表面的には対立し競合する関係にありながら、その根底基盤においては相互に共通し一致する部分を多く持ち、この時代を生きた知識人ないし学者・思想家たちも、人間の生と死の問題を考える上に役だつと判断した教説は、それが仏教であれ、道教であれ、儒教であれ、時にはイスラム教、キリスト教（景教）であれ、こだわりなく積極的に取り入れてゆく精神の強靭《きょうじん》さと貪婪《どんらん》さを持っていたと考えられます。唐の太宗に玄奘法師（六〇二〜六四）の功績をたたえた『聖教序』という有名な文章がありますが（碑石は西安碑林に現存）、ここで「聖教」というのは、いうまでもなく仏教を指します。しかし、この聖教という言葉は、同じく唐代に儒教を呼ぶ言葉としても多く用いられており（たとえば『唐書』柳渾伝「聖教を去《す》て異術を為《おさ》む」など）、さらにまた唐代に広く読まれた道教教典『大戒上品経』においても、道教を意味して聖教の語が用いられています（「親しく聖教を受けて、皆な淵博《えんばく》と為る」など）。彼らにおいては、人間がこの世に生きてゆき、死を迎える上に有益な聖者の教えであるならば、それが儒教であれ、仏教であれ、道教であれ、すべて聖教として意識され、受け取られ尊ばれていたのです。

神道も本家は中国

――「神道」という言葉があり、日本独自のものといわれていますが、これも中国の影響があるのですか。

日本で神道という言葉を初めて使っているのは、八世紀初めに成立した『日本書紀』ですね。『古事記』ではまだ使われておりません。この神道という言葉は、まぎれもなく中国語です。『易経』の観の卦の彖《たん》伝に「天の神道に観て四時忒《たが》はず、聖人は神道を以て教を設けて天下服す」とあるのがそれの最古の用例です。しかし『日本書紀』で使われている「神道」の語の用法は『易経』の「神道」よりも、それをさらに神秘的・宗教的に解釈した道教教典『太平経』（『太平清領書』）の「神道」に近い（たとえば「身神を染習して心意を正し、蔵匿すること無きを得れば、……神道来り……清明見《あら》はる」など）。平田篤胤（一七七六～一八四三）は、神道は日本独自のもので、中国の神道は「わが皇神《すめがみ》たちの早く彼処《かしこ》に授けたまひし道」であるというのですが、事実はその反対で、中国こそ神道という言葉と思想の本家です。中国の神道がどのようなものであり、それが道教とどのような関係を持つのかということについては、私の論文「中国古代の神道」（前掲『道教思想史研究』所収）および「日本古代の神道と中国の宗教思想」（前掲『道教と日本文化』所収）などを見て頂ければと思います。

陰陽道も道教のうち

――日本に陰陽道が伝わったことは事実ですが、それは道教とは無関係と主張する人がかなりいますが……。

現在の日本にも根強く残っている結婚式の日取りの大安吉日の信仰、女性の生年に関する丙午《ひのえうま》の信仰、葬式における友引や家屋移転における鬼門のタブーなどは、平安時代の京都を中心とした陰陽道の思想信仰の名残だといわれますが、これらは要するに中国古代で成立した十干十二支の呪術信仰が、天文・暦数・気象観測の学術ないし亀卜占筮・観相の道術などと結合して日本に伝えられたものであり、日本で陰陽道と呼ばれているものも、その本家はやはり中国です。このことは、古代の日本で最初に陰陽寮を設置されたのが中国宗教文化の熱烈な賛仰者であった天武天皇であり（『日本書紀』天武紀四年＝六七五）、その陰陽寮を、これも中国の法政制度の全面的な受容である『養老律令』が制度化して、その職務内容を「頭《かみ》一人は天文暦数、風雲気色を掌《つかさど》り……陰陽師六人は占筮して地を相《うらな》うを掌る……」などと規定していることによっても明らかです。

もともと「陰陽道」というのは、『易』の緯書《いしょ》（讖緯《しんい》思想の文献群）『乾鑿度《けんさくど》』（巻下）などに見える「陰陽之道」を三字につづめた言葉と解され、『乾鑿度』の「陰陽之道」は、いうまでもなく『易』の「天の道を立てて陰と陽といふ」（説卦伝）もしくは「一陰一陽これを道といふ」（繋辞伝）に基づきます。そして『易』の「一陰一陽の道」としての陰陽道は、さらに『老子』の「道は……万物を生じ、万物は陰を負うて陽を抱く」（第四十二章）、『荘子』の「（万物は）気を陰陽に受く」（秋水篇）などと折衷されて、これに漢代の陰陽五行の自然哲学、天文・律暦の数術の学が結合し、さらにまた緯書の多くが説く天人合一説、分野説、五緯（五惑星）を中心とする占星術、十干十二支の呪術信仰などが抱き合わされ、道教の「陰陽の妙道」としての陰陽道が成立します。

藤原佐世の『日本国見在書目録』にも載せられている道教の教典『三甲神符経』『三五禁法』『九宮式経』『太一経』『黄帝龍首経』『八素（真経）』などが、この道教の陰陽道の内容を具体的に示しており、わが国で陰陽道と呼ばれているものが、中国の道教の神学教理（宗教哲学）の一ブランチであることは、これでお分かり頂けると思います。わが国における陰陽道の確立者とされる京都の賀茂忠行とその子の保憲《やすのり》（九一七～九七七）、保憲の門弟にあたる安倍晴明《あべのせいめい》（?～一〇〇五）らが学習した陰陽道の文献群も、上述の『日本国見在書目録』が著録するこれらの道教教典がその主軸をなしていたことは、十分に考えられることです。

天皇は道教の神

——道教の神としての天皇（天皇大帝）について説明してください。

日本古代の宗教文化は、古代朝鮮の百済国の宗教文化と密接な関連を持ちますが、その百済国の宗教文化はさらにまた中国六朝時代の斉梁の王朝の宗教文化の影響を大きく受けております。その斉梁の王朝の時代に何胤《かいん》という儒教の礼学者が、天皇大帝の祠りは円丘で行うべきか、南郊で行うべきかについて南斉の王朝に意見書を献上しています（『梁書』何胤伝）。彼の意見は、「南郊で行うべきは五帝霊威仰の類の祠りであり、円丘で行うべきは天皇大帝の祠りである」というのですが、これは儒教の礼典『周礼』に〝円丘で祀るのは昊天上帝〟と規定してあるのと異なります。ただし、後漢の礼学者で道教の神学の基底をなす緯書の礼学にも造詣の深かった鄭玄（一二七～二〇〇）は、『周礼』春官大宗伯の「禋祀を以て昊天上帝を祀る」の注釈の中で「昊天上帝とは冬至（の日）に円丘に於て祀る所の天皇大帝なり」と言っておりますので、何胤の意見は鄭玄の学説に従っているわけですが（ちなみに何胤の意見書の中の「五帝霊威仰の類」というのも、鄭玄の「六天」――昊天上帝と五方之帝＝感精帝――の礼学説の中に見える神々の名前です。詳細は私の論文「昊天上帝と天皇大帝と元始天尊」――前掲『道教思想史研究』所収――を見て頂ければと思います）、一方また天皇大帝は、後漢の天文学者・張衡（七八～一三九）の文芸作品『思玄賦《しげんふ》』の中では、「天皇（大帝）に瓊宮に覲《まみ》え……紫宮の粛々たるを出づ」と歌われ、この『思玄賦』の天皇（大帝）は更に六朝時代の道教教典『真誥』の中では「天皇と景《かげ》を双《なら》べ、遠く辰楼に昇る」（運題象第二）と歌われ、また「仙道に〝天皇の象符〟有りて以て元気と合するなり」（甄命授第一）などと記述されていて、完全に道教の最高神となっております。

　かくて、この天皇大帝は道教の神学用語「霊宝」を別名に持つ東晋王朝の簒奪者・桓玄《かんげん》（三六九～四〇四）が国都建康（現在の南京市）の城南七里に郊壇を設け、わが国の桓武天皇が延暦六年（七八七）十一月、天神を交野《かたの》（大阪府）で祀った時の祭文（『続日本紀』桓武紀、一四五頁）の末尾の言葉「尚《こいねが》はくは饗《う》けよ」と同類の「惟れ明《こ》霊是れ饗《こ》けよ」で結ばれる「天皇后帝に告ぐる文」（一五三頁）を読みあげることになるわけです。桓武天皇のお母さんの新笠《にいがさ》姫は、『続日本紀』（延暦九年）によれば、その遠祖である百済の都慕《とぼ》王は、河伯の女《むすめ》が日の精に感じて生んだと記されていますので、道教との密接な関連が考えられます。

百済といえば、『延喜式』巻八に載せる百済系の渡来人、東 文《やまとのふみ》の忌寸部《いむきべ》の「横刀を献《たてま》つる時の呪」の文章も、「謹みて皇天上帝、三極大君、日月星辰、八方の諸神、司命と司籍、左は東王父《とうおうふ》、右は西《せい》王母《おうぼ》、五方の五帝、四時の四気を請ひ、捧ぐるに銀人を以てし、禍災を除かんことを請ふ……」というように、皇天上帝をトップに置き、以下、「三極大君」から左の「東王父」、右の「西王母」に至る神々もみな道教の神々と共通しております。ここで皇天上帝というのは、『書経』召誥篇に見える宇宙の最高神で、昊天上帝や天皇大帝と同格の神ですが、この呪文では多くの道教の神々と同列に並べられている点が特に注目されます。

渡来人の神々

――遣隋・遣唐使が古代日本の宗教文化に影響を与えたのは事実ですが、それ以上に朝鮮からの渡来人が与えた影響は大きいといわれています。朝鮮の人たちが持っていた宗教というものを考えに入れるべきだという意見がありますが……。

確かに朝鮮には北方系のシャーマン的なものは残っていますが、それは古代日本の宗教文化に対して、それほど大きな影響は及ぼさなかったように思います。朝鮮の人たちが日本に伝えてくれた宗教文化は、仏教学がそのことを典型的に示していますように、根幹はやはり中国のものと見なければなりません。すなわち彼らのもたらした仏教文献はすべて中国語で書かれたいわゆる漢訳仏典であり、朝鮮語に翻訳されたものではありません。また墳墓の築造もその内部構造も大きな枠組みはすべて中国に学んだものです。そこに副葬される武具や馬具も細部においては朝鮮独自のものが加えられてはいますが、全体としてこれを見れば、その様式形態にせよ製作技術にせよ、基本的には中国の影響を大きく受けたものといえましょう。水田稲作農耕や灌漑用水池を造る技術（版築法《はんちく》）なども同様です。いわゆる弥生式文化、すなわち銅鉄の金属文化と水田稲作農耕と金属製器具を用いる沿海漁労などによって代表される前三〇〇年~後三〇〇年の新しく縄文式文化に代わる文化も、その源流は中国にあり、中国で開発されたものといわざるを得ません。そしてまた、この弥生式文化を守護し鎮守するさまざまな神たちとその祭祀も、文化そのものが中国成立のものであるように、その原型は多くの場合、中国にたどることができます。

たとえば、その数量において日本の神社のトップを占めるといわれる八幡神社・神宮に祭られる八幡さまがそれです。この八幡さまは平安時代以後は仏教と習合して多くの場合、八幡大菩薩と呼ばれていますが、奈良以前の時代には『続日本紀』が記述していますように、もっぱら「八幡大神」もしくは「八幡神」と呼ばれています。この八幡大神・八幡神を祭るわが国の八幡神社・神宮の総本家は、いうまでもなく豊前国の宇佐八幡ですが、宇佐八幡の御神体とされる水草の薦《こも》は、同じく豊前国の下毛郡大幡村《おおはた》（現在は大分県中津市に編入）にあって今も宇佐八幡の祖宮《もとみや》と呼ばれている大貞八幡神社（薦神社）の巨大な灌漑用水池に生じたものが使われています。そして「八幡」（『文選』の孫綽《そんしゃく》「遊天台山賦」の「三幡」と同類語）といい、「大神」（『魏書』釈老志の道士寇謙之に嵩山《すうざん》で託宣した太上老君を呼ぶ言葉）といい、「大貞」（『周礼』小宗伯職に見えていて皇位継承や諸侯の任命など国家的大事の卜定《ぼくじょう》を意味する語。弓削道鏡《ゆげのどうきょう》の皇位継承の野望を砕く八幡大神の和気清麻呂《わけのきよまろ》に対する神託の言葉も「大真」の一種）といい、「薦《こも》」（『説文』第十篇上に神人が水沢に住んで薦を黄帝に遺《おく》った話を載せる。また『周礼』籩人職では神への供物を「薦」といっている）というのが、すべて本来的には宗教的意味を持つ古典中国語（漢語）であり、また八幡大神ご自身が天平二十年（七四八）九月一日、「古へ吾れは震旦国（中国）の霊神なりしが、今は日域（日本国）鎮守の大神なり」（『宇佐託宣集』巻二、巻六）と託宣しておられることなどからも知られるように、もともとは中国を鎮守する霊神であり、中国の古代文化（弥生式文化）の霊妙な守護神でありました。この八幡大神が弥生式文化の霊妙な守護神であったことは、『続日本紀』（孝謙女帝の天平勝宝元年＝七四九）に載せる東大寺大仏鋳造に関する八幡大神の御託宣「神我れ天神地祇を率ゐいざなひて、必ず成し奉らむ。事立つに非ず、銅《あかがね》の湯を水と成し、我が身を草木土に交《まじ》へて障《さわ》ることなく成さむ」、および欽明天皇二十九年（五六八）、宇佐の地に初めて降臨された八幡大神が「鍛冶の翁」の姿をしておられたという『宇佐託宣集』（巻五）の記述、さらにはまた八幡大神が大貞八幡神社の三角池《みすみ》（水田稲作農耕のための巨大な灌漑用水池）に生じる「薦」を吾が「枕」とすると託宣され（同上）、「薦枕」が現在も八幡大神の御神体とされていることなどによって有力に裏づけられます。

とはいえ、弥生式文化の守護神としてのこの八幡大神を最初にわが日本国に上陸させたのは、古代朝鮮の人々であったと考えられます。そのことは『宇佐託宣集』巻十一に引く『豊前国風土記』逸文に、「田河《たがわ》郡。鹿《か》春《はる》郷……郷の北に峯あり。……第二の峯には銅、并に黄楊《つげ》・竜骨（『神農本草経』などに見える道教の仙薬）等あり」「昔、新羅国の神、自ら度《わた》り到来して、此の河原〔香春〕に住めり」とあり、またこの宇佐八幡の託宣を取り次ぐ聖なる女性（巫女）が辛嶋《からしま》すなわち〝韓国人《からくにびと》の住む島〟を苗字としていること、さらにはまた宇佐八幡の所在地にすぐ近接する虚空蔵遺跡や、大貞八幡の所在地にすぐ近接する相原《あいわら》廃寺、香春岳に隣接する福岡県田川市の天台寺遺跡などから出土している古瓦の文様が、いずれも古代朝鮮系のそれであることなどが、そのことを有力に傍証します。

古代日本の大和地方で百済系（東漢《やまとのあや》氏）の朝鮮の人たちが蘇我氏や王氏と組んでこの地に仏教を根づかせたように、古代の九州豊前国では新羅系の人たちが辛嶋氏や秦《はた》氏を中心として道教的信仰（弥生式文化の守護神である八幡大神の信仰）を根づかせたと見ることができるでありましょう。しかし、大和の地方に朝鮮の人たちの尽力によって根づくことのできた仏教が、要するに本質的には漢訳された中国の仏教であったように（前述）、豊前の地方に朝鮮の人たちの尽力で根づくことのできた道教信仰も、やはり本来的には中国の土着宗教でありました。宇佐の虚空蔵遺跡などから出土している古代朝鮮系の瓦の文様も、その原型を漢魏南北朝ないし、隋唐期の中国のそれにたどることができます。

私はこの事実を最近は次のような譬えで説明することにしています。〝神輿をかついで古代の日本に渡来してくれたのは確かに朝鮮の人たちでありましたが、神輿そのものは、中の御神体も含めて基本的には中国のものでありました〟と。古代日本の宗教思想文化を東アジア的な視野にもとづいて検討理解しようとするとき、中国宗教思想史の専門研究者である私は、中国宗教思想史の専門研究者であるがための故か、以上のような結論に到達せざるを得ません。

あとがき

この書は朝日新聞大阪本社版の文化面に、昭和六十一年一月から六十二年四月まで、毎月一回計十六回掲載した『探究・日本の道教遺跡』に大幅加筆したものである。文化面は他のページと比べると読者は少なく、また読んだ方からの反応も少ないページといわれている。このシリーズもその例外ではないと見られていた。ところがスタートして四、五カ月たったころから予想に反して反応が現れ始めた。そのほとんどが、この掲載日を教えて欲しいというものだった。

掲載は月一回、それも掲載日は決まっていない。読者が見落とすことが多くて、問い合わせてくることが文面から読み取れた。意外によく読まれていることが想像できた。なかには月一回といわずにもっと載せて欲しいとか、単行本にするつもりはないのか、などという問い合わせも相次いだ。

これまでも文化面の連載はいくつか関係したが、こんなに反応があったのはわたしにとっては初めてのことだった。遺跡の個々について、この部分は違った解釈もあるのではないかという指摘はあったが、こういう連載はけしからんというような非難は不思議なことになかった。連載前にはかなり異論が出るだろうと、覚悟して始めただけに、ほっとしたことは事実だった。ある高名な歴史学者からお手紙をいただき、それにはこうあった。「私とはまったく立場が違う。日本にそれほど道教思想が浸透していたとは思えない。しかし面白く読ませてもらってます」。これを読んだときたいへんうれしく「問題提起」という目的は達せられたと胸をなでおろした。

わたしは一ジャーナリストで道教の研究者ではない。日本文化の中に道教の影響が大きいと教えられたのは、一九八四年のことで、今回の監修者であった福永光司先生にお会いして、文化面に執筆をお願いして後のことである。そのとき書いていただいた原稿は「『古事記』神話と道教の神学」（一九八四年七月十九日付）であった。しかし正直なところ、すぐには福永先生のいわれることが理解できたとはいいがたかった。あまり関心がわかなかったというべきかもしれない。

ところがその翌年の春、このシリーズの共同執筆者となった千田稔さんから中国の道教の聖地を見に行くツアーに加わらないかという誘いがかかった。福永先生も同行されるという。「外国人に初公開」の一言に引かれてほとんど何の予備知識もないままに参加した。聖地というのは江蘇省句容県の茅山であった。各地から多くの信者がお参りに来ていたが、老人たちの多くは、黄色い前掛けや頭陀《ず だ》袋《ぶくろ》姿だった。それには「阿弥陀仏」という文字も墨書されていた。聞くと、ありがたい神様だという。朱印もべたべたと押してあり、これまで参詣した場所だと言っていた。日本の霊場めぐりの巡礼とよく似ていると思った。この旅では数カ所の道教寺院を見た。中国の仏教寺院は前にも見たことがあるが、おたがいが影響しあっていることは素人目にもよく分かった。つまり混淆している点が少なくないのである。

道教は中国古来の宗教である。仏教が中国に伝わったとき、布教者側も信者もその宗教概念を理解するのに下敷きとしたのは、中国にもともとある宗教概念であったろうことは容易に想像できる。となれば、中国仏教の中にも道教的なものがあっても、少しもおかしくない。そう気がついた。日本に伝わった仏教はその中国仏教だった。その時日本には仏教だけ入って、道教的なものは全く入らなかった。そんなことが可能だろうか。そう考えた。旅の間中、福永先生に、道教とはどういうものかいろいろと教えを受けた。日本の古代に渡来人や遣唐使たちが道教思想を持ち込んだことは疑いなさそうだと、次第に思うようになっていった。

旅から帰ってしばらくして、千田さんに日本にある遺跡の中に、道教の影響があるものを探して訪ねてみませんか、と声をかけた。千田さんもすでに同じことを考えており、資料も集め始めていた。こうしてこの連載が始まったのである。

作業の手順は、まず千田さんが基礎資料を集め、それを元にして現地をたずねて他に何か手掛かりがないか探った。現地を訪れることの大切さは何度も思い知らされた。新たな収穫もあれば、当初、頭でこれは間違いないと思っていたものが別のものだったケースもいくつもあった。現地探訪の半数近くに福永先生も参加していただいた。監修者であると共にこの討議の実行者でもあった。探訪を終えた後、私が文章を書きそれをふたりが納得いくまでなおす。こうして出来たのが本文で、それに福永先生にコメントを添えてもらった。

連載の雰囲気をそのまま伝えるには、加筆しない方がいいことは十分わかってはいるが、本にするには分量も足りず、それに新聞では舌足らずなところが多かったため、あえて書き足した。千田、高橋が、それぞれ加え、福永先生の書かれた連載のコメントをバラバラにして中に入れた。紙面の都合で連載は一応終えたが、実は道教遺跡と思われるところは他にもいくらでもある。いつの日にかそれらの遺跡の探訪を再開したいと私たちは考えている。

道教と日本古代文化の関係については、最近、他の古代史家たちの間にも関心が高まっている。その場合、古代社会に影響を及ぼした道教とはどういうものかについて、解釈はまだまちまちだ。それゆえ「民間信仰としての道教は伝えられたが、教団道教は来なかった」、また「道教思想というが、それは道教成立以前からある神仙思想ではないか」などという批判がよく聞かれる。

「道教は時代によって、根幹とする思想さえも大きく変化する。その前提を抜きにして、論じようとするから混乱が起きる」、というのが福永先生の主張である。だから、福永先生は「道教思想が日本に伝わった」とおおざっぱにいうのでなく、どの時代の道教思想が、どういう体系をもっていたのかを、まずはっきりつかみ、その上で、どの時代の日本文化に影響を与えたのか考えるべきだという。

仏教・儒教の研究に比べると道教の研究は、中国本土でもひどく遅れている。むしろ、日本やヨーロッパの方が進んでいるといわれる。こういうところにも、日本古代文化に与えた道教思想とは何かについての、理解が十分でない理由がある。それで千田さんとふたりで折に触れて、道教とは何かについて福永先生に聞いた話を、先生ご自身に整理しなおしてもらい、併せて掲載した。これを読んでいただければ、「探究・日本の道教遺跡」の連載では、道教思想をどのように考えているのか理解していただけると思う。

連載にあたっては、研究者や各地教育委員会、遺跡の管理者をはじめ多くの方にお世話になった。内輪のことだが、一番目の読者であった担当デスクの長井康平・朝日新聞大阪本社学芸部次長（現・

編集委員）には、とりわけお世話になった。もともと難しい思想の問題を、新聞記事として平易にするためにどうするのか、そのつどアドバイスを受けた。この機会に感謝の意を表したい。

一九八七年初秋

高橋　徹

選書版へのあとがき

この本の初版が出たのは一九八七年のことである。それから十五年ほどして、今回、息の長い朝日選書版として再版するという連絡を受けた時に、ある種の感慨があった。「日本文化に及ぼした道教思想の影響を認めることは、もはや疑えなくなったようだ」という思いであった。最近も雑誌『東アジアの古代文化』二〇〇三年夏号（大和書房刊）が「古代日本の道教・神仙思想」の特集を組むなど、雑誌や単行本などで、日本文化と道教を論じたものが年々増えだしたからである。そして、二〇〇一年（平成十三）十二月二十日に、八十三歳で急逝された、この書の著者の一人の福永光司先生に「先生のそそいだ水が着実に大地に染み込んでいます」と、ご報告できる日が来ていると思った。

旧版が誕生したいきさつは、「あとがき」を読んでいただければ、大体察しがつくことだろう。中国の道教の聖地を訪れる旅に、千田から高橋が誘われたことが、すべての発端だった。道教寺院が復興を始め、弾圧され息を潜めていた信者たちの参拝が始まっていた。そうした光景を身近に見て「日本にもよく似た信仰がある。もしかしたら、中国のものと関係があるのだろうか」という単純な興味が、日本の中の道教遺跡探しの旅の出発点となったのである。
そのころすでに研究者たちによって道教が日本文化に及ぼした影響についての論考も、わずかなが
ら発表されはじめていた。その研究者の一人が、福永光司先生だった。道教の先達とされる老子、荘
子の研究者で京都大学と東京大学の教授を務めた東洋思想史の専門家であった。
この本の他の著者である千田の専攻は歴史地理学。研究者とはいえ、東洋学者でさえも難しいとさ
れる道教教典にはうとかった。まして高橋は正式に歴史学を学んだこともなかった。そのふたりが日
本と中国の宗教思想を比べ、「似ているから影響を受けたのだ」というだけでは、説得力に欠ける。
それに、二人が追ってみようという遺跡は古代のもの。どうしても根拠となる史料、つまり「典拠」
が必要だった。そこで福永先生に相談して始まったのが、新聞の連載だったのである。
テーマを見付け、目的地を探して旅をする前後に、福永先生から関係する道教教典についての講義
をしていただいた。わずか何十文字という教典の背後に、深い思想背景のあることを教わり、それを
解明した先哲たちの仕事の大きさを思い知ることが度々だった。こうして私たちは一年以上に亘って、
親しく道教教典を中心に東洋思想史の講義を受ける機会に恵まれた。
連載はさまざまな理由から十六回で中止したが、その理由の一つが、京都にお住まいだった福永先
生が「隠居する」と、郷里の大分に帰郷してしまわれたことだった。郷里に帰られたのは、連載の途
中だったが、それでも私たちの求めに応じて、夜行列車で京都まで出てきて下さっていたが、そんな
無理がいつまでも続くわけはない。福永先生をぬきにしては、この連載は続けることは、不可能。そ
んなこともあって、中止せざるを得なかったのである。

私たちふたりは、福永先生から道教思想について多くを学んだが、その晩年の暮らしぶりにも学ぶことが多かった。それで高橋は、大分まで押し掛けて、「隠居するの弁」を語っていただき、それを新聞に掲載したことがある。福永先生の人となりを紹介するためにそれを再録しておきたい。

日本古代史に及ぼした道教思想の探究などで精力的な著作活動を続けている福永光司さん(69)(元東大・京大教授、東洋思想史)が京都から郷里の大分県中津市に転居してこの春で一年を迎える。「都会は年寄りに刺激が強すぎる。京都にいては、後輩たちの人事に関心を持ちたくなったりして、いいことは何もない」。それが「隠居」を決意した理由だった。今は週二回、北九州大学で教えるほかは晴耕雨読。執筆がはかどるのも、精神状態がいいせいだとか。

「郷里を後にしたときは、二度と帰るまいと思った土地でした。そこに五十年ぶりに帰ってきたわけです」。住んでいる家は昭和五十年に東大を退官(六十歳定年)するさいに新築しておいた。本を相手に暮らしてきただけに、蔵書が身近になければどうして毎日を過ごしていいのかわからない。研究室においていたものを収容するスペースが欲しくて家を新築した。

「退官を前に退職金を計算してもらったところ、公務員としての勤続年数が短く、二千万円にはなりませんでした。とても大都市に土地を買って家を建てるわけにはいきません」。四十九年に東大に移るまで京大で過ごし、京都市左京区北白川に七十平方メートル足らずの小さな家は置いていた。建て直してなんとかならないかとも考えた。そのとき思い出したのが、福永さんが京大に入学する直前の昭和十七年夏に退官した教室の大先輩にあたる小島祐馬教授のことだった。小島教授は満六十歳の誕生日を迎えた日、郷里の高知県に引き揚げていった。「若い研究者たちに、自由に能力を発揮させるには、年寄りは近くにいないほうがいい」。そういって京都を離れたと、先輩たちによく聞かされたそうだ。

「小島先生は旧家の生まれ。胸を張って帰る立派な家があった。私の場合そんなものはない。あれやこれや迷っているうちに、なんとなくふるさとに家を建てることになった。祖先の墓があったのも、おおきな理由のような気がする」

新築にとりかかったころ、京大に帰ってこないかという話があった。京大の定年は東大より三年遅い。出来上がった家には妻の啓子さん（59）がしばらく暮らしたが「ひとり暮らしはいや」と京都にやってきて、出来たばかりの家は空き家にしておいた。五十七年人文科学研究所長を最後に退官、ただちに関西の有名私大に招かれそのまま京都暮らしを続ける。

マンモス私大で一般教養としての中国哲学を教えるのは初めてだった。大教室での授業はいつもざわめきがあり、やりにくい。「単位はあげるから私語するならでていってほしい」。注意してもその時だけ。いらいらする日が続き、だんだん嫌気がさしてきた。研究には京都にいた方がなんといっても便利。迷いはじめる。やがて北九州大学から大学院を新設するので来てほしいと声がかかる。給料も大幅にダウンするが、郷里の中津からそう遠くない距離にあるため迷わず行くことにした。

「年寄り夫婦はお金をたくさんもらったって税金に持っていかれるだけ。有名大学の現職教授の肩書なんていらない。健康第一」

「年をとって、人間カッとなるといいことはない。知人の中に短気が損気となって命を縮めた人が何人もいました。私もどちらかというと気が長いほうではない。わずらわしいことの多い都会にいるよりは田舎で暮らした方がいい」。東大をやめるとき決意したことを実行することにした。

岩波書店の東洋思想、仏教辞典をはじめ、依頼された原稿の量は非常に多く、生きているうちに全部書き上げられるかどうかわからない。漢籍さえ身近にあればどこにいたって同じという思いもあった。「医者になった息子が『田舎出の立身出世主義者』と批判するが、そんな点がないとはいえないようだ」と笑う。田舎に引っ込んでも東京や京都の出版社とのつながりがあることが心を落ちつかせていることは否定できないという。

自宅は中津市郊外の田園地帯。子供のころおぼれかけたという小川がすぐ横を流れる。新興住宅が建ち始めているが、昔からある二百戸ほどはいまも、まだ農家が多い。同級生の大半は戦争で亡くなっており、残っているものは少ない。彼らもすでに隠居生活に入っている。「こちらは隠居といっても原稿を書かねばならず、せっかく誘われたがゲートボールをして遊んでいるわけにはいかない。むら人はきっと何のために帰ってきたのかと思っているでしょうね」

むら人との主な付き合いはほとんど啓子さんに任せている。彼女はむらの西を流れる県境の川を渡った対岸の出身。まったくの異邦人というわけではない。それが帰りやすかった理由のひとつと認める。いざ住むと家や庭の手入れが大変。農耕機器の音のやかましさも意外だった。予想外のことは限りがなくある。それでも父母の地に帰ってよかったと思う毎日だ。

（一九八八年二月五日、朝日新聞大阪本社版）

私たちはこの書で「道教は日本文化に大きな影響を与えた中国の固有宗教なのに、なぜ渡来しなかったと思われてきたのか」について、その理由を各所で触れてきた。それは福永先生もたびたび指摘していたが、道教思想は知識人からみると「低文化」と思われがちだったからである。これまでの日本のリーダーたちは「日本文化の独自性、優秀性」を主張するために、外国の土俗文化の影響を出来るだけ少なく考えたい、という思いがあったからではないだろうか。この書を読んでそうした偏った日本文化論を再考するのに、少しでも役に立てていただければ幸いである。

二〇〇三年　盛夏

千田　稔
高橋　徹

福永光司（ふくなが・みつじ）
1918年大分県生まれ。京大文学部卒業。京大教授・東大教授・京大人文科学研究所所長・関西大教授・北九州大教授を歴任。2001年没。おもな著書に『荘子』（朝日新聞社），『老子』（朝日選書），『列子』（東洋文庫），『三教指帰ほか』（中公クラシックス），『道教と日本文化』（人文書院），『道教思想史研究』（岩波書店），『「馬」の文化と「船」の文化』（人文書院）ほか。

千田 稔（せんだ・みのる）
1942年奈良県生まれ。京大文学部卒業。奈良女子大教授を経て日本国際文化研究センター教授，奈良県立図書情報館館長。おもな著書に『埋れた港』（小学館ライブラリー），『古代日本の歴史地理学的研究』（岩波書店），『王権の海』（角川選書），『邪馬台国と近代日本』（ＮＨＫブックス）ほか。

高橋 徹（たかはし・とおる）
1938年大分県生まれ。京大農学部卒業。元朝日新聞編集委員。現在，シニア情報紙フロンティアエイジ記者，滋賀県立大非常勤講師。おもな著書に『道教と日本の宮都』（人文書院），『三蔵法師のシルクロード』（朝日新聞社），『卑弥呼の居場所』（ＮＨＫブックス）ほか。

朝日選書 737

日本の道教遺跡を歩く

陰陽道・修験道のルーツもここにあった

2003年 10月25日　第1刷発行
2006年 8月10日　第2刷発行

著者　福永光司・千田 稔・高橋 徹

発行者　花井正和

発行所　朝日新聞社
〒104-8011　東京都中央区築地5-3-2
電話・03(3545)0131（代）
編集・書籍編集部　販売・出版販売部
振替・00190-0-155414

印刷所　大日本印刷

ISBN4-02-259837-9
定価はカバーに表示してあります。